中华人民共和国地方志

福建省志

外事志（1999—2005）

福建省地方志编纂委员会 编

社会科学文献出版社

图书在版编目（CIP）数据

福建省志．外事志：1999～2005/福建省地方志编纂委员会编．—北京：社会科学文献出版社，2014.9
ISBN 978－7－5097－5686－7

Ⅰ.①福…　Ⅱ.①福…　Ⅲ.①福建省－地方志 ②外事管理－概况－福建省－1999～2005　Ⅳ.①K295.7

中国版本图书馆CIP数据核字（2014）第035543号

福建省志·外事志（1999—2005）

编　　者／福建省地方志编纂委员会

出 版 人／谢寿光
出 版 者／社会科学文献出版社
地　　址／北京市西城区北三环中路甲29号院3号楼华龙大厦
邮政编码／100029

责任部门／皮书出版分社（010）59367127　　责任编辑／郑庆寰　陈　颖
电子信箱／pishubu@ssap.cn　　责任校对／卫　晓　李　敏
项目统筹／王　菲　陈　颖　　责任印制／岳　阳
经　　销／社会科学文献出版社市场营销中心（010）59367081　59367089
读者服务／读者服务中心（010）59367028

印　　装／北京盛通印刷股份有限公司
开　　本／889mm×1194mm　1/16　　印　　张／17
版　　次／2014年9月第1版　　彩插印张／1
印　　次／2014年9月第1次印刷　　字　　数／355千字
书　　号／ISBN 978－7－5097－5686－7
定　　价／200.00元

1999年4月17日，荷兰女王贝娅特丽克丝访问武夷山

2001年11月21日，赤道几内亚总统奥比昂·恩圭马·姆巴索戈参观厦门鼓浪屿钢琴博物馆

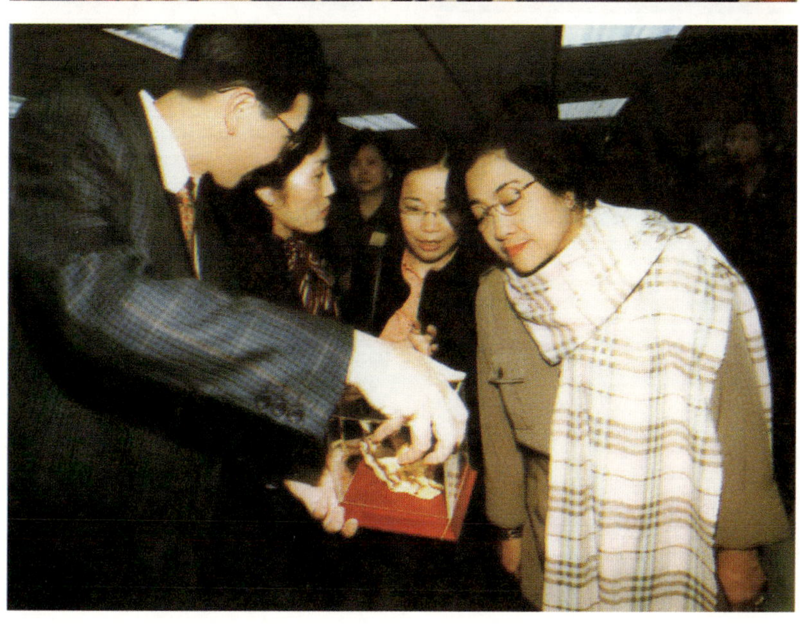

2002年3月27日，印尼总统梅加瓦蒂参观福州珠宝城

2002年10月17日，泰王国公主诗琳通游览武夷山

2003年3月30日，圭亚那总统巴拉特·贾格迪奥与福州市民交谈

2003年9月17日，马来西亚副总理阿卜杜拉·巴达维参观泉州清净寺

2004年8月17日，巴哈马总理佩里·克里斯蒂抵达福州机场

2004年12月1日，芬兰议长帕沃·利波宁旁听厦门市第十二届人大常委会第十五次会议

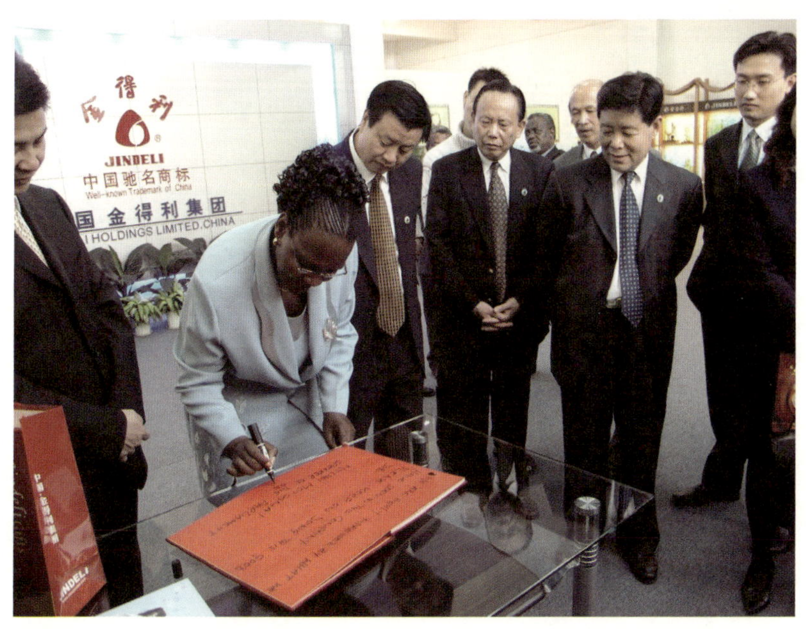

2004年12月4日，莱索托国民议会议长莫查梅参观福州金得利集团

2001年7月18日，16个伊斯兰国家的驻华使节团参加泉州“海上丝绸之路”文化节

2001年11月23日，丹麦等八国驻华总领馆代表团访问三明

2005年6月17日，八国驻华总领馆代表团在武夷山植树纪念

1999年9月29日，举办首届福建省“友谊奖”颁奖仪式

2004年3月1日，欧盟十七国驻华使节团参加福建情况说明会

2005年9月29日，省外办举办国庆56周年招待会

2001年3月6日，福建省与巴西塞阿腊缔结友好省州关系在塞阿腊州举行

2003年12月6日，福建省与印尼中爪哇省缔结友好省关系在中爪哇省举行

2004年6月8日，福建省与美国弗吉尼亚州缔结友好省州关系在北京举行

2002年7月15日，福建省—日本长崎县建立友好省县关系20周年庆祝仪式在福州举行

2004年6月25日，庆祝福建省—日本冲绳县建立友好省县关系5周年植树纪念仪式在福州举行

2000年5月20日，美国俄勒冈州参议院议长亚当斯率领经贸代表团参观马尾经济技术开发区

2001年7月25日，巴布亚新几内亚东高地省长史密斯参加福建专家指导的旱稻栽培现场验收会

2005年7月16日，省人大常委会与美国宾夕法尼亚州众议院代表团座谈交流

2004年10月25日，国际友城大会在福州召开

2004年10月25日，国际友城大会图片展开幕式

2005年9月8日，在“9·8”投洽会上举办第三届中国国际友好城市合作论坛

2004年9月8日，意大利那不勒斯省企业家参加“9·8”投洽会

2005年9月8日，印尼中爪哇省在福建举办投资说明会

1999年10月15日，中国福建观光节在日本冲绳县开幕

2000年1月20日，福建省农业技术员在日本冲绳县研修

2001年2月15日，日本长崎农业专家为福建省果农传授葡萄种植技术

2000年5月18日，福建图书馆代表团与美国俄勒冈州立图书馆馆员交流

2001年3月21日，福建老年大学代表团与日本长崎县长寿大学的代表交流

2004年9月31日，福州大学与德国莱法州-福建促进会联合创办“中德研究院-莱茵普法兹学院”

1999年3月30日，德国莱法州国立交响乐团在福州演出

2000年6月5日，美国俄勒冈州艾丽尔管乐五重奏乐队在福建演出

2002年7月16日，日本长崎县舞蹈团在福州演出

2005年2月7日，泉州木偶剧团在美国纽约联合国总部献演

1999年1月1日，日本NHK记者采访福州家庭歌咏大赛

1999年9月7日，英国路透社等34家外国驻华媒体在厦门采访“9·8”投洽会

2004年10月9日，德国电视一台在永定拍摄土楼

福建省地方志编纂委员会

主　任：冯志农（专职）

副主任：陈祥健　陈书侨　李　强　陈　澍　方　清（专职）
　　　　俞　杰（专职）

委　员：陈　安　石建平　翁　卡　杨丽卿　黄　玲　林　真
　　　　林双先　林锡能　胡渡南　王永礼　陈志强　蒋达德
　　　　黎　昕　晏露蓉

《福建省志·外事志（1999—2005）》编纂委员会

主　任：宋克宁

副主任：杨香勤　王天明　唐主华　楚燕丽　李　宏　唐圣福
　　　　李　达　郎加林

委　员：唐圣福（兼）　林学锋　黎　林　罗冠升　叶孝平
　　　　李巧云　段前政　叶一舟　游宇飞

《福建省志·外事志（1999—2005）》编辑室

主　编：李　达

副主编：林学锋（兼）

编　辑：张传炎

《福建省志·外事志（1999—2005）》审稿组

俞　杰　杨德魁　吕秋心　刘祖陛　王孝磊

《福建省志·外事志（1999—2005）》验收组

冯志农　方　清　俞　杰

序

世纪之交，福建省的外事工作进入了新的发展阶段，对外交往呈现新的局面。省外事部门在省委、省政府和外交部的领导下，与时俱进，开拓创新，为服务中央总体外交和福建省经济建设、社会发展做出了新的贡献，成为推动福建省对外交往和对外开放的重要力量。

这一时期，省外事部门认真贯彻中央对外方针政策，以维护国家核心利益和安全为最高准则，积极主动地配合中央总体外交部署，圆满完成了各项工作任务；外事部门主动呼应省委、省政府关于建设海峡西岸经济区的战略决策，积极融入，有效整合各种外事资源，努力探索，不断拓展外事工作服务地方经济建设和社会发展的新领域，取得了良好的成效；外事部门进一步强化归口管理和统筹协调的职能，提高外事工作科学决策、科学运筹、科学管理的能力，构建全方位、宽领域、多层次的外事工作新格局；外事部门认真践行“外事为民”、“服务先行”的理念，健全完善涉外管理机制，稳妥处理涉外突发事件，维护福建省公民和机构的海外合法权益，为福建省的改革开放营造良好的外部环境。

跨世纪的外事工作承先启后，《福建省志·外事志（1999—2005）》忠实地再现了1999—2005年福建省的对外交往活动全貌，是对这一时期外事工作的回顾和总结及精彩华章的再现。

古人云，“治天下者以史为鉴，治郡国者以志为鉴”。当前，福建外事工作的发展正面临着新的机遇和挑战，外事部门担负着促进我省对外交往、推动对外开放的重任。《福建省志·外事志（1999—2005）》的出版为我们做好今后的工作提供了宝贵的资料和经验，由此我们可以从前辈开创事业的基础上出发，坚定信念，奋力前行，续写福建省国际交流与合作新篇章。

宋克宁

2013 年 7 月

《福建省志》凡例

本志按国务院颁布的《地方志工作条例》和中国地方志指导小组制定的《地方志书质量规定》要求进行编纂。

一、以马克思列宁主义、毛泽东思想、邓小平理论、“三个代表”重要思想和科学发展观为指导，坚持辩证唯物主义和历史唯物主义的立场、观点和方法。

二、以福建省现行行政区划为记述的区域范围（未含金门、马祖）。

三、使用规范的现代语体文记述，行文除引文外，用第三人称记述。

四、1949年10月1日以前的纪年，标示朝代、年号、年份，括注公元纪年；1949年10月1日起，用公元纪年。

五、各个时期的政权机构、职务、党派、地名，均以当时名称或通用之简称记述。古地名均括注今地名，乡（镇）、村地名前冠以市、县（市、区）名。

六、除引文外的人名，直书姓名，不在姓名后加身份词；必须说明身份的，在其姓名前说明。

七、各种机构、会议、文件等专有名称使用全称，如多次出现需用简称的，在第一次出现时括注简称。

八、凡外国的国名、地名、人名、党派、政府机构、报刊等译名，均以新华社译名为准。新华社没有译名的，首次使用译名时括注外文全称，全书保持中文译名一致。

九、数字、量和单位、标点符号的使用，执行国家有关部门颁布的标准规定。书中同一名称、事实、数据、时间、度量衡、术语的表述，前后一致。

十、图、照、表突出存史价值，样式统一。

十一、采用国家统计部门公布的统计数据和业务主管部门的统计数据；如使用其他数据，则说明其来源。

十二、采用资料一般不注明出处；引文、辅文和需要注释的专用名词、特定事物加页末注释，注释形式全书统一。

编辑说明

一、本志以记述福建省外事部门承担的对外交往活动和涉外管理工作为主，为避免与其他专业分志内容重复，对其他领域对外交流等只作简述，或不记。

二、本志上限为1999年1月，下限至2005年底，但首届未编入部分，本志补上。

三、本志对外国国名、人名，使用中文译名，以国内正式报道和有关部门正式使用的为准。

四、本志所列单位名称（包括文件及专用名词），首次出现时用全称，其后一般用简称，如“中国共产党福建省委员会”简称“中共福建省委”或“省委”，“福建省人民政府外事办公室”简称“省外事办”，其他依此类推。

五、为避免重复，来自国外友好城市代表团的记述划归对口友城友好交往一览表，不列入其他访问福建一览表。

六、省领导出访含香港、澳门地区，重大对外交流活动的来宾含港澳台地区。

目　　录

Contents

概　述

1999—2005年，福建省委进行了三次调整外事工作领导小组的工作。2002年5月，省委、省政府制定下发了《关于加强外事管理工作的意见》，就全省外事工作的重大事项做出明确规定。2000年后，在全省机构改革中，福建省政府确定了省外事办的职能配置、内设机构和人员编制，各设区市、县政府也相应出台了改革方案，健全了省、市、县三级外事部门和省直机关外事机构的设置，建立健全外事工作协调机制，构建了全省“大外事”的工作格局。

对外交往持续发展，合作领域不断扩大。1999—2005年，到福建参观、访问、旅游、考察，以及从事经贸活动的海外客人不断增多。仅福建省各级外事部门邀请、接待来访的外宾就达1万多人次，其中副总理级及以上外宾代表团46个，省部级代表团近200个，外国驻华使领馆代表团400多个，外国友好城市代表团数百个、外国记者200多批，来访的国家多，人员层次高。省内各级各部门也派出21万多人次到境外进行招商引资、商务洽谈、承包工程、考察访问和文化等领域的交流与合作。随着对外开放不断扩大，省内各职能部门的外事机构在经贸、科技、文化、教育、卫生、体育、环保、农业、林业、渔业，以及外宣、工会、青年、妇女等各个领域开展对外交流与合作，呈现多层次、宽领域、全方位的对外交往新局面。

充分利用对外资源，为各项建设事业服务。1999—2005年，福建省各级外事部门整合、利用各种外事资源，探索外事工作服务地方经济、社会发展的切入点、结合点和着力点，拓展工作空间，提升服务水平。每年的“9·8”中国国际投资贸易洽谈会、“6·18”中国·福建项目成果交易会、“5·18”海峡两岸经贸交易会、中国福建商品交易会，各级外事部门都会以各种渠道邀请外商、国际友城领导人、外国驻华使领馆官员和外国记者参会、参展，促进福建对外经贸的发展。各设区的市及县级外事机构参与了当地举办的“海峡两岸花卉博览会”“海峡两岸（福建三明）林业博览会”“中国·闽东招商节”“投资龙岩项目洽谈会”“中国·湄洲妈祖文化旅游节”“中国泉州海上丝绸之路文化节”“武夷山茶文化旅游节”等大型活动。

七年间，福建省新建友好省州5对、友好城市12对。截至2005年底，省、市（县）已同21个国家的省、市建立44对友好城市关系。全省各级外事部门利用友城渠道，加强双方全方位的交流与合作。

各级外事部门还利用对外交往的优势，拓宽渠道，引进国外专家、引进人才，直接为福建社会和经济建设服务，同时选派各类专业人员到国外留学、进修、培训，培养省内急需人才。此外，发挥福建优势，接受海外留学生，为发展中国家培训农业实用技术人才。

健全涉外管理机制，提高涉外工作管理水平。福建省外事部门在完善出入境、领事认证、外籍人员管理的同时，树立“外事为民”宗旨，维护在海外的福建省公民和法人的合法权益。1999—2005年，省外事部门配合外交部等相关部门处置了“多佛惨案”“莫克姆湾惨案”“福远渔225号渔船在斯里兰卡遭不明武装袭击案”“7名平潭居民在伊拉克被绑架案”等重大涉外突发事件和其他海外领事保护事件数百起，处理或协助处理各类发生在福建省内涉外案（事）件上百起。

第一章　机构与团体

第一节　机　构

一、涉外机构

（一）中共福建省委外事工作领导小组

省委外事工作领导小组自1999年之后，做了如下调整。

2001年5月，省委决定调整省委外事工作领导小组，由省委副书记、省长习近平任组长，省委副书记卢展工任副组长。成员有：李庆洲（省外事办主任）、陈海基（省委政策研究室副主任）、张健（省政府副秘书长）、陈二南〔省人大常委会华侨（台胞）工作委员会副主任〕、王健（省政协办公厅副主任）、陈秀榕（省委组织部副部长）、宋闽旺（省委宣传部副部长）、叶双瑜（省科技厅厅长）、陈由诚（省公安厅厅长）、倪英达（省国家安全厅厅长）、林爱国（省侨办主任）、林昌丛（省外经贸厅副厅长）、汤昭平（省人事厅副厅长）。领导小组办公室设在省外事办，主任由李庆洲兼任。

2004年4月，省委决定调整省委外事工作领导小组，由代理省委书记、省长卢展工任组长，省委副书记王三运、副省长王美香任副组长。成员有：冯声康（省政府秘书长）、邓本元（省委副秘书长）、陈新华（省政协副秘书长）、李庆洲（省外事办主任）、陈二南〔省人大常委会华侨（台胞）工作委员会副主任〕、马新岚（省委组织部副部长）、宋闽旺（省委宣传部副部长）、林炳承（省科技厅党组书记、副厅长）、陈由诚（省公安厅厅长）、施友义（省国家安全厅副厅长）、黄少萍（省侨办主任）、贺汪洋（省外经贸厅副厅长）、汤昭平（省人事厅副厅长）。领导小组办公室主任由李庆洲兼任。

2004年12月，省委决定调整省委外事工作领导小组，由省委副书记、省长黄小晶任省委外事工作领导小组组长。

（二）福建省政府外事办公室

2000年7月机构改革，省政府外事办公室内设人事秘书处、出国管理处、领事文化处、国际交流处（挂“省友协办公室”牌子）、行政处5个职能处。至2005年，省外办核定编制数为55名（含机关事业编制、工勤人员编制）。

隶属省政府外事办公室的下属机构变动情况。

1997年9月，福建省外事翻译中心成立，为正处级事业单位。

2000年1月，撤销福建省对外合作服务中心、福建省外事劳动服务公司。

2004年，省编委同意省外办保留3个下属事业单位：①福建省外事翻译中心，主要职责：负责全省重要外事文件、文书的外语翻译，为福建省举办的国际会议提供同声翻译，对外提供外语翻译服务及外语业务培训工作。②福建省对外交流服务中心，主要职责：接待外国访问团组和个人，组织承办中外人才交流，为公务人员代办出国签证、机票服务，以及与业务有关的咨询服务。③福建省外国机构服务中心，主要职责：为外商代表处提供和管理雇员，向外派遣工程、生产及服务行业的劳务人员，代办认证、签证、移民、出国考察、留学、翻译、出入境咨询，办理商务事项，开展国际贸易。

表1—1　**1999—2005年福建省人民政府外事办公室历任领导名单**

<table>
<tr><th>行政职务</th><th>姓名</th><th>任职时间</th><th>党内职务</th><th>任职时间</th></tr>
<tr><td>省长助理、省外事办主任</td><td>李庆洲</td><td>1998.4—2001</td><td rowspan="2">党组书记</td><td rowspan="2">1998.3—2005.6</td></tr>
<tr><td rowspan="2">主　　任</td><td>李庆洲</td><td>2002—2005.6</td></tr>
<tr><td>宋克宁</td><td>2005.6—</td><td>党组书记</td><td>2005.6—</td></tr>
<tr><td rowspan="4">副主任</td><td>高加华</td><td>1992.8—2000.3</td><td>党组成员</td><td>1992.7—2000.3</td></tr>
<tr><td>杨香勤</td><td>1996.11—</td><td>党组成员</td><td>1994.12—</td></tr>
<tr><td>杨德魁</td><td>2000.3—</td><td>党组成员</td><td>1997.12—</td></tr>
<tr><td>王天明</td><td>2000.3—</td><td>党组成员</td><td>1998.11—</td></tr>
<tr><td>纪检组组长</td><td>唐主华</td><td>2000.3—</td><td>党组成员</td><td>2000.3—</td></tr>
<tr><td>省友协副会长(副厅级)</td><td>楚燕丽</td><td>2000.3—</td><td>党组成员</td><td>2000.3—</td></tr>
<tr><td>党组成员</td><td>唐圣福</td><td>2000.4—</td><td>党组成员</td><td>2004.4—</td></tr>
</table>

（三）设区市政府外事（外事侨务）办公室

1. 福州市政府外事办公室

2002年，根据机构改革方案，福州市政府外事办公室内设秘书处、出境管理处、国际交流处等3个处。核定机关行政编制13名，派驻纪检监察人员行政编制1名，工勤人员事业编制2名。

2. 厦门市政府外事办公室

2002年9月，根据机构改革方案，厦门市政府外事办公室内设人事秘书处、因公出入境管理处、领事处、新闻文化处、亚非处、欧美处等6个处，核定机关行政编制16名，机关事业编制 13 名。

2005 年 12 月，厦门市外事办因公出入境管理处对外加挂“港澳事务处”牌子。

3. 漳州市政府外事侨务办公室

2001 年 9 月，根据机构改革方案，撤销市政府外事办和市侨办，组建漳州市政府外事侨务办公室。内设人事秘书科、出国管理科、国际交流科、对外友协办公室、侨政科、国外科等 6 个科，核定机关行政编制 16 名、机关工勤人员编制 1 名、友协办公室编制 2 名。

4. 泉州市政府外事侨务办公室

2002 年 7 月，根据机构改革方案，泉州市政府外事侨务办公室内设人事秘书科、国外科、侨政科、出国管理科、领事文化科、国际交流科、监察室等 7 个科室，核定机关行政编制 25 名、机关事业工勤编制 3 名。

5. 三明市政府外事侨务办公室

2002 年 5 月，根据机构改革方案，撤销市政府外事办和市侨办，成立三明市政府外事侨务办公室。内设人事秘书科、出入境管理科、侨政经济科、宣传交流科等 4 个科。其中宣传交流科加挂“市人民对外友好协会办公室”牌子，派驻纪检组。核定机关行政编制 9 名，机关工勤人员编制 2 名。

6. 莆田市政府外事侨务办公室

2002 年，根据机构改革方案，撤销市政府外事办和市侨办，成立莆田市政府外事侨务办公室，内设人秘科、出入境管理科、经济科、涉外交流科等 4 个科，核定机关行政编制 10 名。

7. 南平市政府外事侨务办公室

2002 年 1 月，根据机构改革方案，撤销市政府外事办和市侨办，成立南平市政府外事侨务办公室，内设综合科、涉外科、国际交流科、侨政经济科等 4 个科，核定机关行政编制 10 名。

8. 龙岩市政府外事侨务办公室

2002 年 1 月，根据机构改革方案，撤销市政府外事办和市侨办，成立龙岩市政府外事侨务办公室。内设综合科、国际交流科、出国管理科、侨务科和监察室等 5 个科室，核定机关行政编制 10 名、事业编制 2 名。

9. 宁德市政府外事侨务办公室

2001 年，根据机构改革方案，撤销市政府外事办和市侨办，成立宁德市政府外事侨务办公室，内设人事秘书科、出入境管理科、涉外交流科、侨务经济科等 4 个科，核定机关行政编制 9 名。

（四）福建省直部门外事机构

1999—2005年，省直部门成立外事机构的有：人大常委会办公厅外事处、检察院外事办、社会科学院外事办、卫生厅外事处、文联外事处、安全厅办公室外事科、信息产业厅外经外事处、农业厅外事外经处、林业厅外事外经办、水利厅科技与外经处、文化厅对外文化处、科技厅国际合作处、教育厅国际合作与交流处、环境保护局国际合作办、科协国际联络部、总工会国际联络部、贸促会（中国国际贸易促进委员会福建省委员会）联络部、烟草专卖局外事办、南昌铁路局福州办事处外事办、福州大学外事办、福建医科大学外事办、福建农林大学外事处、福建师范大学国际合作与交流处、福建中医学院国际合作与交流处。其他省直部门虽未成立专门的外事机构，但也采取合署办公、指定专人负责或分配专人兼管的方式，从事外事工作。

二、外国驻闽机构

（一）外国领事机构

2000年12月30日，首任新加坡驻厦门总领事馆总领事林明河离任后，黄友江于2000年12月31日至2002年9月7日接任总领事。2002年9月8日，林明河再次任总领事。

2003年，菲律宾驻上海总领事馆设立后，菲律宾驻厦门总领事馆的领区调整为福建、江西两个省。科拉松·叶巴金（Marta cofazon Yap-Bahjin，女）于1999年11月11日至2005年12月30日任该馆第三任总领事。

2005年9月19日，泰国驻广州总领事馆厦门办公室正式对外办公，首任主任为伟萨努（Wisanu Berananda）。至此，福建省内设置的外国领事机构共有3个。

1999—2005年，乌克兰、秘鲁、南非、斯洛伐克、匈牙利、哈萨克斯坦、保加利亚等7国在上海设立总领事馆，韩国、印度尼西亚、芬兰等3国在广州设立总领事馆，领区包括福建省。至此，福建省属于其领区的外国驻华总领事馆（含领事办公室）达26个。

表1—2　**1999—2005年负责福建省领事事务的外国驻广州、上海、厦门总领事馆一览表**

派遣国国名 设馆日期	领区范围	国庆日	总领馆馆址
美　国 1979.8.31	粤桂闽琼	7月4日 独立日	广州沙面南街1号
日　本 1980.3.1	粤桂闽琼	12月23日 天皇诞生日	广州花园酒店（环市东路368号花园大厦）

续表 1—2

派遣国国名 设馆日期	领区范围	国庆日	总领馆馆址
澳大利亚	粤桂闽琼湘滇	1 月 26 日	广州市临江大道 3 号发展中心 12 楼
1992.12.9		澳大利亚日	
马来西亚	粤闽琼赣湘	8 月 31 日	广州中信广场商业大楼 19 楼
1993.10.24		国庆日	
德　国	粤桂闽琼	10 月 3 日	广东国际大酒店 19 楼
1995.11.7		国庆日	
英　国	粤桂湘闽琼赣	6 月 20 日	广东国际大酒店 2 楼
1997.1.14		女王诞辰日	
法　国	粤桂闽琼	7 月 14 日	广东国际大酒店 8 楼
1997.4.24		国庆日	
荷　兰	粤桂闽琼	4 月 30 日	广州市天河路 208 号奥海天河城大厦 34 层
1997.9.15		女王诞辰日	
加拿大	粤桂闽琼	7 月 1 日	广州中国大酒店商业大厦 8 楼
1997.11.20		加拿大日	
柬埔寨	粤桂闽琼	11 月 9 日	广州花园酒店(大厦)8 楼
1998.7.1		独立和国庆日	
丹　麦	粤桂闽琼	4 月 16 日	广州中国大酒店商业大厦 15 楼
1998.9.23		女王诞辰口	
意大利	粤桂闽琼	6 月 2 日	广州珠江新城华夏路 8 号合景国际金融广场 14 楼 1403 室
1998.11.4		共和国成立日	
韩　国	粤桂闽琼	10 月 3 日	广州体育东路羊城国际商贸中心西塔 18 楼
2001.8.28		建国日	
印度尼西亚	粤桂闽琼	8 月 17 日	广州市流花路 120 号东方宾馆西座 2 楼 1201—1223 室
2002.12.12		国庆日	
芬　兰	粤桂闽琼滇	12 月 6 日	广州市天河路 233 号中信广场 3309B—12 室
2004.11.9		独立日	

续表 1—2

派遣国国名 设馆日期	领区范围	国庆日	总领馆馆址
波　兰 1954.10.22	沪浙苏皖闽	5月3日 国庆日	上海建国西路618号
乌克兰 2002.1.30	沪浙苏皖闽赣	7月28日 独立日	上海市仙霞路88号太阳广场西塔502室
秘　鲁 2002.5.30	沪浙苏皖闽赣	7月28日 独立日	上海市南京西路1515号嘉里中心2705
南　非 2002.11.8	沪浙苏皖闽粤鲁	4月27日 国庆日	上海延安东路220号外滩中心27层27室
斯洛伐克 2004.9.1	沪浙苏皖闽赣	9月1日 国庆日	上海市淮海中路1375号启华大厦4B
哈萨克斯坦 2005.5.15	沪浙苏皖闽赣	12月16日 国庆日	上海市虹桥开发区娄山关路85号东方国际大厦A座1005、1006室
保加利亚 2005.8.25	沪浙苏皖闽赣	3月3日 国庆日	上海市虹桥路2272号虹桥商务中心7楼K座
匈牙利 2004.8.16	沪浙苏皖闽	8月20日 国庆日	上海市广东路689号海通证券大厦2811室
菲律宾 1995.2.28	闽赣浙	6月12日 国庆日	厦门市莲花新村凌香里2号
新加坡 1996.1.9	闽赣	8月9日 国庆日	厦门市厦禾路189号银行中心05～07
泰　国 2005.9.19	闽赣	12月5日 国王诞辰	厦门宾馆3号楼

（二）外国企业常驻代表机构

外国企业常驻代表机构（简称外企代表处）主要设在福州、厦门，分别由福建省外国机构服务中心和厦门市对外服务中心等机构提供各种相关服务。1999—2005年，两市外企代表处共149个。

表 1－3　**1999—2005 年外国企业常驻福州代表处一览表**

序号	代表处名称
1	美国英特尔（中国）有限公司福州办事处
2	美国明尼苏达矿物和制造业公司中国有限公司福州办事处
3	美国北美思明国际有限公司福州办事处
4	美国柯达（中国）股份有限公司福州办事处
5	美国中国投资有限公司福州代表处
6	美国贝克曼库尔特有限公司福州代表处
7	美国美商纵横联运有限公司福州代表处
8	美国总统轮船（中国）有限公司福州分公司
9	美国索浪达（集团）公司福州代表处
10	日本 M. S. C 国际株式会社福州代表处
11	日本太阳交易株式会社福州代表处
12	日本日惠有限公社福州代表处
13	日本东京三福贸易株式会社福州办事处
14	日本拓达精光有限公司福州代表处
15	日本国财团法人冲绳县产业振兴公社福州代表处
16	日本国有限会社冲绳国际海运福州代表处
17	日本株式会社商船三井福州代表处
18	日本东海淀粉株式会社福州代表处
19	日本加商株式会社福州事务所
20	日本欧姆龙（中国）有限公司福州办事处
21	日本索尼（中国）有限公司福州办事处
22	印度尼西亚贸易总公司福州代表处
23	尼日利亚中国投资开发贸易促进中心福州代表处
24	加拿大中加国际经济技术合作集团公司福州代表处
25	德国西门子（中国）有限公司福州办事处
26	西班牙杰英坡公司福州代表处
27	法国达飞轮船有限公司福州代表处
28	瑞典爱立信（中国）有限公司福州办事处
29	瑞士雀巢（中国）有限公司福州办事处
30	瑞士商辉腾鞋业（香港）有限公司福州代表处
31	新加坡兆璟财团私人有限公司福州代表处

表1—4　　**1999—2005年外国企业常驻厦门代表处一览表**

序号	代表处名称
1	马来西亚衣美俊贸易有限公司驻厦门代表处
2	马来西亚航空驻厦门代表处
3	丹麦卡萨索拉股份有限公司驻厦门代表处
4	丹麦希萌工贸有限公司驻厦门代表处
5	日本JF石材有限公司驻厦门代表处
6	日本三和石材工业株式会社驻厦门代表处
7	日本亿美株式会社驻厦门代表处
8	日本大力铁工株式会社驻厦门代表处
9	日本山石株式会社驻厦门代表处
10	日本川商福至株式会社驻厦门代表处
11	日本日华株式会社驻厦门代表处
12	日本电计株式会社驻厦门代表处
13	日本石材中心株式会社驻厦门代表处
14	日本石贩株式会社驻厦门代表处
15	日本全日本空输株式会社驻厦门代表处
16	日本汤浅矿产株式会社驻厦门代表处
17	日本佳那成株式会社驻厦门代表处
18	日本松岛产业株式会社驻厦门代表处
19	日本英特洛克株式会社驻厦门代表处
20	日本诚高产业技术株式会社驻厦门代表处
21	日本南西海运(株)驻厦门代表处
22	日本泉兴株式会社驻厦门代表处
23	日本神原汽船株式会社驻厦门代表处
24	日本株式会社ASPEC驻厦门代表处
25	日本爱斯柯株式会社驻厦门代表处
26	日本航空公司驻厦门代表处
27	日本菅野石材株式会社驻厦门代表处
28	日本德岛石材产业株式会社驻厦门代表处
29	日本藤本瓷砖股份有限公司驻厦门代表处
30	日立高科技香港有限公司驻厦门代表处
31	比利时安瑞克斯物流公司驻厦门代表处
32	毛里求斯英特石材有限公司驻厦门代表处
33	加拿大杰耀贸易有限公司驻厦门代表处

续表 1—4

序号	代表处名称
34	卢森堡货运航空公司驻厦门办事处
35	法国家乐福进口公司驻厦门代表处
36	法国索罗投资公司驻厦门代表处
37	英国艾可有限公司驻厦门代表处
38	英国安所股份有限公司驻厦门代表处
39	英国拿威玛航运有限公司驻厦门代表处
40	英国嘉柏有限公司驻厦门代表处
41	英属维尔京群岛风亚科技国际公司驻厦门代表处
42	英属维尔京群岛台铨有限公司驻厦门代表处
43	英属维尔京群岛赛诺投资发展公司驻厦门代表处
44	英属维尔京群岛华航(亚洲)股份有限公司驻厦门代表处
45	俄罗斯奥罗拉—极光照明有限公司驻厦门代表处
46	南非吉利花岗岩(私人)有限公司驻厦门代表处
47	南美船务集团代理(香港)有限公司驻厦门代表处
48	挪威托普商业有限公司驻厦门代表处
49	美国人人有限公司驻厦门代表处
50	美国全通船舶货运有限公司驻厦门代表处
51	美国同乐和公司驻厦门代表处
52	美国时祐国际运通有限公司驻厦门代表处
53	美国杨氏有限公司驻厦门代表处
54	美国运通国际股份有限公司驻厦门代表处
55	美国国际商务有限公司驻厦门代表处
56	美国松实国际公司驻厦门代表处
57	美国欧鹏石业公司驻厦门代表处
58	美国环球快运服务有限公司驻厦门代表处
59	美国环球汽车配件有限公司驻厦门代表处
60	美国施尔丰公司驻厦门代表处
61	美国美商永华国际公司驻厦门代表处
62	美国美商宝宏企业有限公司驻厦门代表处
63	美国莱克斯轮船公司驻厦门代表处
64	美国康达运通有限公司驻厦门代表处
65	美国碟应艺品公司驻厦门代表处

续表 1—4

序号	代表处名称
66	美国摩瑟尔市场开发有限公司驻厦门代表处
67	美商德富丰国际股份有限公司驻厦门代表处
68	泰国亚洲航空公司驻厦门代表处
69	泰国国际航空大众有限公司驻厦门代表处
70	荷兰哈卡有限公司驻厦门代表处
71	荷兰思味佳工业食品有限公司驻厦门代表处
72	菲律宾凡达事克有限公司驻厦门代表处
73	菲律宾中华保险公司驻厦门代表处
74	菲律宾西北发展公司驻厦门代表处
75	菲律宾航空公司驻厦门代表处
76	奥地利吉布达·伟士有限公司驻厦门代表处
77	斯里兰卡斯林可国际贸易有限公司驻厦门代表处
78	联合国际货运（香港）有限公司驻厦门代表处
79	韩国 APL 有限会社驻厦门代表处
80	韩国 ATS 贸易株式会社驻厦门代表处
81	韩国 IPS 株式会社驻厦门代表处
82	韩国 K&C 石材贸易有限公司驻厦门代表处
83	韩国 KJC 产业株式会社驻厦门代表处
84	韩国一洋药品株式会社驻厦门代表处
85	韩国大韩贸易投资振兴公社驻厦门代表处
86	韩国大韩航空公司驻厦门代表处
87	韩国火箭电气有限公司驻厦门代表处
88	韩国卡拉班国际株式会社驻厦门代表处
89	韩国卡泊鞋业有限公司驻厦门代表处
90	韩国史特斯泛洋株式会社驻厦门代表处
91	韩国兴亚海运株式会社驻厦门代表处
92	韩国现代综合商事株式会社驻厦门代表处
93	韩国烟草人参公社驻厦门代表处
94	韩国高丽海运株式会社驻厦门代表处
95	韩国晶宇株式会社驻厦门代表处

续表 1—4

序号	代表处名称
96	意大利邮轮公司驻厦门代表处
97	意大利胜威诺国际货运有限公司驻厦门代表处
98	新加坡 CCS 自动化设备有限公司驻厦门代表处
99	新加坡 DSC 贸易公司驻厦门代表处
100	新加坡世健系统有限公司驻厦门代表处
101	新加坡好博科企业有限公司驻厦门代表处
102	新加坡凯能高科技工程私人有限公司驻厦门代表处
103	新加坡欣切斯特石油能源有限公司驻厦门代表处
104	新加坡星域工程控制有限公司驻厦门代表处
105	新加坡胜安航空公司驻厦门代表处
106	新加坡益友贸易(私人)有限公司驻厦门代表处
107	新加坡维新贸易私人有限公司驻厦门代表处
108	新加坡奥斯特国际贸易私人有限公司驻厦门代表处
109	新加坡新商兴利工程股份有限公司驻厦门代表处
110	德国加斯特斯公司驻厦门代表处
111	德国汉堡南美航运公司驻厦门代表处
112	德国旭百世公司驻厦门代表处
113	德国阿诺玛邱有限公司驻厦门代表处
114	德国捷高机械工程(香港)有限公司驻厦门代表处
115	德国奥古斯特、凯博、索恩股份有限公司驻厦门代表处
116	德国赫驰动力公司驻厦门代表处
117	德国霍尼格天然石有限公司驻厦门代表处
118	黎巴嫩豪特兄弟公司驻厦门代表处

第二节　团　体

一、福建省人民对外友好协会

1999—2005 年，福建省人民对外友好协会机构未有变动，领导成员有所调整。

表 1－5　**1983—2005 年福建省人民对外友好协会历任领导人名单**

职务	姓名	任职时间	备注
会长	温附山	1983.3—2001.7	2001.8 后未配会长
副会长	任自瑜 王恒余 杨德魁 高加华 杨香勤 楚燕丽 唐圣福	1987.10— 1988.5— 1997.12— 1997.12—2000.3 1997.12— 2000.3— 2004.4—	中国人民对外友好协会第七、八届全国理事会理事

注：省外事办主任李庆洲为中国人民对外友好协会第七、八届全国理事会理事。

二、福建省翻译协会

福建省翻译协会（原名福建省翻译工作者协会，简称“福建译协”）成立于 1984 年 9 月，至 2005 年底，福建译协共有个人会员 269 人，团体会员 11 个，从事英语、法语、日语、俄语、德语、意大利语、西班牙语、葡萄牙语、印尼语、朝鲜语、越南语、荷兰语等语种翻译。

2002—2004 年，福建译协、福建省外事翻译中心组织三次全省初、中级英语翻译资格证书考试。参加考试的 1600 多名考生中有 400 多人获得福建省英语翻译资格证书。2004 年，福建省外事翻译中心参与建立“福建省翻译人才库”，储备人才数百人，涵盖英、法、俄、西、德、日等 10 余个语种，20 余个行业。

福建译协的主要任务是：

①开展形式多样的学术活动，探讨翻译学术问题，交流翻译经验，活跃学术思想。

②进行行业指导，参与行业管理，规范翻译服务市场，维护翻译工作者的合法权益。

③开展与国内外相关组织之间的交流与合作。

④编辑《福建译协简讯》，宣传译界信息，强化与会员的沟通渠道。

⑤推行翻译资格证书考试，组织翻译人员培训，加强翻译人员队伍建设。

⑥整合翻译资源，建立《福建省翻译人才库》，为福建省重大外事涉外经贸活动提供翻译人才支持保障。

⑦建立示范性翻译服务窗口，凭借自身的学术地位、人才网络与多语种多专业优势为社会提供翻译服务。

表 1－6　**1984—2005 年福建译协历届领导一览表**

届别	时间	领导机构成员
第一届	1984 年 9 月 21 日至 1992 年 1 月 26 日	顾　问:甘景镐　刘子崧　李温仁　陈福生　林观得　徐元度　张克辉 会　长:田友 副会长:王承明　方兴亚　许崇信　陈光曛　杨国庆　杨霖飞　林疑今 黄猷
第二届	1992 年 1 月 26 日至 2000 年 12 月 16 日	顾　问:凌青　倪松茂 会　长:任自瑜 副会长:王恒余　沈着　郑永钦　卓钟霖　杨霖飞　许崇信　陈光曛 杨国庆
第三届	2000 年 12 月 16 日—	会　长:李庆洲 副会长:王恒余　王天明　连淑能　杨仁敬　陈维振　林本椿　范一 吴松江　李国南　郑永钦　卓钟霖　杨霖飞　阙国光　林守文

第二章　对外交往

第一节　来　访

1999—2005年，福建省外事系统共接待副总理级及以上外宾代表团46个、省部级外宾代表团近200个、外国驻华使领馆代表团400多个、外国友好城市代表团数百个、外国记者200多批。

一、外国国家元首、政府首脑、议会议长

（一）泰国副总理塔帕朗西访问福州

1999年2月7—8日，泰国副总理功·塔帕朗西率泰国企业界人士共50人访问福州。

2月7日晚，市委书记何立峰、市长翁福琳会见了塔帕朗西一行，省人大常委会副主任黄贤模陪同客人在福州的活动。

在福州期间，塔帕朗西一行参加了首届福建泰国商品节并出席由泰国企业家投资的福州暹罗百货商店开业庆典及福州鳄鱼公园开业典礼等。

（二）荷兰女王贝娅特丽克丝访问福建

1999年4月17—19日，荷兰王国女王贝娅特丽克丝与其丈夫克劳斯亲王一行15人访问了武夷山和厦门，这是第一位到福建省进行度假访问的外国元首。

4月19日上午，省长贺国强、厦门市长洪永世会见了女王一行。

在武夷山期间，女王参观了天心永乐禅寺、仿宋古街、戈壁艺术馆、朱熹纪念馆、云窝、天游等景点，并在御茶园品尝武夷岩茶。女王说，虽然碰上大雨，无法乘竹筏畅游，有点遗憾，但他们已经领略到名山的魅力。在天心永乐禅寺，女王在留言簿上题词。在戈壁艺术馆，接受了由美术工艺大师戈壁在米粒大的珍珠上精心雕刻了女王头像的微雕作品。在厦门，女王游览了鼓浪屿、集美鳌园，观看了南音表演等。

（三）缅甸国家和平与发展委员会第一秘书长钦纽中将访问厦门

1999年6月9—11日，缅甸国家和平与发展委员会第一秘书长钦纽中将率由副总理兼

军队事务部长丁拉中将及工业、农业和商务等8位部长为主的代表团一行共39人访问厦门。

6月9日晚，常务副市长陈维钦会见了代表团。钦纽表示，厦门在中缅交往史上有特殊的地位，20世纪初，为寻求独立，国父昂山曾来厦门寻求中国共产党的支持和帮助，以摆脱英国的殖民统治。虽然因故未能联系上，但厦门与缅甸共同缔造了两国交往史上一段不同寻常的政治关系，他希望未来双方也能发展不同寻常的经济合作关系。

在厦门期间，代表团参观了厦华电子有限公司、翔鹭化纤公司。钦纽表示缅甸政府制定了一系列优惠政策，欢迎福建企业到缅甸投资。在海沧投资区，钦纽提出希望与厦门以合资形式在缅甸建发电厂。

（四）文莱苏丹博尔基亚访问福建

1999年8月24—26日，文莱达鲁萨兰国苏丹和国家元首哈吉·哈桑纳尔·博尔基亚，在中国驻文莱大使王建立的陪同下访问厦门、泉州。随同来访的有苏丹特别顾问兼内政大臣、工业和初级资源大臣及随行记者等共38人。

8月24日晚，代省长习近平在厦门会见了博尔基亚一行。

在厦门期间，博尔基亚一行参观了厦门海沧台商投资区，听取了管委会人员有关投资情况的介绍，并实地考察了博坦公司、翔鹭公司等。在泉州，博尔基亚一行参观了福建炼油石化有限公司等。

（五）多米尼加参议院议长阿尔武凯克访问福建

1999年8月24—28日，多米尼加参议院议长阿尔武凯克率领代表团一行9人，访问厦门、武夷山、福州。

8月27日晚，省人大常委会主任袁启彤在福州会见了阿尔武凯克一行，向客人们介绍了福建概况。

在武夷山期间，阿尔武凯克就武夷山市的人大工作、市政建设、住房改革和财税改革等与武夷山市人大、政府领导交换了看法。代表团一行还游览了云窝，乘竹筏畅游了九曲溪、参观了天心永乐禅寺等，离开武夷山前，议长一行在武夷山庄植树纪念。在厦门、福州，议长一行参观了厦华电子有限公司、福州马尾经济技术开发区等。

（六）汤加国王图普访问福建

1999年10月14—18日，汤加王国陶法阿豪·图普四世国王偕王后、公主及瓦乌省省长、工商业大臣等一行22人，在中国驻汤加大使张滨华的陪同下到厦门、漳州访问。

10月14日晚，代省长习近平在厦门会见了图普四世国王一行。

在厦门期间，国王一行参观了厦门造船厂、厦门农科所、大洋水产有限公司等。在漳州，国王一行考察了龙溪机器厂，参观了漳州闽南花卉中心、漳州林业培训中心，观看了漳州木偶剧团的演出等。

（七）泰国上议院议长米猜访问福建

1999年11月26—29日，泰国上议院议长米猜·立初潘一行18人，在全国政协常委、文史资料委员会主任朱作霖陪同下，到武夷山、厦门参观访问。

11月26日晚，省政协副主席陈荣春在武夷山庄会见了客人。米猜说，无法想象大自然能造就如此美丽的山水，要让世界各国的人民到武夷山旅游。

28日晚，省政协主席游德馨在厦门会见了议长一行。米猜表示，中泰两国文化相似，欢迎更多的福建企业家到泰国投资。

在厦门期间，米猜一行参观了泰资企业德大食品有限公司，游览了鼓浪屿和南普陀寺等。

（八）泰国下议院副议长颂萨访问福建

2000年4月4—9日，应省人大常委会主任袁启彤的邀请，泰国下议院副议长颂萨·革素拉暖偕夫人一行20人访问福州、泉州、武夷山、厦门。

4月4日晚，袁启彤在福州会见了颂萨一行，双方就加强福建省人大和泰国下议院之间的交流事宜进行了探讨。

在泉州期间，颂萨一行参观了开元寺、海交馆等。在武夷山，代表团成员泰国是拉差龙虎园董事长与武夷山市签订了泰国是拉差（武夷山）鳄鱼生态农业项目意向书。该项目总投资3600万元人民币，由是拉差集团、武夷山正岩集团等企业在武夷山生态农业试验园区合资开发、经营。项目占地500亩，主要经营鳄鱼养殖、与鳄鱼相关产品的开发及鳄鱼观光等。颂萨及代表团的全体成员参加了签字仪式。离开武夷山前，客人们在武夷山庄植树纪念。

（九）菲律宾总统埃斯特拉达访问福建

2000年5月19—20日，菲律宾总统埃斯特拉达率政府代表团及企业家代表团一行208人，在中国驻菲大使傅莹的陪同下到厦门、泉州访问。

5月19日晚，省长习近平，副省长、厦门市市长朱亚衍在厦门会见了代表团一行。习近平向客人简要介绍了福建省的基本情况及在资源、人文、区位和政策等方面的优势。朱亚衍向客人简要介绍了改革开放二十年来厦门的经济发展情况。埃斯特拉达说，菲律宾与中国及福建的友谊源远流长，超过80%的菲律宾华人祖籍为福建，特别值得一提的是，菲律宾民族英雄黎刹的祖籍地在福建省的晋江市。此次随团访问的外长、内务和地方政府部长、驻华大使的祖先，以及菲籍华裔企业家陈永栽的先祖也来自福建。他还表示，近年来不少菲律宾华人到中国、福建投资，他希望有更多中国企业家，特别是福建企业家到菲律宾投资。

访问期间，埃斯特拉达一行出席了菲资厦门银行中心、百鼎汽配科技有限公司的落成典礼及晋江市的扶西·黎刹塑像奠基典礼，参观了亚洲酿酒（厦门）有限公司等。

（十）越南国家主席陈德良访问厦门

2000 年 12 月 28—29 日，越南国家主席陈德良率政府代表团及企业家代表团一行 58 人，在中国驻越南大使齐建国陪同下到厦门访问。随团来访的还有副总理阮功丹、外交部部长等 5 位部长、6 位副部长及驻华大使等。

12 月 28 日晚，省长习近平，省委常委、厦门市委书记洪永世和副省长、厦门市市长朱亚衍会见了代表团一行。习近平向陈德良简要介绍了福建省的基本情况，表示要加强与越南的经贸关系，鼓励本省企业到越南发展。陈德良说，越中两国有着悠久的传统友谊，在越南为争取民族解放和建设社会主义事业的过程中，包括福建省在内的中国政府和人民给予了宝贵支持和无私援助，对此，越南政府和人民衷心感谢并将永远铭记。陈德良表示，福建省在高科技领域、在农业领域，特别是水产养殖业方面遥遥领先，厦门还有一些现代化的工业企业，具有与国际大公司竞争的勇气和能力，希望福建企业到越南发展，加强合作。

在厦门期间，陈德良一行听取了朱亚衍对厦门特区经济发展情况的介绍，参观了海沧台商投资区和厦华电子有限公司。副总理阮功丹参观了厦门松达水产养殖场和华旺水产品加工厂。

（十一）巴布亚新几内亚总理莫劳塔访问福州

2001 年 5 月 31 日至 6 月 1 日，巴布亚新几内亚独立国总理梅克雷·莫劳塔偕夫人，在中国驻巴新大使赵振宇的陪同下访问福州。随同来访的有巴新中央省省长、政府办公厅主任、巴新人民民主运动党副主席、外交部副秘书长及随行企业家等 23 人。

5 月 31 日晚，省长习近平、副省长潘心城、省政协副主席王良溥会见了莫劳塔总理一行，福州市领导参加了会见。习近平说，去年巴新东高地省省长访问福建时，两省缔结了友好城市关系。福建省农业专家发明的菌草技术和旱稻栽培技术已在东高地省得到逐步推广，今后双方在渔业、林业及旅游等方面合作前景广阔。福建将有更多的企业家到巴新考察、寻找投资的机会。

莫劳塔表示，中国是他就任总理以来出访的第一个国家，福建省与巴新有许多相似之处，双方资源都很丰富，有着广阔的合作前景，欢迎福建企业家到巴新投资办厂。

在福州期间，莫劳塔一行在潘心城的陪同下，参观了福建农林大学、马尾造船厂等。在农林大学的欢迎仪式上，莫劳塔发表了演讲。莫劳塔一行还参观了农林大学菌草展览厅，并题词："我谨代表巴布亚新几内亚政府和人民，为贵校在菇类和旱稻栽培项目方面所做的贡献表示感谢。希望我们能够为双方的共同利益而扩大合作领域。”随后，莫劳塔在校园种下了象征中巴友谊的亚热带菌草——长生皇竹草。在马尾造船厂，莫劳塔一行听取了造船厂情况介绍，参观了为瑞典建造的万吨货轮。

（十二）新加坡总统纳丹访问福建

2001 年 9 月 17—18 日，新加坡共和国总统纳丹偕夫人，在中国驻新大使张九桓陪同下访问武夷山和厦门。随同来访的有人力部长、外交部政务部长、驻华大使等 47 人。

9 月 17 日晚，省长习近平，副省长、厦门市市长朱亚衍在厦门会见了纳丹总统一行。习近平说，福建省和新加坡在历史上有着密切的联系，改革开放以来，双方在教育、文化、科技方面的合作与交流日益频繁，相信总统的到访会促进两国友好合作关系的发展。纳丹说，福建省与包括新加坡在内的东南亚各国在历史上有着密切的联系，很多新加坡人的祖籍地在福建，新加坡的发展有福建人的功劳。他说，很高兴看到双方的合作与交流有了进一步的发展，希望今后双方的合作领域进一步扩大。

在厦门期间，纳丹一行在朱亚衍的陪同下游览了鼓浪屿，参观了集美陈嘉庚墓及由新加坡全国眼科中心前院长林少明教授和厦门开元眼科医院洪荣照教授共同创办的厦门眼科中心。在武夷山，纳丹一行乘竹筏游览了武夷山九曲溪，参观了武夷山古街和戈壁艺术馆，与副省长汪毅夫一起在武夷山万国园植树纪念。

（十三）赤道几内亚总统奥比昂访问厦门

2001 年 11 月 21—22 日，赤道几内亚总统特奥多罗·奥比昂·恩圭马·姆巴索戈偕夫人访问厦门。随同来访的有总统府国务部长、外交与合作部长、计划发展部长、经济财政部长等官员及记者共 35 人。

11 月 21 日晚，副省长、厦门市市长朱亚衍会见了总统一行。朱亚衍向客人介绍了福建省和厦门市的情况。奥比昂表示，福建的渔业和林业都很发达，而赤道几内亚在这方面的资源也十分丰富，双方开展合作的潜力很大。

在厦门期间，奥比昂一行参观了鼓浪屿、环岛路等，对福建省和整个中国经济发展的成就表示钦佩。

（十四）印尼总统梅加瓦蒂访问福州

2002 年 3 月 27—28 日，印度尼西亚共和国总统梅加瓦蒂，在中国驻印尼大使陈士球的陪同下访问福州。随同来访的还有总统丈夫和女儿、外交部长、农业部长、研究和技术国务部长、通信信息国务部长、国务秘书、印尼驻华大使等共 119 人。

3 月 27 日晚，省长习近平、副省长汪毅夫会见了梅加瓦蒂一行。习近平说，中国与印尼是友好邻邦，福建省和印尼的友好关系源远流长。近年来，福建与印尼的经贸交往也有很大发展，福建从印尼进口食品植物油、化工塑料原料等，两地政府间友好往来日益密切。目前，印尼中爪哇省正与福建省筹划结为友好关系，一些重大的经贸合作项目如液化天然气项目也正在探讨中。习近平表示，相信通过梅加瓦蒂总统的这次来访，将进一步推动双方在经贸等领域的交流与合作。

梅加瓦蒂对中爪哇省拟与福建省建立友好省关系表示支持。她说，印尼不少华人就来自福建，她已要求部长们多与福建开展有关农业、矿产等领域的合作，并希望能具体落实重大合作项目。

在福州期间，梅加瓦蒂一行在汪毅夫的陪同下参观了雕刻工艺总厂和珠宝城。

（十五）菲律宾众议院议长德维尼西亚访问福建

2002 年 4 月 22—23 日，菲律宾众议院议长何塞·德维尼西亚偕夫人访问厦门、漳州，菲律宾驻华大使、国家铁路集团的负责人等随同来访。

4 月 22 日晚，厦门市人大常委会主任李秀记会见了代表团一行，双方就加强议会交流事宜举行会谈。

在漳州期间，德维尼西亚一行考察了绥安工业区新潮手套（漳浦）有限公司、六鳌镇的值鼎渔业开发有限公司、前亭镇的百信畜牧有限公司奶牛场、乳品加工厂，并与在漳浦县的菲律宾商人座谈。

（十六）塔吉克斯坦总统拉赫莫诺夫访问厦门

2002 年 5 月 18—19 日，塔吉克斯坦总统埃莫马利·沙里波维奇·拉赫莫诺夫及总理、外交部长一行 36 人访问厦门。

5 月 18 日晚，省委常委、厦门市市长朱亚衍会见了拉赫莫诺夫一行。

在厦门期间，拉赫莫诺夫一行考察了厦门市容市貌及环岛路等。

（十七）越共中央书记处书记张永仲访问福建

2002 年 6 月 7—11 日，应中联部邀请，越南共产党中央书记处书记、中央内政部部长张永仲（副总理级）率领越南代表团一行 10 人，在中联部秘书长李扬的陪同下访问福州和厦门。

6 月 9 日晚，省委书记、省人大常委会主任宋德福在厦门会见代表团一行。张永仲表示福建在反腐败方面有很多好做法、好经验值得借鉴。

在闽期间，代表团与省委、省人大、省纪委、省政法委、省法院、省检察院及厦门市有关单位进行了座谈。在福州，代表团参观了雕刻总厂、市博物馆和江滨路。在厦门，参观了市反腐先进单位——市工程招标管理办公室等。

（十八）泰国公主诗琳通访问福建

2002 年 10 月 16—20 日，泰国公主玛哈扎克里·诗琳通一行 30 人访问福建。

10月16日晚，代省长卢展工在福州会见诗琳通一行，介绍了福建概况和福建与泰国的交往历史。

在福州期间，诗琳通一行参观了林则徐纪念馆、省博物院、马尾造船厂，游览了鼓山、马尾罗星塔。在武夷山，参观了古汉城遗址、御林亭遗址、武夷山自然博物馆、历史博物馆、戈壁艺术馆、朱熹纪念馆等，游览了天游峰、九曲溪、宋代古街。在厦门，参观了鼓浪屿、南普陀寺、厦门大学、海沧投资区、集美鳌园。在泉州，参观了开元寺、清净寺、老君岩、洛阳桥、圣墓及海交馆等。

（十九）菲律宾众议院议长德维尼西亚访问福建

2003年1月22—23日，菲律宾众议院议长何塞·德维尼西亚偕夫人等一行9人访问厦门、泉州。

1月22日晚，厦门市人大常委会主任洪永世会见了德维尼西亚一行。洪永世说，厦门和菲律宾的经贸往来十分密切，菲律宾在厦门设立总领事馆，厦门—马尼拉航线开通后，福建省特别是闽南地区去菲律宾旅游的人数不断增多，进一步加深了厦门与菲律宾的联系。德维尼西亚说，每次来厦门都对厦门的发展感到惊喜。过去，福建人到菲律宾创业，对当地的经济发展做出了杰出贡献。现在，希望厦门市政府进一步鼓励厦门有实力的企业去菲律宾投资兴业，发展双边的经贸关系。

在厦门期间，代表团一行参观了夏新电子有限公司，视察了菲律宾驻厦门总领馆。在泉州，德维尼西亚向位于晋江的菲律宾民族英雄扶西·黎刹纪念像敬献花圈，随行的还有菲律宾驻厦门总领事、扶西·黎刹的后裔及菲华社团领袖等50余人。德维尼西亚说，扶西·黎刹是菲律宾争取独立自由的民族英雄，他身上具有马来人和中国人的血统，一百多年来被东南亚马来民族和华人引以为傲。德维尼西亚感谢泉州市、晋江市两级政府对黎刹纪念设施的高度重视，称这是给予菲律宾政府和菲律宾人民的极大荣誉。

（二十）圭亚那总统贾格迪奥访问福州

2003年3月30日至4月1日，圭亚那合作共和国总统巴拉特·贾格迪奥偕夫人及对外贸易和国际合作部长、农业部长、乔治敦市市长等一行13人，在中国驻圭亚那大使宋涛的陪同下访问福州。

3月30日晚，省长卢展工会见了贾格迪奥一行。贾格迪奥高度评价福建省过去20多年在改革开放和经济建设中所取得的成就，同时衷心祝愿福建省实现宏伟目标。贾格迪奥与卢展工还出席了福州市与乔治敦市建立友好交流关系协议书签字仪式。

在福州期间，贾格迪奥一行参观考察了福建农林大学蘑菇栽培项目、闽清腾龙瓷业有限公司、四乐轩古民居、国家农业综合开发项目区鹿角示范片、三角井超大农贸超市、音乐皇庭音像店及福人木业有限公司，游览了闽江公园等。

（二十一）斯里兰卡总理维克拉马辛哈访问厦门

2003年8月9—10日，斯里兰卡总理拉尼尔·维克拉马辛哈偕夫人及外交部长、种植园工业部长夫妇、卫生营养和福利部副部长夫妇等一行17人访问厦门。

8月9日晚，市长张昌平会见了总理一行。维克拉马辛哈对厦门经济建设和社会发展所取得的成就表示钦佩，希望厦门企业能够到斯里兰卡投资兴业，厦门市能和斯里兰卡的相关城市结为友城关系。

在厦门期间，维克拉马辛哈一行参观了夏新电子股份有限公司，游览了鼓浪屿，并在鼓浪屿钢琴博物馆体验了自动钢琴的演奏。

（二十二）马来西亚副总理巴达维访问福建

2003年9月17—18日，马来西亚副总理阿卜杜拉·巴达维一行95人，在中国驻马大使胡正跃的陪同下，访问泉州、厦门。随同来访的有外交部、卫生部、教育部等6位部长及柔佛州州务大臣、槟州首席部长、马六甲州首席部长、彭亨州州务大臣、工程部副部长、财政部副部长和内政部副部长等政府高层。同时，槟州市政府代表团一行15人也专程到厦门陪同巴达维访问。

在泉州期间，巴达维在泉州市代市长郑道溪的陪同下，参观了清净寺、海交馆、伊斯兰圣墓，向清净寺捐赠了两套马来西亚出版的《古兰经》，并用阿拉伯文为清净寺题词。在厦门，市长张昌平会见了巴达维一行。巴达维说，厦门市已与马来西亚槟州市结为友好城市，厦门市还可以和马来西亚的其他城市建立友好关系，以促进双方友好合作的更大发展。巴达维一行还参观了厦门大学，与厦大南洋研究所进行座谈，并考察了位于海沧投资区的众达钢铁厂等。

（二十三）丹麦王子约阿希姆访问厦门

2003年10月29—30日，丹麦王子约阿希姆在丹麦驻华大使博深、驻广州总领事曹伯义的陪同下，对厦门进行私人访问。

10月29日晚，市长张昌平会见了王子一行。约阿希姆说，10年前他曾访问过厦门，此次故地重游，感到丹麦在厦门投资的企业无论在规模或设备方面都有很大程度提高。相信厦门将来不但是世界工业发展的基地，也将成为世界高科技的桥头堡。

在厦门期间，约阿希姆王子出席了瑞声达听力技术（中国）有限公司的新厂落成剪彩仪式，并游览了鼓浪屿等。

（二十四）吉布提国民议会议长阿里访问厦门

2004年7月6—8日，吉布提国民议会议长、吉布提争取进步人民联盟总书记阿里率吉布提争取进步人民联盟代表团一行5人，在中联部非洲局局长李力清和吉驻华大使奥多瓦陪同下访问厦门。

7月6日晚，市长张昌平会见了阿里一行，介绍了厦门发展概况。阿里表示吉布提有丰富的海洋资源和地下资源有待开发，服务行业前景看好，欢迎厦门市企业前往考察并探讨港口建设合作项目。

在厦门期间，阿里一行参观了海沧投资区、夏新公司及瑞景新林居民生活区等。

（二十五）巴哈马总理克里斯蒂访问福州

2004年8月17—19日，巴哈马国总理佩里·克里斯蒂一行15人，在中国驻巴哈马大使焦东村的陪同下访问福州。

8月18日晚，省委代书记、省长卢展工会见了克里斯蒂一行。卢展工表示，将在旅游、农业、海洋渔业等领域与巴哈马相关部门和地区加强合作，鼓励本省企业到巴哈马投资。克里斯蒂说，旅游业、农业和水产业在巴哈马的经济发展中占有十分重要的位置，福建省在旅游纪念品生产和海产品、农产品加工方面经验丰富，希望双方能够在这些领域加强合作，并在两国签署的合作框架下，为加勒比地区农业生产及在提高农民生产能力方面提供技术援助。

在福州期间，克里斯蒂一行参观了福清东威水产食品实业有限公司、闽侯旺成食品开发有限公司、福州雕刻总厂及福建金得利集团有限公司。在金得利集团，克里斯蒂参观了饰品、成品车间，他表示，希望福建金得利集团有限公司到巴哈马开发生产旅游工艺品，巴将提供各种支持和帮助。他还希望福建省派一个雕刻艺术家小组到巴哈马进行贝雕等旅游工艺品的开发和技术培训。

（二十六）菲律宾众议院议长德维尼西亚访问福建

2004年9月5—7日，菲律宾众议院议长、亚洲政党国际会议常委会主席何塞·德维尼西亚偕夫人一行22人，在中联部局长姜宏的陪同下访问福州、宁德。

9月6日晚，省委常委、统战部长陈营官，省人大常委会副主任贾锡太，副省长王美香会见了德维尼西亚及夫人一行。德维尼西亚说，菲律宾要感谢福建，一百多万侨居菲律宾的福建人为菲国的工商业发展和社会文明做出了巨大贡献，他本人也为福建省经济迅速发展感到自豪。德维尼西亚表示，几天前中菲两国领导人在北京签订了关于加强两国渔业合作的协议，菲律宾欢迎福建人到菲律宾发展海上养殖业。他还建议菲律宾与宁德市在网箱养殖方面进行小规模合作的示范，进而带动菲中渔业更广泛的合作。他希望把宁德的网箱养殖技术及福建其他渔业养殖、饲料加工和水产品加工等技术引进菲律宾，并促成菲律宾政府出资与福建省有关部门合资办企业。

在宁德期间，德维尼西亚一行参观三都澳大黄鱼养殖区。省海洋与渔业局负责人向客人介绍了渔业和水产养殖方面的有关情况，回答了客人提出的问题。德维尼西亚对福建省自行研制的升降式抗台风大型网箱表现出浓厚兴趣，要求随行的菲国家渔政局长和水产商认真研究引进此类网箱的可行性，并与宁德市合资合作。代表团一行还参观了福州名成食品工业有限公司，了解了水产品生产、加工和销售的有关情况。

（二十七）芬兰议会议长利波宁访问厦门

2004年11月30日至12月2日，芬兰议会议长帕沃·利波宁一行17人访问厦门。

12月1日晚，省人大常委会副主任张家坤、厦门市人大常委会主任洪永世会见了利波宁一行。

在厦门期间，议长一行旁听了厦门市人大会议，参观了厦华电子股份有限公司、夏新股份有限公司，游览了鼓浪屿、环岛路等景点。

（二十八）莱索托国民议会议长莫查梅访问福州

2004年12月4—6日，莱索托王国国民议会议长莫查梅一行5人访问福州。

12月4日晚，省人大常委会副主任张家坤、贾锡太会见了客人一行。莫查梅对福建企业家在莱索托投资、为当地发展经济、解决就业所做的贡献表示感谢，希望今后进一步加强合作。

在福州期间，客人们在省市有关领导的陪同下，参观了福建金得利集团有限公司、福建冠辉食品企业有限公司和闽侯昙石山遗址博物馆，游览了鼓山风景区、闽江公园，并与福清市海口镇政府、海口镇岑兜村村委会分别进行座谈。

（二十九）安第斯议会议长乌尔基迪访问福建

2005年3月29—31日，安第斯议会议长乌尔基迪偕夫人及议会秘书长等一行3人，在全国人大教科文卫委员会委员周成奎的陪同下访问福州和武夷山。

3月29日晚，省人大常委会副主任林强会见了议长一行。林强表示，希望加强与安第斯议会之间的交往，推动双方的经贸合作。乌尔基迪说，安第斯议会成立于1979年，由秘鲁、厄瓜多尔、哥伦比亚、玻利维亚、委内瑞拉五国议会组成，与中国的全国人大交往密切，这次访问福建留下了深刻印象，今年将组织共同体五国联合组团参加“9·8”投洽会。

在福州期间，代表团一行参观了福建金得利集团有限公司和东南汽车厂。在金得利集团公司，乌尔基迪说，安第斯地区拥有丰富的矿产资源，希望福建金得利集团有限公司能把先进的加工技术带到安第斯地区，并在那里投资设厂。在东南汽车厂，乌尔基迪亲自驾车，载着夫人和议会秘书长在厂区兜了两圈，他称赞“菱绅”牌汽车性能稳定，马力充足。在武夷山期间，乌尔基迪一行游览了九曲、天游、仿宋古街等景点，并与南平、武夷山市领导共同植树纪念。

（三十）泰国上议院议长差里科访问福建

2005年7月21—24日，应华侨大学的邀请，泰国上议院议长素春·差里科、第二副议长萨哈斯率泰国上议院代表团一行23人访问厦门、泉州。

7月22日晚，厦门市人大常委会主任洪永世会见了差里科一行。

在泉州期间，代表团访问了华侨大学，出席了《泰国首府大学与华侨大学华文学院合作办学意向书》的签字仪式，华侨大学聘请差里科为名誉教授。根据意向书的条款，华大为泰国上议院提供50名奖学金名额，由差里科推荐。同时，华大选派两位教师赴泰国为议员们教授中文。差里科在会见泉州市人大常委会主任傅圆圆时说，华侨大学在泰国知名度高，许多泰国人希望把儿女送到这里学习，希望今后进一步扩大泰国与泉州市在各个领域的交流与合作。

（三十一）泰国副总理披尼访问厦门

2005年9月3—4日，泰国副总理披尼率农业合作部部长、商务部副部长等一行27人访问厦门。

9月3日晚，省委常委、厦门市委书记何立峰会见了披尼一行。

在厦门期间，披尼一行出席了在SM商业城举行的“泰国水果展”剪彩仪式，并与厦门金龙客车股份有限公司洽谈用泰国大米、水果易货贸易金龙客车的有关事宜。

附录：卸任国家元首、政府首脑

1. 新加坡前总统黄金辉访问福建

2000年4月29日至5月1日，新加坡前总统黄金辉率子孙一行14人访问厦门、漳州。

5月1日，黄金辉一行在新加坡驻厦门总领事林明河陪同下到漳州市辖龙海市寻根。黄金辉表示，其祖辈于250多年前移居南洋，到他已是第七代。最近6年，在龙海市有关部门的协助下，他对祖籍地做了研究考证。他为漳州市、龙海市的新面貌而感到高兴，并希望大家共同努力，推动新加坡与漳州市的交流。在海澄镇黎明村，黄金辉一行与镇、村负责人及村中老人在黄氏宗祠进行了座谈，查阅了族谱和有关资料，共叙宗族亲情，回顾先人往事。

据有关部门初步调查，黄金辉祖辈赴南洋前，居住在黎明的高厝村。

2. 韩国前总理李寿成访问福建

2001年7月17—24日，韩国21世纪韩中交流协会顾问、韩国前总理李寿成一行9人访问福州、厦门和武夷山。

7月17日晚，省政协主席陈明义会见了李寿成一行。

在福州期间，李寿成一行参观了雕刻工艺品总厂、中华映管、韩资企业二和经刚公司，游览了金牛山公园和江滨公园。在厦门，参观了海沧投资区、国际会展中心、南普陀寺。在武夷山，游览了武夷山风景区，并为武夷山自然保护区题词，赞扬武夷山是中国的骄傲。

3. 澳大利亚前总理霍克访问厦门

2003 年 8 月 6—7 日，澳大利亚前总理霍克作为仲盛集团的高级顾问访问厦门，考察了厦门的投资环境和市区。

8 月 6 日晚，省委常委、厦门市委书记郑立中会见了霍克一行。

4. 印尼前总统瓦希德访问福建

2003 年 11 月 21—22 日，应外交学会邀请，印度尼西亚共和国前总统瓦希德夫妇一行 15 人，在外交学会副会长陈宝鉴陪同下访问泉州、厦门。

在泉州期间，瓦希德一行参观了清净寺和海外交通史博物馆。瓦希德听取了关于清净寺《永乐皇帝保护伊斯兰教圣旨》碑刻的介绍，对伊斯兰教在泉州得到广泛传播表示赞叹。他在海交馆参观郑和下西洋的船队模型时，向随行人员讲述了在印尼广为流传的一些有关郑和下西洋的故事，并表示将派人到泉州研究郑和下西洋的历史。

在厦门，市长张昌平会见了瓦希德一行。瓦希德表示，印尼愿成为中国与西方交往的桥梁，希望印尼和厦门进一步加强在海洋开发等领域的合作。

5. 新西兰前总理希普利访问福建

2005 年 6 月 27—29 日，新西兰前总理珍妮·希普利和皇家科学院首席科学家高益槐教授一行 3 人访问宁德、福州。

6 月 28 日晚，副省长王美香和宁德市副书记朱之文在福州会见了希普利一行。

在宁德期间，希普利一行出席了第六届中国·宁德招商节开幕式，参加了安发益槐（福建）生物科技园项目奠基仪式。在福州，希普利参加了宁德市委、市政府在福州举办的“国际天然药物（食药用菌）高新技术与产业化高峰论坛”等。

二、外国省、部级官员

（一）加拿大移民部部长助理格雷格访问福州

1999 年 10 月 20—21 日，加拿大移民部部长助理格雷格·费和移民法制执行司司长伊丽莎白·超普一行 5 人访问福州，商讨共同打击非法移民问题。

在福州期间，省长助理李庆洲、公安厅副厅长牛纪刚与客人们进行座谈，就共同打击非法移民问题达成共识。格雷格一行考察了连江县边防拘留所，观看了福建省公安边防部门制作的用以教育群众的电视片《血泪偷渡梦》和其他宣传教育材料。

（二）斯里兰卡佛教部副部长普列马拉特尼访问泉州

2000 年 4 月 18—20 日，应省长习近平邀请，斯里兰卡佛教部副部长艾德维拉·普列马拉特尼访问泉州，随行的有斯里兰卡著名历史和考古学家赫特拉奇·加亚瓦德那普拉教授和郝·伟民·克兰尼亚教授。

在泉州期间，普列马拉特尼拜访生活在泉州的锡兰（斯里兰卡的古称）王子后裔，并考察锡兰王子及其后裔遗留在泉州的史迹。普列马拉特尼在与泉州史学界专家、学者进行座谈后表示，将在适当的时候派更多专家访华，争取在学术考证的基础上召开两国新闻发布会，将锡兰王子及其后裔在泉州的这段历史确认下来。

（三）菲律宾预算管理部副部长卡斯特罗访问福建

2000 年 6 月 27—30 日，以菲律宾预算管理部副部长欣西亚·卡斯特罗为团长、三宝颜市市长玛丽亚·克拉拉·洛布里加特为副团长的菲律宾代表团一行 72 人访问泉州、厦门。

在泉州期间，卡斯特罗一行考察了清檬工业区和晋江恒安集团、晋江玩具工会、石狮市文行灯饰等多家企业，参观了位于晋江市的菲律宾国父扶西·黎刹史料陈列馆、石狮市黄金海岸和开元寺等名胜。在厦门，考察了特区并游览了鼓浪屿。

（四）越南文化部副部长何学亥等访问福建

2001 年 3 月 9—11 日，以越南共产党中央思想文化部副部长何学亥和内政部副部长郭梨清为正、副团长的越共干部代表团一行 9 人访问福州、厦门。

3 月 9 日晚，省委副书记卢展工会见了代表团一行。卢展工从指导思想、班子建设、基层组织建设、制度建设、党风廉政建设和反腐败及加强党建工作领导等 6 个方面，介绍了近年来的主要做法。

在福州、厦门期间，省纪委副书记官成华，省委组织部副部长陈世谦，福州市委副书记练知轩，厦门市委常委、宣传部长杜明聪也分别与客人进行了座谈，介绍了福建省及福州、厦门两市在加强党风廉政建设、反腐败及党的建设等方面的经验。

（五）加拿大公民资格与移民部长科德尔访问福州

2002 年 9 月 4—5 日，由丹尼斯·科德尔部长率领的加拿大公民资格与移民部代表团一行 15 人访问福州，随同科德尔来访的还有包括华裔女士索菲亚·梁在内的多位国会议员。

9 月 4 日晚，副省长陈芸会见了代表团一行，介绍了福建发展概况和打击非法移民所采取的措施。

在福州期间，代表团参观了亭江边防拘留所和陈列在拘留所内的打击非法移民图片展，听取了有关情况介绍。

（六）菲律宾国会议员邢松访问福建

2002年9月8—12日，菲律宾国会议员邢松率南伊罗戈省市长代表团一行36人，由菲律宾驻厦门总领事叶·巴金陪同，在厦门参加第6届中国国际投资贸易洽谈会有关活动后，访问了福州、宁德、莆田、泉州。

在闽期间，代表团与宁德市、泉州市领导分别商讨建立友好城市事宜，并参观了农林大学、宁德大黄鱼养殖基地、湄洲岛、闽中蔬菜加工公司、泉州晋江的扶西·黎刹公园、厦门集美大学等。

（七）印尼海洋渔业部部长达胡瑞访问集美大学

2002年9月22—23日，应厦门集美大学邀请，印尼海洋渔业部长罗克敏·达胡瑞一行12人访问厦门。

在厦门期间，达胡瑞一行与学校领导和专家进行座谈，参观了学校水产生物实验所、轮机模拟器和船舶操纵模拟器等，出席了东亚海域研讨会并参观鼓浪屿等景点。

（八）哈萨克斯坦总检察长图苏普别科夫访问福州

2002年11月2—4日，由哈萨克斯坦总检察长拉·托·图苏普别科夫率领的哈萨克斯坦检察院代表团一行6人，在参加上海合作组织成员国总检察长会议后访问福州。

11月2日晚，省人大常委会副主任王建双、省检察院副检察长陈义兴、张同盟会见了代表团一行。图苏普别科夫介绍了哈萨克斯坦的检察制度和上海合作组织成员国总检察长会议情况。

在福州期间，代表团参观了雕刻厂和市区名胜古迹等。

（九）印尼能源和矿产资源部部长尤斯吉安多罗访问福建

2002年11月22—23日，受梅加瓦蒂总统派遣，印尼能源和矿产资源部部长布尔诺默·尤斯吉安多罗在印尼驻华公使、印尼石油天然气公司总裁及BP印尼公司副总裁等陪同下，访问福州、莆田。

11月22日晚，代省长卢展工在福州会见了部长一行。卢展工表示，非常重视与印尼合作的LNG项目，将尽力促其成功。尤斯吉安多罗表示，通过这一合作，印尼与福建的经贸往来一定会得到进一步发展。

访问期间，尤斯吉安多罗一行还与省有关部门就LNG项目规划、站点建设等合作问题交换了意见，并对莆田秀屿港进行了实地考察。

（十）南非祖鲁王孜维勒悌尼访问福建

2003年2月20—24日，应省长卢展工邀请，南非祖鲁王古德维尔·孜维勒悌尼及王后一行9人，访问福州、福清、厦门、漳州。

2月20日晚，卢展工会见了祖鲁王一行。孜维勒悌尼表示，南非与福建在许多领域已有合作，来自福建的商人在促进双边商贸发展方面发挥了很大的作用，希望福建省与夸祖鲁—纳塔尔省能开展更多合作。福清市与新堡市刚签订了建立友好城市关系意向书，也为双方进一步开展交流创造了条件。

在闽期间，孜维勒悌尼一行与省计委、外经贸厅、农业厅等部门及厦门、漳州、福清市有关部门负责人进行了座谈。在福州，代表团参观了农林大学菌草研究所、雕刻工艺品总厂、冠捷电子有限公司、福清农业综合开发现代化园区等。在厦门，参观了金龙旅行车有限公司、鼓浪屿等。在漳州，参观了天福集团漳浦茶博物院，出席了长泰金兰食品有限公司办公大楼开工典礼等。

（十一）伊朗亚兹德省省长卡朗塔里访问福建

2003年10月26—29日，伊朗亚兹德省省长卡朗塔里一行6人访问福州、泉州。代表团成员有亚兹德省旅游局长穆罕默德·赛义德·侯赛尼、省会亚兹德市市长赛义德·阿里·阿拉蒙、阿大坎县县长巴曼·阿里·阿夫哈米、省科技开发园区区长穆罕默德·萨利赫·欧利亚等。

在福州期间，亚兹德市市长与福州市市长签订了《缔结友好城市意向书》。在泉州，代表团一行考察了泉州格林服装有限公司，与公司负责人进行了座谈，了解公司运营、资金投入、产品销售等情况。卡朗塔里说，希望格林公司派人到伊朗指导当地服装生产。伊朗驻华使馆经济参赞侯赛因·波尔受伊朗一贸易公司委托，当场与格林公司达成贸易合作意向。代表团一行还参观了海交馆、清净寺等伊斯兰史迹。

（十二）莫桑比克伊尼扬巴内省省长阿里访问福建

2004年6月16—20日，应省政府邀请，莫桑比克伊尼扬巴内省省长阿里斯·阿里一行13人访问福州、厦门。

6月16日晚，省委代书记、省长卢展工会见了阿里一行。

在闽期间，代表团一行分别与省外经贸厅、农业厅、厦门市发改委、贸发局和农业局负责人举行座谈。阿里表示，双方在农产品加工方面的合作潜力很大，希望福建省企业家把先进技术带到拥有丰富自然资源的伊尼扬巴内省，利用当地廉价的劳动力，开展合作。

在福州，代表团参观了福州经济技术开发区、青州港区、统一企业有限公司等。在厦门，考察了民营企业银鹭集团。在参观牛奶花生和番茄汁的生产流程时，阿里斯表示，希望银鹭集团到伊尼扬巴内省投资，相信双方会有很大的合作空间。

（十三）南非夸祖鲁—纳塔尔省省长恩德贝莱访问福建

2004年7月6—9日，应省政府邀请，南非夸祖鲁—纳塔尔省省长乔尔·西布西索·

恩德贝莱偕夫人一行11人访问福州、漳州。

7月6日晚，省长卢展工会见了恩德贝莱一行。恩德贝莱说，希望通过此次访问能学习借鉴福建发展的经验，尤其希望能够得到福建在农业方面的技术支持，以进一步促进双方的交往与合作。

在福州期间，代表团与省农业厅就农业方面的合作进行洽谈。在访问福建农林大学、参观菌草研究所、考察菌草和栽培食用菌生产基地后，恩德贝莱表示，希望能尽快引进菌草技术，在南非产生更好的社会和经济效益。在漳州，福建农林大学党委书记王豫生与南非夸祖鲁—纳塔尔省农业和环境事务厅厅长恩达班达巴签署了《中国福建农林大学与南非夸祖鲁—纳塔尔省农业和环境事务厅关于菌草栽培食用菌技术合作意向书》。恩德贝莱一行先后参观了省农业产业化重点龙头企业——嘉田木耳开发公司、万亩香蕉园及金兰食品有限公司等，并对蘑菇生产、包装和食用菌的培育等情况进行了实地考察。

（十四）塞内加尔复兴公民党总书记锡亚姆访问厦门

2004年9月26—28日，塞内加尔复兴公民党（塞内加尔参政党之一）总书记锡亚姆率团访问厦门。

访问期间，锡亚姆会见了厦门市领导，并参观了厦门大学、银鹭食品有限公司，游览了鼓浪屿、集美学村、海沧大桥、胡里山炮台等景点。

（十五）美国宾夕法尼亚州众议院议长派卓访问福建

2005年7月13—17日，应省人大常委会主任卢展工的邀请，美国宾夕法尼亚州众议院议长约翰·派卓率宾州代表团一行16人访问福州、厦门。

7月16日晚，卢展工在厦门会见了宾州代表团一行，双方举行《福建省—宾夕法尼亚州建立友好省州关系意向书》签字仪式。

访闽期间，省人大各专门委员会向客人介绍了省人大的组织机构、日常运作情况。省、福州、厦门市发改委、外事办等部门分别与代表团就开通费城—福州直航包机、开展风力发电领域合作、费城与厦门结为友好城市、宾州州立大学与厦门理工大学建立友好合作关系等事宜进行协商。宾州金融投资家凯兹与福州市有关部门签署了建设福州轻轨一号线的合作意向书。此外，客人们还参观了东南汽车城、闽侯华源工艺品厂、泉州寰球鞋业公司、菲利家具公司等企业。

（十六）塞内加尔非洲争取民主和社会主义党中央办公厅主任萨尔访问福建

2005年7月23—27日，以中央办公厅主任谢克·穆哈马杜·巴西鲁·萨尔为团长的塞内加尔非洲争取民主和社会主义党代表团一行3人访问福州、厦门。

7月23日晚，省委副书记王三运会见了代表团一行。

在福州期间，省台办领导向客人介绍了福建省与台湾在历史、文化、经济等方面的渊源关系，并就闽台关系和对台政策回答了客人的提问。代表团参观了华映光电公司、鼓山、雕刻总厂、省博物院等。在厦门，代表团参观了海沧开发区的国际货柜码头、鼓浪屿、厦门大学、胡里山炮台、环岛路等，并乘船游览了厦金海域，在游船上观望了台湾省的大担岛。萨尔表示，通过参观考察，对闽台之间的历史渊源有了亲身体会，增强了对“一个中国”的认同感。

（十七）英国内政部政务次官本合姆访问福州

2005年8月2—3日，英国内政部政务次官安迪·本合姆一行8人访问福州。

8月2日，安迪·本合姆与省公安厅领导座谈时表示，希望能与福建省公安部门加强合作，加快非法移民的身份确认及遣返工作。厅长陈由诚向客人介绍了福建省各级公安部门坚决打击非法移民的立场、所采取措施及打击偷渡方面取得的成效。随后，本合姆一行赴亭江参观福州第二治安拘留所，观看了福建省打击偷渡的纪录片。

当晚，副省长陈芸会见了本合姆一行。本合姆表示，通过实地参观与座谈，亲眼看到了福建省在打击偷渡方面所做的工作，感受到福建省打击偷渡的决心，希望福建派代表团访问英国，与英国有关部门加强交流与合作。

（十八）联合国贸发会议秘书长素帕猜访问厦门

2005年9月7—9日，联合国贸发会议秘书长素帕猜·巴尼巴滴及其助手一行2人访问厦门。

素帕猜出席了第九届中国国际投资贸易洽谈会的开幕式，参加了《2005年世界贸易与发展报告》的发布仪式，并在国际投资论坛发表了演讲。

（十九）古巴共和国政府部长鲁伊斯访问福建

2005年10月23—24日，古巴共和国政府部长里卡多·卡布里萨斯·鲁伊斯一行7人访问福州。

10月23日晚，副省长汪毅夫会见了鲁伊斯一行。鲁伊斯说，古巴目前拥有世界一流的眼科医疗技术、高端眼科医疗设备和优质的医疗服务，古巴希望与福建省在医疗卫生，特别是眼科方面进行合作。

在福州期间，代表团一行与省卫生厅领导、省华源国际经济贸易合作公司就在福州合作建立眼科中心进行了探讨，与省外经贸厅、省华侨实业集团进行了洽谈。省华侨实业集团已在古巴建立贸易加工小区，已有3家企业入驻，总投资1630万美元，解决了当地700人就业。

表 2—1　　**1999—2005 年外国省、部级以上官员访问福建一览表**

年份	日期	代表团	访问地点
1999	1 月 20—22 日	瓦努阿图外交部长助理克莱门特·利奥(副部级)一行 5 人	厦门
	2 月 7—8 日	泰国副总理功·塔帕朗西一行 50 人参加首届福建泰国商品节暨福州暹罗百货有限公司开业庆典	福州
	3 月 23—26 日	乌克兰总检察长波捷边科·米哈伊尔·阿列克谢耶维奇一行 4 人	福州、厦门
	4 月 17—19 日	荷兰女王贝娅特丽克丝夫妇一行 15 人度假访问	武夷山、厦门
	5 月 2—8 日	巴布亚新几内亚国防部长一行 4 人	厦门
	5 月 12—13 日	泰国下议院副议长颂萨一行 15 人	福州
	5 月 27—28 日	越南党政代表团(副总理级)一行 16 人	厦门
	5 月 27—28 日	澳大利亚移民及多元化事务部秘书长比尔·法尔墨(副部级)一行 3 人	福州
	6 月 9—11 日	缅甸联邦国家和平发展委员会第一秘书长钦纽中将、副总理丁拉中将一行 39 人	厦门
	8 月 24—26 日	文莱苏丹国家元首博尔基亚一行 38 人	泉州、厦门
	8 月 24—28 日	多米尼加参议院议长阿尔武凯克一行 9 人	武夷山、厦门、福州
	8 月 26—28 日	马来西亚贸工部副部长郭沫镇一行 6 人	福建
	8 月 29—31 日	新加坡贸工部部长杨荣文一行 36 人	福建
	9 月 1—2 日	瓦努阿图副总理威利·吉米一行 7 人	厦门
	9 月 6—7 日	马来西亚拿督江真诚博士一行 5 人	福州
	9 月 7—10 日	经合组织秘书长约翰斯顿一行 4 人	厦门
	9 月 7—10 日	英国国务大臣理查德·卡本一行 7 人	厦门
	9 月 7—10 日	沙特商业大臣一行 30 人	厦门
	9 月 7—8 日	孟加拉外交国务部长一行 7 人	厦门
	10 月 14—18 日	汤加王国陶法阿豪·图普四世国王一行 22 人	厦门、漳州
	10 月 20—21 日	加拿大移民部长助理格雷格·费一行 5 人	福州
	11 月 26—28 日	澳大利亚移民部部长卢锋一行 6 人	福州、厦门
	11 月 26—29 日	泰国上议院议长米猜一行 18 人	武夷山、厦门

续表 2—1

年份	日期	代表团	访问地点
2000	2 月 18—20 日	尼日利亚商业部长穆斯塔法·贝洛一行 6 人	福建
	2 月 18—20 日	印度商工部部长穆拉索里·马兰一行 8 人	厦门、泉州
	2 月 25—27 日	安提瓜和巴布达旅游部长约瑟夫一行 5 人	福州、莆田、泉州、厦门
	4 月 4—9 日	泰国下议院副议长颂萨一行 20 人	福州、泉州、武夷山、厦门
	4 月 18—20 日	斯里兰卡佛教部副部长普列马拉特尼一行 3 人	泉州
	4 月 26—27 日	加拿大公民资格与移民部长埃莉诸·卡普兰一行 9 人	福州
	4 月 29 日至 5 月 1 日	新加坡前总统黄金辉一行 14 人	厦门、漳州
	5 月 7—8 日	丹麦首相拉斯穆森一行 10 人	厦门
	5 月 8—14 日	印尼合作社和中小企业部长一行 19 人	福建
	5 月 19—20 日	菲律宾总统埃斯特拉达一行 208 人	厦门、泉州
	6 月 24—26 日	厄瓜多尔国民议会议长庞斯一行 19 人	厦门
	6 月 27—30 日	菲律宾预算管理部副部长欣西亚·卡斯特罗一行 72 人	泉州
	7 月 6—8 日	罗马尼亚参议院议长沃克罗尤一行 15 人	厦门
	7 月 6—11 日	布基纳法索布非洲独立党总书记菲力普·韦德拉奥果一行 2 人	福建
	9 月 6—10 日	马来西亚文化艺术及旅游副部长拿督黄燕燕一行 5 人	福建
	10 月 8—10 日	乌兹别克斯坦总检察长卡德罗夫·拉什中·哈米多维奇一行 5 人	福建
	10 月 9—13 日	马来西亚霹雳州苏丹和夫人一行 8 人	厦门
	10 月 13—16 日	泰国总检察长苏哈·黛巴什一行 11 人	福州、厦门
	10 月 16—18 日	塔吉克斯坦总检察长博博霍落夫一行 7 人	厦门
	10 月 24—25 日	英国内政部移民与国籍事务委员会主任彼得·伦奇一行 3 人	福州
	10 月 25—26 日	印度尼西亚中爪哇省省长马尔迪亚恩多一行 4 人	福州
	10 月 31 日至 11 月 1 日	缅甸联邦巩固与发展协会副主席温敏中将一行 7 人	厦门
	12 月 28—29 日	越南国家主席陈德良一行 58 人	厦门

续表 2—1

年份	日期	代表团	访问地点
2001	3 月 9—11 日	越共中央思想文化部副部长何学亥率领的越南共产党代表团一行 9 人	福州、厦门
	4 月 19—23 日	泰国枢密院大臣西提一行 8 人	福建
	5 月 31 日至 6 月 1 日	巴布亚新几内亚总理莫劳塔一行 23 人	福州
	7 月 17—24 日	韩国前总理李寿成一行 9 人	厦门、武夷山、福州
	9 月 7—12 日	约旦王国副首相兼经济事务大臣穆罕默德一行 12 人	厦门、泉州
	9 月 17—18 日	新加坡共和国总统纳丹一行 47 人	厦门、武夷山
	11 月 18—22 日	老挝最高检察院检察长坎班・披拉冯(副总理级)一行 6 人	福州、厦门、泉州
	11 月 21—22 日	赤道几内亚总统奥比昂一行 35 人	厦门
2002	1 月 21—25 日	津巴布韦总统穆加贝夫人一行 12 人	厦门、晋江
	2 月 26 日至 3 月 1 日	越南国家煤炭总公司总经理(部级)一行 5 人	福州、泉州、厦门
	2 月 28—29 日	印度尼西亚总统梅加瓦蒂丈夫陶菲克一行 9 人	厦门
	3 月 1—9 日	斯洛文尼亚教育、科学和体育部长一行 2 人	厦门
	3 月 27—28 日	印度尼西亚总统梅加瓦蒂一行 119 人	福州
	4 月 17—19 日	菲律宾伊洛克斯省省长一行 6 人	漳州
	4 月 22—23 日	菲律宾众议院议长德维尼西亚一行 4 人	厦门、漳州
	5 月 18—19 日	塔吉克斯坦总统拉赫莫诺夫一行 36 人	厦门
	5 月 26—29 日	马来西亚雪兰莪州州长一行 60 人	厦门
	5 月 29—31 日	俄罗斯国家杜马主席顾问舒克舒诺夫博士一行 3 人	厦门
	6 月 7—11 日	越共中央书记处书记、中央内政部部长张永仲一行 10 人	福州、厦门
	6 月 18—25 日	斯洛伐克共和国环境部部长米克洛什一行 5 人	福州、武夷山
	6 月 29 日至 7 月 1 日	美国关岛议长安托尼奥一行 4 人	厦门、泉州
	8 月 14—17 日	印度小型工业部部长一行 15 人	厦门
	8 月 30—31 日	新加坡内政部长一行 9 人	厦门
	9 月 4—5 日	加拿大公民资格与移民部部长丹尼期・科德尔一行 15 人	福州

续表 2—1

年份	日期	代表团	访问地点
2002	9 月 6—12 日	菲律宾国会议员邢松率南伊罗戈省市长代表团一行 36 人	厦门、福州、宁德、莆田、泉州
	9 月 12—14 日	英国外交部政务次官丹尼斯·麦克沙恩博士一行 5 人	福州、厦门
	9 月 22—23 日	印尼海洋及渔业部部长达胡瑞一行 12 人	厦门
	9 月 26—29 日	莫桑比克外交部常秘一行 4 人	厦门
	10 月 14—17 日	斯里兰卡外交部辅密一行 2 人	厦门
	10 月 16—20 日	泰国公主诗琳通一行 30 人	福州、武夷山、厦门、泉州
	10 月 29—30 日	菲律宾前总统拉莫斯一行 6 人	厦门
	11 月 2—4 日	哈萨克斯坦总检察长图苏普别科夫一行 6 人	福州
	11 月 20—22 日	马来西亚交通部长夫妇一行 6 人	厦门
	11 月 22—27 日	印尼能源和矿产资源部部长布尔诺默·尤斯吉安多罗一行 7 人	福州、莆田
2003	1 月 18—21 日	马来西亚雪兰莪州州务大臣一行 10 人	厦门
	1 月 22—23 日	菲律宾众议院议长德维尼西亚一行 9 人	厦门、泉州
	2 月 20—24 日	南非祖鲁王孜维勒悌尼及王后一行 9 人	福州、厦门、漳州、福清
	3 月 30 日至 4 月 1 日	圭亚那合作共和国总统巴拉特·贾格迪奥一行 13 人	福州
	7 月 6 日	瓦努阿图总理纳塔佩一行 4 人	厦门
	7 月 18—22 日	泰国商务部次长一行 40 人	厦门
	7 月 24—28 日	斯里兰卡斯中社会文化合作协会主席马达瓦纳拉齐一行 6 人	福州、武夷山
	8 月 6—7 日	澳大利亚前总理霍克一行 6 人	厦门
	8 月 9—10 日	斯里兰卡总理维克拉马辛哈一行 17 人	厦门
	8 月 13—16 日	塞舌尔最高法院大法官阿利尔一行 2 人	福州、厦门
	8 月 16—19 日	泰国外交部代表团（副部级）一行 5 人	厦门、武夷山
	8 月 16—21 日	“第九次中国—东盟高官磋商”在武夷山市举行，东盟十国外交部高官及东盟秘书长王景荣一行 57 人出席会议	武夷山
	8 月 17—19 日	老挝副外长一行 2 人	厦门、武夷山
	8 月 20—21 日	泰国外交部代表团（副部级）一行 6 人	厦门
	9 月 10—12 日	巴哈马等 7 个加勒比海国家主管经济部级官员一行 12 人	漳州

续表 2—1

年份	日期	代表团	访问地点
2003	9 月 17—19 日	马来西亚副总理巴达维一行 95 人	厦门、泉州
	9 月 17—20 日	古巴海关总署署长、少将彼得罗·布博·佩雷斯一行 4 人	福州、武夷山
	10 月 12—14 日	越南共产党中央政治局委员、中央理论委员会主席阮富仲一行 19 人	厦门
	10 月 14—16 日	新加坡外交部常务秘书一行 5 人	厦门
	10 月 26—29 日	伊朗亚兹德省省长赛义德·哈米德·卡朗塔里一行 6 人	福州、泉州、厦门
	10 月 29—30 日	丹麦王子约阿希姆一行 5 人	厦门
	10 月 31 日至 11 月 2 日	新加坡总理公署署长兼财政部第二部长一行 8 人	厦门
	11 月 1—3 日	厄立特里亚人民民主与正义阵线总书记一行 3 人	厦门
	11 月 7—9 日	新加坡交通部长一行 5 人	厦门
	11 月 21—22 日	印尼前总统瓦希德一行 15 人	厦门、泉州
	12 月 25—26 日	新加坡外交部部长助理一行 7 人	厦门
2004	1 月 5—10 日	新加坡贸工部部长杨荣文一行 6 人	厦门
	1 月 12—13 日	马来西亚能源、电讯及多媒体部副部长陈财和一行 6 人	厦门
	3 月 27—29 日	吉尔吉斯斯坦总统办公厅副主任一行 3 人	厦门
	4 月 6—9 日	莱索托王国副首相兼教育大臣阿奇博尔德·莱绍·莱霍拉一行 7 人	武夷山、福清、福州
	4 月 11—14 日	新加坡民防部队总监陈赞诚一行 5 人	福州、厦门
	5 月 22—23 日	巴西帕拉伊巴州副州长一行 8 人	厦门
	5 月 22—23 日	菲律宾教育部副部长一行 3 人	厦门、武夷山
	5 月 29—30 日	柬埔寨人民党中央委员杰沙蓬为团长的考察团一行 10 人	厦门
	6 月 16—20 日	莫桑比克伊尼扬巴内省省长阿里一行 13 人	福州、厦门
	7 月 6—8 日	吉布提国民议会议长伊德里斯·阿尔纳伍德·阿里率吉布提争取进步人民联盟代表团一行 5 人	厦门

续表 2—1

年份	日期	代表团	访问地点
2004	7月6—9日	南非夸祖鲁—纳塔尔省省长恩·德贝蒂一行11人	福州、漳州
	8月17—19日	巴哈马国总理佩里·克里斯蒂一行15人	福州
	8月30日至9月3日	印度尼西亚环保部国务秘书阿里埃菲·尤沃诺一行48人	厦门
	9月5—7日	菲律宾众议院议长、亚洲政党国际会议常委会主席何塞·德维尼西亚及夫人一行22人	福州、宁德
	9月7—9日	委内瑞拉外交部长赫苏斯·阿纳尔多·佩雷一行17人参加“9·8”投洽会	厦门
	9月7—11日	马来西亚槟州首席部长一行33人访问厦门，参加“9·8”投洽会	厦门
	9月8—9日	美国商务部副部长格兰特·阿尔多纳斯一行9人参加“9·8”投洽会	厦门
	9月8—11日	菲律宾休闲暨退休署署长阿迪·德威蒂卡一行3人参加“9·8”投洽会	厦门
	9月26—28日	塞内加尔复兴公民党总书记锡亚姆一行5人	厦门
	10月19—20日	西班牙加泰罗尼亚自治区主席帕斯夸尔·马拉加尔一行23人	福州
	10月27—28日	英国内政部国务大臣德斯·布朗一行9人	福州
	11月5—6日	菲律宾工商部副部长一行5人	厦门
	11月30日至12月2日	芬兰议长帕沃·利波宁一行17人	厦门
	12月4—6日	莱索托国民议会议长莫查梅一行5人	福建
2005	1月12—13日	日本国家公安委员会委员长村田正隆一行6人	福州
	1月29日至2月1日	纳米比亚总检察长彭杜克尼·伊塔娜一行7人	福州、厦门
	3月1—3日	乌拉圭黑河省省长兼弗莱奔图市市长弗朗西斯科·森图里翁一行6人	福州、莆田
	3月10—13日	新加坡副总理贾古玛一行3人出席厦门大学举办的“东海与南海法律问题”国际学术研讨会	厦门

续表 2—1

年份	日期	代表团	访问地点
2005	3 月 29—31 日	安第斯议会议长乌尔基迪夫妇一行 3 人	福州、武夷山
	4 月 5—6 日	泰国下议院第一副议长、泰中文化经济协会副会长蔡百山兄弟 2 人到龙海寻根访祖	漳州
	4 月 8—9 日	菲律宾总统阿罗约丈夫一行 9 人	厦门
	4 月 12—14 日	秘鲁塔克纳省省长阿尔瓦为团长，由秘鲁、玻利维亚两国相关省、市政府官员组成的考察团一行 5 人	福州
	5 月 7—10 日	泰国外交部副部长一行 3 人	厦门
	5 月 18—19 日	墨西哥国家文物保护局局长克里斯蒂娜一行 5 人	福州
	6 月 9—11 日	泰国外交部副部长代表团一行 19 人	莆田、厦门
	6 月 22—25 日	圣多美和普林西比解放运动—社会民主党主席波塞尔·达科斯塔率代表团一行 5 人	厦门、泉州
	6 月 27—29 日	新西兰前总理珍妮·希普利一行 3 人	福州、宁德
	7 月 6—8 日	古巴政府部长里卡多·布里萨斯·鲁易斯一行 5 人	福州、泉州
	7 月 7—8 日	沙特石油矿产资源部部长纳米依一行 6 人，出席福建炼化一体化项目合同草签和工程开工仪式	福建
	7 月 8—10 日	菲律宾布拉干省省长克鲁斯为团长的菲律宾青年政治家代表团一行 9 人	厦门
	7 月 13—17 日	美国宾夕法尼亚州众议长、宾州—福建友好商贸促进会名誉董事长约翰·派卓率美国宾州代表团一行 16 人	福州、厦门
	7 月 16—22 日	印度尼西亚苏南省副省长代表团一行 32 人	厦门
	7 月 21—24 日	泰国上议院议长素春·差里科率上议院代表团一行 23 人	厦门、泉州
	7 月 23—27 日	塞内加尔非洲争取民主和社会主义党代表团一行 3 人	福州、厦门
	8 月 1—3 日	菲律宾前总统拉莫斯一行 2 人	厦门
	8 月 2—3 日	英国内政部政务次官安迪·本合姆一行 8 人	福州

续表 2—1

年份	日期	代表团	访问地点
2005	9月3—4日	泰国副总理披尼一行27人出席“泰国水果展”	厦门
	9月5—9日	印度尼西亚中爪哇省省长马迪亚托率政府和企业代表团一行33人参加“9·8”投洽会	福州、厦门
	9月7—9日	联合国贸发会议秘书长素帕猜等一行2人参加“9·8”投洽会	厦门
	9月23—24日	马来西亚高等教育部部长沙菲依沙礼一行9人	厦门
	9月26—27日	马来西亚信息部长拿督斯里阿不都拉卡德一行4人	厦门
	10月20日	法国雅高集团创始人、法国参议员、法国国家旅游局主席保罗·杜布吕一行10人	福州
	10月23—24日	古巴政府部长里卡多·卡布里萨斯·鲁伊斯一行7人	福州
	10月24—26日	密克罗尼西亚联邦议长克里斯琴率联邦议会代表团一行11人	厦门
	11月26—29日	新加坡副总理黄根成一行39人进行了非正式访问	厦门
	11月30日至12月4日	南非祖鲁王古德维尔·孜维勒悌尼一行9人	福州、武夷山、泉州
	12月4—8日	老挝计划与投资委员会副主任连·提齐为团长的老挝干部中央行政管理研修班一行20人	福州、厦门
	12月15—30日	保加利亚国家行政管理部副部长伊万诺夫·安格尔参加由商务部主办的、省外经外贸干部培训中心承办的“经济规划研修班”	福州
	12月17—28日	马来西亚沙捞越州元首阿邦·穆罕默德·萨拉胡丁·拜灵一行19人	福州、厦门
	12月25—27日	俄罗斯总统驻西伯利亚联邦区代表伊普罗斯佳科夫一行6人	福州、莆田
	12月30日至2006年1月13日	贝宁工业贸易和促进就业办公厅主任（副部级）法贝莱·拉提夫一行2人参加“中国政府援助非洲国家知识产权保护高级官员研修班”	福州

表 2—2 **1999—2005 年外国省部级以下官员访问福建一览表**

年份	日期	代表团	访问地点
1999	4 月 5—7 日	日本警视厅暴力对策部部长黑泽一行 12 人	福州、福清
	4 月 9—22 日	新西兰第一位华裔女议员、司法和法律选举委员会委员、工商委员会咨询小组主席黄徐毓芳一行 4 人	福建
	5 月 20—21 日	美国联邦大法官刘成威登一行 4 人	福州
	5 月 25—27 日	菲律宾内湖省省长顾问许三顺一行 2 人	福州
	6 月 15—17 日	国际移民组织亚太局高级顾问古村乃赖男一行 2 人	福州
	8 月 2—4 日	文莱苏丹先遣团一行 8 人	厦门、泉州
	8 月 24—26 日	南非依登维尔市政府代表团一行 6 人	福州
	8 月 24—29 日	埃塞俄比亚扶贫考察团一行 5 人	福建
	10 月 20—21 日	加拿大移民部代表团一行 7 人	福州
	10 月 21—22 日	菲律宾众议院外委会代表团一行 7 人	厦门
	11 月 8—11 日	拉脱维亚议会拉中友好小组一行 3 人	福州
2000	2 月 12—14 日	日本参议院议员清水澄子一行 3 人	厦门
	2 月 25—27 日	安提瓜和巴布达议会代表团一行 5 人	福建
	4 月 25—26 日	美国国务院官员肯·丘恩一行 3 人	福州
	5 月 22—24 日	美国航空事务咨询小组一行 3 人	福州
	7 月 2—3 日	菲律宾众议员代表团一行 13 人	厦门
	7 月 6—7 日	美国司法部移民归化局长多丽丝·麦斯纳一行 14 人	福建
	8 月 10—12 日	老挝高级干部理论研讨班学员一行 38 人	厦门
	9 月 7—14 日	中国—非洲经济管理官员研修班一行 20 人	福州、厦门
	10 月 21—22 日	菲律宾众议院外委会代表团一行 8 人	厦门
	10 月 23—26 日	第五期非洲国家外交官司讲习班一行 25 人	厦门
	11 月 5—7 日	萨尔瓦多党议员团一行 9 人	厦门
2001	2 月 21—22 日	欧盟打击非法移民代表团一行 8 人	福建
	3 月 3—4 日	泰国商业部出口促进厅副厅长桑差一行 4 人	福州
	2 月 24—25 日	沙特阿拉伯外交部政治事务次官助理兼国际组织司司长图尔基亲王一行 5 人	厦门、泉州
	4 月 18—23 日	美国宾州、俄克拉荷马州友好代表团一行 20 人	福建
	6 月 11—13 日	欧盟“反对非法移民宣传团”一行 11 人	福建
	7 月 12—13 日	南非市长代表团一行 40 人	福州
	8 月 20—23 日	新加坡总统访华先遣组一行 15 人	武夷山、厦门

续表 2—2

年份	日期	代表团	访问地点
2001	9 月 5—13 日	印度尼西亚中爪哇省投资局主席耶卢一行 9 人	厦门、福州
	9 月 7—10 日	比利时瓦隆大区贸易发展局副总裁乔丹一行 3 人参加“9·8”投洽会	厦门
	10 月 15—17 日	丹麦农业委员会顾问一行 4 人	福州
	11 月 7—10 日	泰国皇家基金会秘书长苏求特一行 6 人	福建
2002	1 月 13—15 日	瑞士移民问题代表团一行 5 人	福州、厦门
	2 月 5—8 日	俄罗斯圣彼得堡市序罗特区区长特使徐晨晖	福州
	2 月 23—28 日	国际花园城市评委一行 4 人	厦门
	3 月 22—23 日	美国国际商会及联合国工发组织代表团一行 13 人	厦门
	3 月 23—25 日	日本和歌山县南部町议会代表团一行 17 人	漳州、诏安
	4 月 8—9 日	菲律宾棉兰老地方预算官员协会代表团一行 40 人	厦门
	4 月 22—23 日	菲律宾议会代表团一行 12 人	漳浦
	5 月 3—5 日	欧洲议会绿党党团一行 4 人	福州、厦门
	5 月 22—24 日	日本自治体国际化协会驻京事务所一行 2 人	福州、厦门
	6 月 14—15 日	澳大利亚布莱克市政府及国际商会代表团一行 24 人	厦门
	7 月 16—18 日	柬埔寨王国部长委员会办公厅国际关系部副主任范里德斯率领的“亚九”会议组委会考察团一行 3 人	福州
	7 月 24—26 日	美国商务部中国经济处国际贸易专家达莲娜廖一行 2 人	福州
	7 月 24—26 日	泰国外交部新闻司代表团一行 6 人	厦门
	7 月 25—27 日	菲律宾成衣与纺织品出口局官员一行 4 人	厦门
	8 月 12—13 日	英国威尔士工商发展局大众化地区代表团一行 3 人	厦门
	8 月 25—27 日	韩国京瓷道平泽市市长金善基一行 6 人，与福州市签署建立友好交流关系协议书	福州、厦门
	8 月 27—30 日	莫桑比克在野党领导人代表团一行 6 人	厦门
	9 月 4—5 日	日本自民党参议员、前环境厅长官真锅贤二一行 4 人	福州
	9 月 4—12 日	菲律宾投资署代表团一行 6 人参加“9·8”投洽会	厦门
	9 月 7—12 日	菲律宾北部市长代表团一行 32 人参加“9·8”投洽会	厦门
	9 月 14—18 日	泰国诗琳通公主访闽先遣组一行 3 人	福州、武夷山
	9 月 17—20 日	第七期非洲（法语）外交官讲习班一行 20 人	厦门、漳州
	9 月 17—21 日	第二期拉美及加勒比高级外交官访华团一行 21 人	福州、厦门
	9 月 23—26 日	印尼中爪哇省投资局局长耶鲁一行 25 人	福州
	9 月 23 日至 10 月 1 日	马来西亚沙捞越州公共卫生助理部长孙春德一行 45 人	厦门

续表 2—2

年份	日期	代表团	访问地点
2002	10月9—11日	南非新堡市副市长黄世豪一行6人	福州
	10月10—11日	泰国公主诗琳通访闽先遣团一行4人	福建
	10月17—19日	马来西亚诗巫市议长刘会州一行7人	福州
	11月9—11日	日本大分县林业水产部一行19人	厦门
	11月19—20日	日本大阪市代表团一行5人	厦门
	11月27—28日	韩国光阳市政府代表团一行5人	厦门
	12月31日至2003年1月2日	澳大利亚马鲁奇郡议会中国顾问一行2人	厦门
2003	1月19—20日	瑞典地方政府协会代表团一行10人	厦门
	2月18—21日	加拿大艾伯塔省政府驻北京办事处主任黄伟棠一行4人	福州、泉州
	3月6—12日	菲律宾马尼拉亚行官员一行3人	厦门
	3月17—24日	2003—2005法国中法互办文化年混委会主席顾问巴尔托洛美商谈在法举办文化年活动的具体事宜	福州、泉州
	3月27—29日	法国参议院法中友好小组主席让·贝松等一行8人	福州
	5月19—21日	美国国际共和研究所代表团一行4人	厦门
	7月10—15日	美国纽约市布鲁克林区区长代表郑棋蓉一行3人	福州、厦门
	7月16—19日	韩国釜山市金开区代表团一行6人	厦门
	7月20—27日	乌克兰敖德萨州第一副州长助理一行2人	福州、莆田泉州
	8月17—19日	菲律宾外交部代表团一行3人	厦门、武夷山
	8月17—19日	越南外交部代表团一行4人	厦门、武夷山
	8月21—22日	缅甸外交部司长一行4人	厦门
	9月2—3日	马来西亚副总理访华先遣团一行3人	厦门
	9月5—6日	泰国商务部出口促进厅厅长安塔娜一行5人	福州
	9月16—18日	马来西亚槟州代表团一行18人	厦门
	9月17—20日	非洲国家政党研讨班考察团一行10人	厦门
	9月17—22日	佛得角、刚果(布)、吉布提、加蓬和尼日尔等5个非洲国家执政党高中级干部研讨考察团一行10人	厦门
	9月23—26日	第八期非洲外交官讲习班一行19人	厦门、漳州
	9月23—27日	国际禁止化学武器组织核查小组一行3人	福建
	9月27—28日	哥伦比亚卡塔赫纳港务局代表团一行6人	厦门
	10月11—12日	日本外务省中国处官员小林太一等3人	福州
	10月17—18日	德国巴符州工贸代表团一行6人	福州

续表 2—2

年份	日期	代表团	访问地点
2003	10 月 24—26 日	拉美和加勒比海国家外交官讲习班一行 21 人	厦门
	10 月 26—27 日	日本北海道小樽市市长山田胜磨一行 10 人	福州、泉州 厦门
	10 月 27—31 日	马来西亚沙巴州代表团一行 57 人	厦门
	10 月 27—31 日	拉美国家公务员研修班一行 18 人	福州、厦门 泉州
	11 月 8—11 日	朝鲜外务省中国局局长李基范一行 5 人	福州、厦门 武夷山
	11 月 16—21 日	加勒比 8 国国家公务员研修班一行 16 人	福州、武夷山 厦门
	11 月 17—19 日	英国伦敦警察访华代表团一行 6 人	福州
	11 月 21—24 日	俄罗斯旅游考察团一行 15 人出席在厦门举办的“中国国际旅游节”活动	武夷山、厦门
	12 月 6—9 日	泰国内贸厅副厅长甘纳隆一行	福州
	12 月 8—13 日	美国国会议员助手代表团一行 26 人	福州、莆田 泉州、厦门 武夷山
	12 月 10—12 日	巴拉圭亲爱祖国党代表团一行 6 人	厦门
	12 月 14—15 日	联合国开发计划署代表团一行 4 人	厦门
2004	1 月 31 日至 2 月 3 日	日本环境美术研究所所长一行 3 人	厦门
	2 月 17—21 日	美国国会议员助手团一行 22 人	武夷山、福州
	3 月 5—6 日	荷兰海牙市常务副市长博思·冯兑尔一行 6 人	福州
	4 月 3—4 日	联合国环境署官员一行 2 人	厦门
	4 月 7—8 日	瑞典赫尔辛堡市长一行 3 人	厦门
	4 月 11—14 日	新加坡民防部队总监陈赞诚一行 7 人	福州、厦门
	4 月 12—16 日	联合国南太平洋环境署主任塔克西夫妇	厦门
	4 月 28—30 日	哈萨克斯坦公民党代表团一行 8 人	厦门
	5 月 16—18 日	第三期拉美和加勒比高级外交官代表团一行 35 人	福州、厦门
	5 月 20—24 日	阿拉伯国家外交官讲习班一行 19 人	厦门
	6 月 25—28 日	菲律宾退休署代表团一行 8 人	厦门
	6 月 27—29 日	日本新潟县町长代表团一行 6 人	厦门
	6 月 30 日至 7 月 2 日	日本海事博物馆馆长石原义刚一行 22 人	福州

续表 2—2

年份	日期	代表团	访问地点
2004	7 月 17—19 日	俄罗斯杜马议员代表团一行 7 人	厦门
	8 月 23—25 日	日本各县政府驻香港首席代表一行 6 人	福州
	9 月 6—9 日	加拿大政府官员代表团一行 20 人	厦门
	9 月 6—10 日	加拿大新布伦瑞克省代表团一行 2 人	厦门
	9 月 6—10 日	印度尼西亚泗水市市长班邦一行 13 人参加“9・8”投洽会	厦门
	9 月 6—11 日	瑞典代表团一行 5 人参加“9・8”投洽会	厦门
	9 月 6—11 日	澳大利亚马卢奇郡郡长乔・内土里一行 5 人参加“9・8”投洽会	厦门
	9 月 6—11 日	泰国投资促进委员会驻上海办事处主任温柳・劳溢披藤一行 3 人参加“9・8”投洽会	厦门
	9 月 6—11 日	日本兵库县神户市代表团一行 5 人参加“9・8”投洽会	厦门
	9 月 7—9 日	印度尼西亚投资协调部秘书长拉斯提尼率政府代表团一行 29 人，参加“9・8”投洽会	厦门
	9 月 7—10 日	菲律宾拉布市代表团一行 14 人参加“9・8”投洽会	厦门
	9 月 7—10 日	菲律宾卡加延市市长雏森特・伊曼诺一行 20 人参加“9・8”投洽会	厦门
	9 月 7—10 日	荷兰鹿特丹市商务代表团一行 10 人参加“9・8”投洽会	厦门
	9 月 7—10 日	西班牙瓦伦西亚市外贸局首席代表理查德一行 4 人参加“9・8”投洽会	厦门
	9 月 7—11 日	加拿大圣约翰市代表团一行 5 人参加“9・8”投洽会	厦门
	9 月 7—11 日	加拿大 BC 省代表团一行 8 人参加“9・8”投洽会	厦门
	9 月 7—11 日	新西兰惠灵顿市经济发展署副首席执行官一行 5 人，参加“9・8”投洽会	厦门
	9 月 7—11 日	马来西亚槟州行政议员杜乾焕率教育代表团一行 13 人参加“9・8”投洽会	厦门
	9 月 8—10 日	比利时佛兰德省政府代表处首席代表一行 2 人参加“9・8”投洽会	厦门
	9 月 9—10 日	日本鸟取县议会议员山根英明一行 7 人参加“9・8”投洽会	厦门
	9 月 8—11 日	菲律宾休闲暨退休署署长一行 3 人参加“9・8”投洽会	厦门
	9 月 26—27 日	罗马尼亚众议院代表团一行 8 人	厦门

续表 2—2

年份	日期	代表团	访问地点
2004	10 月 27—29 日	第二期拉美国家公务员研修班学员一行 22 人	福州
	11 月 9—12 日	美亚基金会高级顾问梅珍珠为团长的美国国会议员助手团一行 27 人	福州、泉州厦门
	11 月 11—14 日	拉脱维亚议会代表团一行 8 人	厦门
	11 月 19—22 日	蒙古人民革命党考察团一行 13 人	厦门
	11 月 25—27 日	日本小樽市经济交流使节团一行 9 人	厦门
	11 月 28 日至 12 月 2 日	埃及农业部马哈姆德·纳格加尔教授一行 4 人考察植物保护及病虫害防治	福建
	11 月 29 日至 12 月 1 日	世界卫生组织亚太地区技术顾问考察团一行 7 人	福建
	12 月 9—13 日	议员黄士豪率南非非国大议员代表团一行 4 人	福州、三明
	12 月 18—23 日	第二批叙利亚政府官员培训班一行 29 人	福州、厦门
2005	1 月 20—22 日	南非国会议员一行 4 人	厦门
	1 月 27—29 日	泰国中央选举委员会总会常委许康生一行 4 人	厦门、福州
	1 月 28—29 日	美国安娜市市长一行 10 人	福州
	3 月 1—5 日	法国开瓦莱市政府代表团一行 10 人	厦门
	3 月 2—5 日	韩国木浦市政府代表团一行 22 人	厦门
	3 月 20—22 日	所罗门群岛在野党议员代表团一行 6 人	厦门
	3 月 27—31 日	23 个国家和地区的 40 多名代表，参加在武夷山举办的“亚洲审计组织环境审计研讨会暨亚审组织环境委员会工作会议”	武夷山
	4 月 5—7 日	南非夸祖鲁—纳塔尔省代表团一行 9 人	三明
	4 月 10—11 日	联合国教科文组织亚太地区参赞英格哈特到漳州颁发漳州历史街区文化遗产保护奖，并为历史街区揭牌	漳州
	4 月 22—23 日	马来西亚农业部官员一行 4 人到漳浦考察活牛出口基地	漳州
	5 月 7—11 日	瑞典国际开发署国际培训中心项目经理英格尔·维琳一行 2 人	福州、武夷山
	5 月 12—14 日	加拿大列治文市市长一行 6 人	厦门
	5 月 17—19 日	韩国三光寺代表团一行 12 人	厦门
	5 月 18—20 日	美国罗塔市政府代表团一行 12 人	厦门
	5 月 21—24 日	圣卢西亚中国友好协会主席、总理新闻秘书厄尔·布斯基一行 6 人	厦门

续表 2—2

年份	日期	代表团	访问地点
2005	5 月 21—24 日	韩国木浦市议会代表团一行 10 人	厦门
	6 月 5—8 日	泰国曼谷市议会代表团一行 8 人	厦门
	6 月 16—18 日	朝鲜轻工部对外事业局局长金泰沫一行 5 人	漳州
	6 月 20—22 日	意大利工业考察团一行 14 人	福州
	7 月 12—15 日	日本福井县武生市日中友好议员联盟代表团一行 5 人	厦门
	7 月 28—31 日	韩国统一部官员一行 2 人	厦门
	8 月 9—11 日	日本伊达市访问团先遣组一行 3 人	漳州
	8 月 14—17 日	美国国会议员助手团一行 10 人	福州、厦门 武夷山
	8 月 16—19 日	泰国下议院代表团一行 7 人	福州、厦门
	8 月 26—28 日	中非合作论坛第四届高官会议非洲代表团一行 89 人	厦门
	8 月 29—30 日	韩国全罗道代表团一行 27 人	厦门
	8 月 30 日至 9 月 2 日	日本大阪市官员一行 2 人	厦门
	9 月 6—12 日	加拿大爱德华王子岛代表团参加“9・8”投洽会	厦门
	9 月 6—12 日	新西兰南塔拉纳基区代表团一行 8 人参加“9・8”投洽会	厦门
	9 月 6—15 日	美国宾夕法尼亚州代表团一行 14 人参加“9・8”投洽会	福州、厦门
	9 月 7—9 日	韩国平泽市政府代表团一行 5 人参加“9・8”投洽会	福州、厦门
	9 月 7—10 日	日本横滨驻上海办事处腾卷望一行 2 人参加“9・8”投洽会	厦门
	9 月 7—10 日	美国费城代表团一行 14 人参加“9・8”投洽会	厦门
	9 月 7—10 日	德国杜塞尔多夫市代表团一行 3 人参加“9・8”投洽会	厦门
	9 月 7—12 日	莫桑比克伊尼扬巴内省代表团一行 18 人参加“9・8”投洽会	厦门
	9 月 8—10 日	瑞典议会工商委员会代表团一行 17 人参加“9・8”投洽会	厦门
	10 月 11—12 日	韩国地方政府公务员代表团一行 8 人	厦门
	10 月 13—14 日	世界卫生组织总部艾滋病司司长金吉永一行 5 人	厦门
	10 月 25—26 日	第四期拉美和加勒比国家高级外交官代表团一行 20 人	厦门
	10 月 28—30 日	日本大阪府浅井町消防团一行 9 人	厦门
	11 月 4—7 日	中日安全问题专家、民间学者等 38 人参加“第六届中日东北亚安全问题研讨会”	厦门
	11 月 10—11 日	日本、韩国代表一行 5 人出席环境论坛中日研讨会	东山

续表2－2

年份	日期	代表团	访问地点
2005	11月12—14日	美国国务院监督与打击人口贩卖办公室高级协调员马克·泰勒等一行3人	福州
	11月18—19日	瑞典政府投资促进署中国区首席代表陈永岚一行3人	福州
	12月14—16日	朝鲜外务省代表团一行6人	福州、厦门 武夷山
	12月28—31日	瑞典赫尔辛堡市长办公室主任一行2人	厦门

三、外国驻华使领馆官员

（一）日本驻华公使宫本雄二访问福建

1999年1月10—11日，日本驻华公使宫本雄二一行3人访问福州、福清。

1月10日晚，副省长汪毅夫会见宫本雄二一行，介绍了福建省发展概况及福建省与日本在友好城市、经济等各个领域的交流情况。

在福清期间，市领导与宫本雄二进行座谈，着重介绍福清发展经济、提高人民生活和打击非法移民的情况。宫本雄二一行参观了市区和乡镇。

（二）西非经济共同体使节团访问福建

2000年7月6—9日，以贝宁驻华大使米歇尔·阿代希安为团长，几内亚、塞拉利昂、尼日利亚、马里、科特迪瓦等6国驻华大使、代办为团员的西非国家经济共同体驻华使节团一行7人访问福州、厦门。

7月6日晚，省长习近平在会见代表团时表示，福建外贸中心集团已在尼日利亚投资设立商品分拨中心，以此推动福建省与西非共同体十六国的合作。

在福州期间，省外事办组织了一场西非经济共同体的经贸研讨会，省外经贸厅、农业厅、电子工业厅、药品监督管理局、外贸中心集团、武夷公司等部门领导与代表团共同参加，双方就感兴趣的项目进行了讨论。代表团还参观了福州经济技术开发区、福建拖拉机厂及市棉纺织厂。在厦门，代表团与市规划局、港务局进行了座谈。

（三）英国驻华大使高德年访问福建

2001年2月21—23日，英国驻华大使高德年偕夫人及英国驻广州总领事李丰访问福州、厦门、武夷山。

2 月 21 日晚，副省长汪毅夫在福州会见了大使夫妇一行，介绍了福建省经济建设和社会发展的情况，双方就发展合作关系进行了会谈。

在福州期间，大使一行分别与省发改委、公安厅会谈，考察了仓山高科技园并接受了福建电视台专访。在厦门，参观了太古飞机维修中心、晶龙公交公司、鼓浪屿等。在武夷山，考察了自然保护区。

（四）北欧 5 国使节团访问福建

2001 年 3 月 21—25 日，以丹麦驻华使馆政务参赞罗慈为团长的北欧 5 国（丹麦、挪威、芬兰、冰岛、瑞典）驻华使节团一行 7 人访问福建。

3 月 21 日晚，副省长汪毅夫会见了使节团一行，简要介绍了福建省经济建设和社会发展情况，回答了客人们关心和感兴趣的福建与台湾关系的各类问题，听取了罗慈对北欧 5 国国情的简要介绍。

在福州和厦门期间，客人们分别与省社科院台湾研究所、厦门大学台湾研究所的专家学者进行座谈，就一国两制、和平统一政策、小三通、美国对台出售武器、台湾产业转移、福建省投资环境改善等问题进行了探讨，交换了意见。在莆田、泉州和厦门，客人们参观了妈祖庙、海交馆、开元寺和厦门大学艺术中心等。

（五）法国驻华大使毛磊访问福建

2001 年 5 月 14—16 日，法国驻华大使毛磊偕夫人及驻广州总领事劳查理一行 5 人访问福州、泉州、厦门。

5 月 14 日晚，省长习近平在福州会见毛磊一行，简要介绍了福建省经济建设和社会发展情况，表示希望进一步加强福建与法国在经贸、文化等领域的交流与合作。

访问期间，毛磊一行考察了中法合资企业莱森玛发电机有限公司、法国独资企业天虹舞鞋公司，参观了泉州开元寺、海交馆和清真寺等，并同厦门大学留法教师和法语系师生座谈。毛磊表示使馆将与厦门大学联合举办“第五届法语教师年会”，并推动法方企业尽快落实双方正在谈判中的平潭跨海大桥及 GMT 火电厂合作项目。

（六）伊斯兰国家驻华使节团访问福建

2001 年 7 月 17—20 日，以索马里驻华大使默哈迈德·哈桑·赛义德为团长的伊斯兰国家驻华使节团一行 22 人访问福州、泉州。使节团由索马里、科威特、马来西亚、摩洛哥、埃及、苏丹、毛里塔尼亚、约旦、沙特、阿曼、也门、叙利亚、伊拉克、突尼斯和卡塔尔等 15 国驻华大使馆和阿盟驻华代表处官员组成，其中驻华大使 13 人。

7 月 17 日晚，省长习近平在福州会见了使节团一行。

在泉州期间，副省长汪毅夫、省政协副主席何少川、泉州市领导刘德章和施永康等会见了客人。使节团出席了泉州伊斯兰历史文化陈列馆奠基暨“中国舟船世界”陈列馆开馆仪式，参观了洛阳桥、圣墓、清净寺等“海丝”遗迹，考察了福建炼油化工有限公司等。

使节团一行对福建省、泉州市政府为保护伊斯兰文化史迹所做的工作表示感谢。摩洛哥大使米蒙·迈赫迪宣布了摩洛哥国王捐资10万迪拉姆的决定；埃及大使穆罕默德·努曼·贾拉勒提出埃及政府将为保存遗址提供帮助和支持；沙特阿拉伯大使默哈迈德·白舍尔表示国王已决定捐助30万美元，并赠送天方罩、两圣地模型各一方及各种文版《古兰经》；阿曼苏丹国大使转交了苏丹给泉州海交馆的第二笔捐款（阿曼苏丹国共捐助20万美元及一些仿古船模型）。

（七）丹麦等10国驻华领事官员访问福建

2001年11月21—26日，应省外事办邀请，丹麦、墨西哥、波兰、菲律宾、新加坡、日本、乌克兰、韩国、澳大利亚和泰国等10国驻上海、广州、厦门总领馆的总领事和商务官员一行20人访问福州、龙岩、三明、南平。

11月21日晚，省长习近平在福州会见了代表团一行。

在龙岩期间，客人们了解了国有企业所占经济比重及外国投资情况，参观了龙岩工程机械厂和生产环保设备的龙净公司。在三明，客人们考察了三明钢铁厂等企业，在麒麟山上种下了“友谊树”。波兰驻上海总领事巴耶尔用中文写下了“三波栽木开垦互助，明兰交游摘果利留”的题词。在南平，客人们参观了南孚电池厂，了解南平市国有企业改制等问题。

（八）联合国工发组织驻华首席代表胡援东等访问武夷山

2002年3月22—24日，联合国工业发展组织中国投资促进处首席代表胡援东、保加利亚驻华大使查内夫妇、约旦驻华大使拉吉布·苏凯里夫妇、菲律宾驻华大使卫和世、智利驻华大使本尼·波拉克夫妇和英国、波兰、加蓬、立陶宛等驻华使领馆官员，美国国际商会副会长兼投资贸易部部长、美国国际产品配送中心中国区总裁等一行16人访问武夷山，参观游览了天游峰、九曲溪、武夷山自然博物馆等。

（九）韩国驻华大使金夏中访问福建

2002年11月25—27日，韩国驻华大使金夏中夫妇一行5人访问福州、泉州。

11月25日晚，副省长黄小晶在福州会见金夏中一行，就加强福建与韩国的经贸交流交换看法。

在福州期间，金夏中一行考察了福州马尾经济技术开发区、为福州大学师生做了“中韩建交10周年回顾与展望”的演讲、参观了台资企业中华映管公司。在厦门，参观了韩资企业厦门进雄公司，并出席在厦门的韩国企业家举行的工作午餐会。

（十）科威特驻华大使盖斯等访问福建

2003年2月14—17日，应泉州市政府邀请，科威特驻华大使盖斯夫妇和毛里塔尼亚驻华参赞萨勒姆一行访问泉州、福州。

2月16日晚，副省长王美香在福州会见了客人一行。

访问期间，代表团一行参加“中国闽南文化节暨第二届中国泉州海上丝绸之路文化节”开幕活动，出席了在华侨历史博物馆举办的“闽南与‘海丝’摄影书画展”开幕式，参观了泉州海上交通史博物馆、福州市区等。

（十一）日本驻华大使阿南惟茂访问福建

2003年4月9—14日，日本驻华大使阿南惟茂夫妇一行3人访问福州、泉州、厦门、武夷山。

4月9日晚，副省长王美香会见了大使一行。

访问期间，阿南惟茂一行参观了省博物院、林则徐纪念馆、泉州海交馆、圣墓、厦门鼓浪屿等，并在厦门大学做了一场报告。

（十二）阿根廷驻华大使莫雷利访问福州

2003年10月11—12日，阿根廷驻华大使胡安·卡洛斯·莫雷利一行3人访问福州。

10月11日晚，副省长王美香会见了莫雷利一行。

在福州期间，莫雷利一行与省计委、经贸委和外经贸厅负责人进行会谈，并出席省政府授予阿根廷著名企业家费尔德曼福建省“荣誉公民”仪式。

（十三）英国驻华大使韩魁发访问福建

2003年11月27—30日，英国驻华大使韩魁发夫妇一行3人访问福州、厦门、武夷山。

11月27日晚，副省长张家坤会见了客人，介绍福建省发展现状和今后规划，表示欢迎英国企业前来投资。

访问期间，韩魁发一行参观了福州市与英国泰晤士水务公司的合作项目、夏新电子有限公司和太谷飞机维修公司及武夷山景区等。

（十四）伊斯兰国家驻华使节团访问福建

2004年2月4—6日，应泉州市政府邀请，以约旦哈希姆王国驻华大使拉吉布·苏凯里为团长的13个伊斯兰国家驻华使节团访问泉州，使节团成员包括约旦驻华大使夫妇、阿曼驻华大使夫妇、也门驻华大使、叙利亚驻华大使、印尼驻华大使夫妇、巴林驻华大使夫妇、伊朗驻华大使及文化参赞、巴勒斯坦驻华大使夫妇、文莱驻华大使及公使、苏丹驻华大使夫妇、利比亚临时代办夫妇、伊拉克临时代办夫妇、科威特临时代办等。

在泉州期间，使节团一行参加第三届中国泉州“海丝”文化节暨“海丝”国际风情节系列活动，出席了泉州伊斯兰文化陈列馆落成仪式。阿曼苏丹、沙特国王及摩洛哥王国政府为陈列馆共捐助建设款近51万美元。使节团一行还参观了清净寺、摩尼教草庵等。

（十五）印尼驻华大使库斯蒂亚访问福建

2004年2月11—16日，印尼驻华大使库斯蒂亚一行4人访问福州、莆田、宁德。

2月11日晚，副省长王美香会见了库斯蒂亚一行。

在福州期间，库斯蒂亚与省外经贸厅负责人就能源、中小企业合作的有关事宜进行会谈。在莆田考察了印尼参与合作的液化天然气项目，在宁德参观了福鼎一雄光学仪器有限公司、郑源工艺品公司及太姥山等。

（十六）欧盟各国驻华使节团访问福建

2004年2月28日至3月3日，以欧盟轮值主席国爱尔兰驻华大使康德伦为团长的欧盟各国驻华使节团一行28人访问福建。成员包括欧盟正式成员国荷兰、法国、卢森堡、希腊、瑞典、奥地利、西班牙、欧盟委员会，以及即将入盟的欧盟候选国匈牙利、拉脱维亚、波兰、捷克、立陶宛、塞浦路斯、丹麦公使、意大利公使、马耳他驻华大使与夫人及随行人员等。

2月28日晚，副省长王美香会见了使节团一行。厦门、福州、南平、武夷山市领导也分别会见了客人。

在福州期间，省计委、外经贸厅、公安厅负责人与使节团一行举行座谈。在厦门，使节团一行参观了厦华电子公司、厦门高科技园区、瑞典ABB公司等企业，考察了金尚社区服务中心。在武夷山，使节团一行游览了天游峰、九曲溪等。

（十七）马来西亚等10国驻华领事官员访问福建

2004年5月17—20日，应省外事办邀请，由马来西亚、英国、美国、德国、加拿大、波兰等10国驻华总领馆总领事、领事组成的领事团一行16人访问福州、宁德。

5月18日，副省长叶双瑜在福州会见了领事团一行。

访问期间，领事团出席“5·18”中国（福州）海峡经贸交易会开幕式，与三明市有关部门探讨在工业环保、水处理、制药业等领域开展合作的可能性。在宁德，领事团出席了闽东招商节开幕式，参加了宁德市妇女儿童活动中心、水产批发中心等开工、竣工项目典礼仪式，参观了农产品展览会。

（十八）菲律宾驻华大使访问福建

2005年2月18—20日，菲律宾驻华大使盖威利一行3人访问福州、厦门。

2月18日晚，副省长王美香在福州会见了大使一行。

在福州期间，盖威利一行出席了菲律宾大学与福建师范大学建立远程汉语教学网络协议的签字仪式，并看望了在福建省工作和学习的菲律宾侨民。在厦门，盖威利拜会了市长，就菲律宾驻厦门总领馆为庆祝菲中两国建交三十周年举办小型音乐会和画展事宜进行协商。

（十九）以色列驻华大使海逸达访问福建

2005 年 4 月 11—14 日，以色列驻华大使海逸达一行访问福州、厦门。

4 月 11 日晚，副省长王美香会见了大使一行。海逸达说，使馆将组织企业家来福建考察，同时为福建留学生到以色列留学提供更多奖学金，以促进双方的交流与合作。

访问期间，海逸达分别在福州大学、厦门大学发表主题为“以色列与中国、福建省的关系”“犹太教历史和文化”的演讲并接受了《福建日报》和福建电视台的专访。

（二十）卢森堡驻华大使温鹍豪访问福建

2005 年 4 月 26—27 日，卢森堡驻华大使温鹍豪一行 6 人访问福州、宁德。

4 月 26 日晚，副省长王美香在福州会见了温鹍豪一行。

访问期间，温鹍豪一行就福鼎市企业向卢森堡欧洲广场提供石材等合作项目与宁德、福鼎市领导和有关企业进行会谈。

（二十一）驻广州、厦门领事团访问福建

2005 年 6 月 17—21 日，应省外事办的邀请，由荷兰、英国、美国、日本、韩国、印尼、马来西亚、新加坡等 8 国驻华总领馆总领事、领事组成的领事团一行 16 人访问福州、三明、武夷山。

6 月 18 日，省委书记卢展工、省长黄小晶会见了领事团一行。

访问期间，领事团一行出席了“6·18”中国海峡项目成果交易会开幕式并参观了展厅。在武夷山，与南平市领导就环境及文物保护等问题进行了交流。在三明，参观考察了三明钢铁厂、金沙工业园、科技园、永安林业公司、永安尼葛工业园、永安林产品市场、永安桃源洞、三明格氏栲森林公园等，与当地领导就竹木加工、销售及名优品牌产权保护等许多问题交换了看法。

（二十二）德国驻华大使史丹泽访问福建

2005 年 11 月 27—30 日，德国驻华大使史丹泽一行 5 人访问厦门、漳州、泉州、福州。

11 月 29 日晚，副省长苏增添在福州会见了大使一行。

访问期间，史丹泽一行出席了第七届海峡两岸花卉博览会，考察漳州万利达工业园、赵家堡、泉州民营企业，并在福州大学做了一场报告。

表 2—3　**1999—2005 年外国驻华使领馆官员访问福建一览表**

年份	日期	代表团	访问地点
1999	1 月 1—3 日	墨西哥驻华使馆临时代办夫妇一行 3 人	宁德
	1 月 10—11 日	日本驻华公使宫本雄二一行 3 人	福州、福清
	1 月 10—12 日	加拿大驻华使馆移民部二秘唐开明	福州
	2 月 1—2 日	菲律宾驻厦门总领事维拉潘多一行 2 人	福州、莆田
	2 月 7—12 日	新西兰驻华大使安德岩夫妇和二秘戴迈雄一行 3 人	福州、厦门
	2 月 11—12 日	澳大利亚驻上海总领事王翠诗一行 4 人	福州
	2 月 14—16 日	挪威驻华大使馆商务参赞夫妇一行 2 人	三明
	2 月 14—18 日	美国驻广州副领事史静山	福州、长乐
	3 月 9—12 日	突尼斯、摩洛哥、苏丹驻华大使一行 5 人赴石狮参加“第二届海峡两岸纺织服装博览会”	泉州
	4 月 5—6 日	波兰驻上海总领事贝利察一行 2 人	福州
	4 月 18—21 日	南非驻华大使戴克瑞及南非驻香港领事馆官员米安德鲁一行 5 人	厦门、福州
	4 月 26—30 日	欧盟及德、法、英等 9 个国际组织及国家驻华科技外交官一行 15 人	福建
	5 月 10—12 日	英国驻华使馆一秘吴若兰	福州
	5 月 17—20 日	文莱驻华大使一行 3 人	泉州
	5 月 17—20 日	伊朗驻华大使马拉埃克等 23 国驻华使领馆官员一行 33 人参加福州国际招商月活动	福州
	6 月 12—13 日	阿曼驻华大使一行 3 人	泉州
	6 月 21—23 日	日本驻广州总领事小原育夫一行 2 人	福州
	7 月 6— 8 日	新加坡驻厦门总领事林明河一行 2 人	福州
	9 月 9—13 日	纳米比亚驻华大使一行 2 人	福州
	9 月 17—19 日	菲律宾驻厦门总领事一行 2 人	福州、泉州
	9 月 26—29 日	美国驻广州领事一行 2 人	福州、莆田
	10 月 29—30 日	新加坡驻厦门总领事林明河一行 2 人	福州
	11 月 28 日至 12 月 3 日	澳大利亚驻华使馆一秘	福州、厦门
	11 月 17—18 日	荷兰驻广州总领事卢贤一行 2 人	福州
	12 月 6—8 日	日本驻广州总领事小原育夫一行 2 人	福州、寿宁、诏安
	12 月 7—9 日	波兰驻上海总领事白日烨一行 2 人	福州
	12 月 28—29 日	菲律宾驻厦门总领事科拉松·叶巴金一行 8 人	福州

续表 2—3

年份	日期	代表团	访问地点
2000	1 月 5—8 日	美国驻广州领事瞿建玲一行 2 人	福州
	1 月 19—20 日	英国驻广州总领事李丰	福州
	1 月 20—21 日	加拿大驻华大使贝祥、驻广州总领事刘兆衍一行 3 人	福州
	1 月 25—30 日	加拿大驻华使馆参赞伯顿	福建
	2 月 29 日至 3 月 2 日	美国驻广州领事黄琪	福州
	3 月 7—10 日	法国驻广州副总领事罗然	福州
	3 月 8—12 日	俄罗斯、比利时、南非、阿拉伯联合酋长国驻华使节团一行 8 人参加“海峡两岸纺织服装博览会”	泉州
	3 月 15—16 日	德国驻广州代总领事白洁如	福州
	3 月 26—27 日	英国驻广州领事吉尔伯特	福州
	3 月 27—28 日	澳大利亚驻上海领事彼得·奎克·李一行 2 人	福州
	3 月 29—31 日	荷兰驻华大使伍恩德、驻广州总领事卢贤一行 5 人	福州、厦门
	4 月 2—4 日	澳大利亚驻上海总领事安道卫一行 5 人	福州
	4 月 5—6 日	加拿大驻华使馆司雷德一行 2 人	福州
	4 月 16—21 日	新西兰驻华公使衔参赞孟莉珊一行 2 人	福州、厦门
	4 月 19—22 日	阿拉伯 12 国驻华大使一行 18 人参加第二届晋江(国际)鞋博会	泉州
	5 月 27—29 日	德国驻广州总领事荣悟刚一行 2 人	福州
	5 月 27—30 日	印尼驻华公使易普拉黑姆·尤瑟夫等 21 国驻华使领馆官员一行 26 人参加福州国际招商月活动	福州
	7 月 4—6 日	英国驻广州总领事李丰	福州、泉州
	7 月 6—9 日	西非经济共同体使节团一行 7 人	福州、厦门
	8 月 3—4 日	英国驻广州领事吉思庭	福州、厦门泉州
	8 月 8—9 日	澳大利亚驻华使馆参赞安莉雅和驻上海领事何美佳一行 5 人	福州、南平
	8 月 27—29 日	澳大利亚驻上海领事英格丽一行 2 人	福州
	9 月 13—15 日	澳大利亚驻华公使参赞、澳大利亚国库部驻华代表夏德维	福建
	9 月 19—22 日	美国驻广州领事黄京伟	福州

续表 2—3

年份	日期	代表团	访问地点
2000	11 月 20—23 日	加拿大驻广州总领事刘兆衔一行 3 人	福州
	12 月 23—30 日	波兰驻华公使罗文斯基一行 2 人	福建
	12 月 27—28 日	美国驻广州总领事罗瑞智一行 3 人	福州
2001	1 月 15—16 日	美国驻广州总领事罗瑞智一行 3 人	福州
	1 月 16—18 日	新加坡驻厦门总领事林明河	福州
	1 月 18—19 日	英国驻广州领事一行 2 人	福州
	1 月 22—24 日	罗马尼亚驻华大使一行 7 人	福建
	2 月 2—4 日	法国驻广州总领事劳查理一行 2 人	福建
	2 月 18—23 日	加拿大驻广州总领事刘兆衔一行 2 人	福建
	2 月 21—23 日	英国驻华大使高德年、驻广州总领事李丰一行 5 人	福州、厦门、武夷山
	2 月 28 日至 3 月 2 日	澳大利亚驻上海领事一行 2 人	福建
	3 月 6—7 日	荷兰驻广州总领事卢贤一行 2 人	漳州
	3 月 12—14 日	美国驻广州领事丙琪一行 3 人	福建
	3 月 21—25 日	北欧 5 国使节团一行 7 人	福州、莆田泉州、厦门
	4 月 5—7 日	法国驻广州总领事劳查理一行 2 人	泉州、厦门
	4 月 6—9 日	荷兰驻广州总领事卢贤一行 2 人	厦门大学
	4 月 8—9 日	德国驻广州总领事郭颖一行 2 人	厦门
	4 月 8—10 日	澳大利亚驻上海领事一行 3 人	福州
	4 月 10—12 日	日本驻广州总领事若山乔一夫妇一行 3 人参加武夷山世界遗产节等	长乐、福清厦门、武夷山
	4 月 16—17 日	匈牙利驻华大使白明义一行 3 人	福建
	4 月 16—19 日	新加坡驻厦门总领事黄友江一行 3 人	福州、莆田
	4 月 27—28 日	澳大利亚驻上海总领事黎佩宁一行 5 人	福建
	5 月 10—11 日	荷兰驻广州总领事卢贤夫妇一行 3 人	福建
	5 月 13—16 日	美国驻广州领事一行 2 人	福建
	5 月 14—16 日	法国驻华大使毛磊夫妇、一秘马捷利、驻广州总领事劳查理一行 5 人	福州、泉州厦门

续表 2—3

年份	日期	代表团	访问地点
2001	5 月 14—19 日	新加坡驻厦门总领事黄友江一行 2 人	福州、南平
	5 月 14—20 日	菲律宾驻厦门领事一行 2 人	福州、武夷山
	5 月 15—17 日	波兰驻上海领事一行 2 人参加武夷山旅游文化节	武夷山
	5 月 16—17 日	澳大利亚驻上海领事一行 2 人	福建
	5 月 17—19 日	乌克兰驻华大使科特文一行 3 人参加福州招商月活动	福州
	5 月 17—19 日	泰国驻广州领事参加福州招商月活动	福州
	5 月 17—19 日	泰国驻昆明领事参加福州招商月活动	福州
	5 月 17—19 日	美国驻广州领事参加福州招商月活动	福州
	5 月 17—19 日	伊朗驻华使馆领事参加福州招商月活动	福州
	6 月 7—9 日	孟加拉驻华大使胡马源·卡马尔一行 3 人	福州、三明
	6 月 7—9 日	贝宁驻华大使皮诺得一行 5 人	福州、三明
	6 月 7—9 日	肯尼亚驻华大使乐锡里一行 3 人	福州、三明
	6 月 18—19 日	德国驻广州总领事郭颖一行 2 人	福州
	6 月 21—26 日	英国驻华大使高德年爵士夫妇及驻广州总领事李丰一行 3 人	福建
	6 月 25—26 日	美国驻广州领事一行 2 人	福州、长乐
	7 月 9—13 日	加拿大驻广州领事柯博恩一行 2 人	福州
	7 月 9—13 日	澳大利亚驻上海领事英格丽一行 2 人	福州
	7 月 10—14 日	日本驻广州副领事石井智慧子考察利民工程项目	福州、漳州、龙岩、三明
	7 月 17—20 日	索马里等 15 国及阿盟驻华使节团一行 22 人参加“海上丝绸之路”活动	福州、泉州
	7 月 26—27 日	美国驻广州新闻文化领事康牧凯一行 2 人	福州
	7 月 30—31 日	澳大利亚驻广州总领事寇俊升一行 3 人	福州
	8 月 2—3 日	韩国驻广州总领事申兹沫一行 2 人	福州
	8 月 12—19 日	澳大利亚驻上海领事英格丽一行 5 人	厦门、福州、南平
	8 月 22—24 日	荷兰王国驻广州总领事冯丹瑞一行 3 人	福州
	9 月 4—9 日	荷兰王国驻广州总领事冯丹瑞一行 3 人参加“9·8”投洽会	福州、厦门

续表2—3

年份	日期	代表团	访问地点
2001	9月7—8日	马来西亚驻广州商务领事参加“9·8”投洽会	厦门
	9月7—10日	美国驻广州商务领事一行3人参加“9·8”投洽会	厦门
	10月15—20日	澳大利亚驻广州副总领事孙丹一行3人	福建
	10月19—20日	美国驻广州领事宋汉威	福州、莆田
	11月3—4日	马来西亚驻广州总领事奥特曼一行2人参加华侨大学振华留学生联欢会	泉州
	11月7—10日	泰国皇家基金会秘书长苏求特、泰国驻广州总领事一行7人	福建
	11月12—14日	法国驻华大使毛磊、驻广州总领事劳查理一行5人及企业家代表团15人参加“福建—法国经济合作说明会”	福州、厦门、泉州
	11月13—15日	英国驻广州总领事李丰	福州
	11月15—17日	加拿大驻广州总领事刘兆衍一行4人	福建
	11月20—22日	日本驻广州总领事若山乔一夫妇一行3人参加2001年度“利民工程”签字仪式	福州
	11月21—26日	丹麦、日本、韩国、新加坡、菲律宾、波兰、墨西哥、乌克兰、澳大利亚、泰国驻广州、厦门、上海总领事一行20人	福建
	12月2—6日	美国驻广州领事一行6人	福建
	12月10—11日	荷兰驻广州领事胡毅一行2人	福州
	12月17—19日	英国、美国驻广州总领事一行3人	福州
2002	1月7日—9日	新加坡、菲律宾驻厦门总领馆官员和澳大利亚、美国、加拿大等国家在厦的企业界代表、文教专家一行33人参加第四届海峡两岸（福建·漳州）花卉博览会	漳州
	1月16—18日	澳大利亚驻广州领事米切尔	厦门、漳州
	1月17—18日	欧盟驻华代表团经济商务专员沙西里举办欧元知识讲座	福州
	1月22—24日	日本驻广州经济文化领事井上一郎	福州
	1月28日至2月1日	美国驻广州经济领事史晨月一行2人	福州、泉州漳州、龙岩
	2月2—5日	俄罗斯驻上海副总领事一行4人	厦门
	2月5—7日	英国驻广州总领事李丰一行2人	厦门
	2月6—8日	加拿大驻广州商务领事吴临春和加拿大林业协会驻上海首席代表一行	福建
	2月6—8日	英国驻广州领事李智择一行2人	福州

续表 2—3

年份	日期	代表团	访问地点
2002	2月18—19日	荷兰驻广州领事番丽丈一行2人	福州
	2月20—22日	美国驻广州总领事罗瑞智一行3人	厦门
	2月28日至3月1日	英国驻广州总领事李丰一行3人	福建
	3月4—5日	日本驻广州领事小玉邦夫	福州
	3月15日	菲律宾驻厦门总领事科拉松一行2人到莆田探监	莆田
	3月20—23日	加拿大驻广州总领事刘兆衍	厦门
	3月20—30日	印尼驻华使馆和印尼外交部、总统府官员一行5人	福建
	3月21—23日	加拿大驻华使馆三秘一行2人	厦门
	3月22—24日	联合国工发组织及保加利亚、约旦、菲律宾、智利驻华大使一行16人	武夷山
	4月4—5日	美国驻广州领事甄国民一行4人	福州
	4月14—16日	荷兰驻广州总领事冯丹瑞一行2人	福建
	4月15—16日	奥地利驻上海领事一行10人	厦门
	4月16—17日	英国驻广州领事一行2人	厦门
	4月23—25日	加拿大驻华大使、驻广州总领事一行3人	厦门
	4月24—25日	英国驻广州领事一行2人	厦门
	4月24—25日	澳大利亚驻广州总领事寇俊升一行2人	厦门
	4月25—26日	以色列驻华公使莫义澜一行2人	福州、莆田
	4月25—26日	英国驻广州领事施翰德一行2人	福建
	5月1—4日	新加坡驻厦门总领事黄友江一行2人	泰宁、将乐、沙县
	5月16—17日	波兰驻上海领事一行2人	厦门
	5月21—22日	荷兰驻广州领事一行2人	厦门
	5月28—29日	美国驻广州领事一行2人	厦门
	6月3—4日	英国驻广州总领事李丰一行5人	福州
	6月5—6日	日本驻广州总领事若山乔一行3人	厦门
	6月10—11日	日本驻广州领事萁浦糠友一行2人	福州
	6月10—11日	丹麦驻华大使一行3人	福州
	6月12—15日	法国驻广州领事康力维	福州、厦门
	6月13—16日	荷兰驻广州总领事唐孟河一行2人	福建
	6月15—17日	澳大利亚驻广州领事一行2人	福州、南平、顺昌

续表 2—3

年份	日期	代表团	访问地点
2002	6 月 19—22 日	12 国驻华使领馆官员和欧盟驻华代表团一行 21 人	福建
	6 月 27—28 日	丹麦驻广州总领事一行 3 人	厦门
	7 月 3—5 日	以色列驻华使馆领事一行 2 人	福建
	7 月 11—13 日	英国驻广州总领事李丰一行 2 人	福建
	7 月 18—19 日	荷兰驻广州总领事冯丹瑞一行 2 人	福州
	8 月 6—8 日	美国驻广州领事一行 2 人	厦门
	8 月 6—8 日	英国驻广州领事一行 2 人	厦门
	8 月 21—22 日	韩国驻广州总领事申兹沫一行 3 人	福州
	8 月 22—23 日	新加坡驻厦门总领事黄友江夫妇一行 3 人	福州
	9 月 2—3 日	加拿大驻广州总领事詹明辉一行 2 人	福州
	9 月 3—6 日	英国驻广州领事康庄富一行 2 人	福建
	9 月 7—9 日	荷兰驻华大使一行 58 人参加“9·8”投洽会	厦门
	9 月 7—9 日	英国驻华大使率商务代表团一行 62 人参加“9·8”投洽会	厦门
	9 月 7—9 日	丹麦驻广州领事一行 9 人参加“9·8”投洽会	厦门
	9 月 7—9 日	澳大利亚驻广州领事一行 2 人参加“9·8”投洽会	厦门
	9 月 10—11 日	荷兰王国驻广州领事唐孟坷一行 2 人	福州
	10 月 15—16 日	日本驻广州领事萁浦糠友一行 2 人	福州
	10 月 16—17 日	韩国驻广州副领事徐龙珠	福州
	10 月 18—19 日	新加坡驻厦门领事赖奕俊出席全国书市开幕式	福州
	10 月 18—19 日	菲律宾驻厦门总领馆随员白芙蓉夫妇出席全国书市开幕式	福州
	10 月 20—22 日	埃塞俄比亚驻华大使亚的斯·阿莱姆·巴莱马一行 2 人	福建
	10 月 20—23 日	法国驻广州总领事劳查理一行 6 人	福建
	10 月 20—26 日	新加坡驻广州总领事林明河一行 4 人	福州
	10 月 27—29 日	加拿大驻广州领事科博恩	福州
	10 月 27—31 日	美国驻广州领事梅戈瑞	福建
	10 月 29—31 日	法国驻广州文化领事一行 2 人	厦门
	10 月 29 日至 11 月 1 日	澳大利亚驻广州领事彭佩芝一行 2 人	福州
	11 月 6—8 日	美国驻华使馆公使衔参赞内伯斯一行 2 人	厦门
	11 月 14—15 日	英国驻广州总领事李丰一行 2 人	福州
	11 月 19—22 日	德国驻广州总领事薄达夫一行 3 人	福州、厦门

续表 2—3

年份	日期	代表团	访问地点
2002	11 月 25—26 日	日本驻广州总领事若山乔一一行 2 人	福州
	11 月 25—27 日	韩国驻华大使金夏中一行 5 人	福建
	11 月 28 日至 12 月 1 日	加蓬驻华大使约瑟夫·奥比昂·恩杜图默一行 3 人	福州
	12 月 4—7 日	日本驻广州领事萁浦糠友	福州
	12 月 5—7 日	丹麦驻广州签证领事皮德森一行 2 人	福州
	12 月 9—10 日	英国驻广州领事黎嘉宇	福州
	12 月 11—13 日	日本驻广州领事关秀继	福州
	12 月 11—14 日	美国驻华使馆一秘戴立昌、驻广州领事白小琳一行 2 人	福州、厦门
	12 月 17—19 日	美国驻广州领事李勇生一行 3 人	福州
	12 月 18—19 日	韩国驻广州副领事徐龙洙赴莆田探监	莆田
	12 月 23—24 日	英国驻广州领事陈伟东一行 2 人	福州
2003	1 月 7—10 日	博茨瓦纳驻华大使高希·希帕皮措四世及夫人一行 3 人	福州
	1 月 8—10 日	英国驻广州领事约尼·卡瑞一行 2 人	福州、厦门
	1 月 15 日	新加坡、菲律宾驻厦门总领事一行 3 人参加省人大十届一次会议闭幕式	福州
	1 月 16—18 日	澳大利亚驻广州领事康勇一行 3 人	福州
	1 月 17 日	菲律宾驻厦门总领事叶·巴金	泉州
	1 月 21—23 日	泰国驻广州领事黄力才一行 2 人	福州
	1 月 22—23 日	印尼驻广州首席领事一行 2 人	厦门
	1 月 22—24 日	比利时驻华使馆官员万德斯一行 3 人	厦门
	1 月 23—24 日	以色列驻华使馆参赞谢艾龙一行	福州
	1 月 28—29 日	菲律宾驻厦门总领事叶·巴金一行 2 人	泉州
	1 月 29—30 日	美国驻广州领事一行 2 人	福州
	2 月 14—17 日	科威特驻华大使夫妇参加中国闽南文化节暨第二届中国泉州海上丝绸之路文化节	泉州、福州
	2 月 14—17 日	毛里塔尼亚参赞参加泉州中国闽南文化节暨第二届海上丝绸之路文化节	泉州
	2 月 15—24 日	南非驻上海代总领事方博睿、驻华使馆一秘马礼安	福州
	2 月 16—17 日	加拿大驻广州领事一行 2 人	厦门
	2 月 19—20 日	荷兰驻广州副领事潘丽云一行 2 人探监	莆田
	2 月 19—21 日	韩国驻华公使赵涣复一行 4 人	厦门
	2 月 21—23 日	日本外务省签证官高桥建次、日本驻广州领事新通昌德	福州

续表 2—3

年份	日期	代表团	访问地点
2003	2 月 21—25 日	丹麦驻广州总领事严森一行 3 人	福州、厦门
	2 月 22—26 日	英国驻广州副总领事魏德万一行 2 人	福建
	2 月 25—26 日	新加坡驻厦门副领事黄天兴	福州
	2 月 27—28 日	英国驻广州经济领事卫亭瀚一行 3 人	福建
	2 月 27—28 日	冰岛驻华大使埃吉尔松夫妇	厦门
	3 月 5—7 日	加拿大驻广州商务领事	厦门
	3 月 12—15 日	瑞典驻广州总领事司马武一行 3 人	福州、厦门
	3 月 14—15 日	丹麦驻广州总领事严森	厦门
	3 月 23—26 日	英国驻广州总领事李丰一行 3 人	福州、厦门
	3 月 28—31 日	外国驻华使领馆代表团一行 21 人	厦门
	4 月 9—14 日	日本驻华大使阿南惟茂夫妇一行 3 人	福州、泉州、厦门、武夷山
	4 月 21—22 日	日本驻广州领事其浦糠友、阿部义美	福州
	4 月 24—25 日	英国驻广州商务领事一行 3 人	厦门
	5 月 16—20 日	英国驻广州副总领事魏德万一行 4 人参加“5·18”海交会	福州
	5 月 17—20 日	印尼首任驻广州总领事哈姆达尼·贾法一行 3 人参加“5·18”海交会	福州
	5 月 17—20 日	加拿大驻广州领事陈宝珊一行 2 人参加“5·18”海交会	福州、厦门
	5 月 17—21 日	贝宁驻华大使皮埃尔一行 3 人参加“5·18”海交会	福州
	6 月 16—17 日	瑞典驻广州总领事司马武一行 3 人	福州
	6 月 24—26 日	俄罗斯驻华使馆领事科瓦连科一行 2 人	福州
	6 月 25—27 日	澳大利亚驻广州领事尚晓龙一行 2 人	福州
	6 月 25—28 日	波兰驻上海总领事白烨日参加闽东招商节	宁德
	6 月 25—28 日	新加坡驻厦门总领事林明河参加闽东招商节	宁德
	6 月 26—27 日	英国驻广州领事邝舒岚一行 4 人	福州
	7 月 2—4 日	英国驻华公使一行 2 人	厦门、武夷山
	7 月 8—11 日	澳大利亚驻广州领事弗克里斯·肯勇一行 2 人	福州
	7 月 13—18 日	日本驻广州领事阿武孝雄一行 2 人	福州
	7 月 15—17 日	美国驻广州商务领事一行 2 人	厦门
	7 月 20—22 日	瑞典驻广州总领事司马武一行 5 人	泉州
	7 月 24—26 日	美国驻广州领事敬国明一行 2 人	福州

续表 2—3

年份	日期	代表团	访问地点
2003	7 月 27—29 日	加拿大驻广州领事苏智瀚一行 2 人	福州
	8 月 5—7 日	澳大利亚驻广州副总领事一行 2 人	厦门
	8 月 7—8 日	澳大利亚驻广州领事一行 2 人	厦门
	8 月 7—9 日	英国驻广州领事一行 2 人	厦门
	8 月 13—15 日	美国驻广州领事郑艺一行 2 人	福州
	8 月 19—20 日	英国驻广州总领事胡克定一行 3 人	福州、厦门
	8 月 26—30 日	荷兰驻广州总领事冯丹瑞一行 2 人	福州、武夷山
	8 月 28—29 日	日本驻广州领事阿部义美一行 2 人	福州
	9 月 3—5 日	美国驻广州总领事曾国熙一行 5 人	福州
	9 月 3—6 日	印尼驻广州总领事哈姆达尼贾法一行 2 人	福州
	9 月 11—13 日	日本驻广州领事阿部义美一行 2 人	福州
	9 月 11—13 日	墨西哥驻上海总领事毛爱家一行 2 人	福州
	9 月 16—17 日	澳大利亚驻华使馆教科参赞韩白翎一行 2 人	福州
	9 月 17—18 日	丹麦驻广州总领事曹伯义一行 2 人	厦门
	9 月 18—19 日	印尼驻广州副总领事阿曼一行 2 人	福州
	9 月 21—25 日	法国驻广州科技领事范霖一行 4 人	厦门、福州
	9 月 23—25 日	刚果民主共和国驻华使馆参赞查巴莱出席中国福州国际城市雕塑艺术展开幕式	福州
	9 月 23—25 日	亚美尼亚驻华使馆二秘瓦赫·格沃尔基扬出席中国福州国际城市雕塑艺术展开幕式	福州
	10 月 11—12 日	阿根廷驻华大使胡安·卡洛斯·莫雷利一行 3 人	福州
	10 月 20—21 日	加拿大驻广州领事一行 2 人	厦门
	10 月 22—24 日	吉尔吉斯斯坦共和国驻华大使阿勃德尔达耶夫一行 3 人	福州、厦门 漳州
	10 月 22—24 日	英国驻广州领事劳莉一行 2 人	厦门、福州
	10 月 24—25 日	美国驻广州总领事曾国熙一行 6 人	福州
	10 月 27—28 日	澳大利亚驻广州领事康勇一行 2 人	福州
	10 月 28—30 日	美国驻广州副领事谢汉伟一行 2 人	福州、厦门
	11 月 6—7 日	美国驻广州领事一行 3 人	厦门
	11 月 14—15 日	澳大利亚驻广州总领事寇俊升一行 2 人	福州
	11 月 16—21 日	日本驻广州领事阿武孝雄一行 2 人	福州
	11 月 24—27 日	美国驻广州领事白小琳一行 2 人	福州

续表 2—3

年份	日期	代表团	访问地点
2003	11 月 27—30 日	英国驻华大使韩魁发一行 3 人	福州、厦门 武夷山
	12 月 5—6 日	韩国驻广州新任总领事南相旭一行 3 人	福州
	12 月 11—13 日	美国驻广州领事一行 2 人	厦门
	12 月 12—13 日	墨西哥驻华大使馆签证主管哈维尔·贡戈拉一行 3 人	福州
	12 月 15—16 日	美国驻广州领事韩铁民一行 3 人	福州
	12 月 17—19 日	波兰驻上海总领事沙法什一行 4 人	福州
	12 月 18—19 日	韩国驻广州副领事徐龙珠	福州
	12 月 22—23 日	荷兰驻广州领事一行 2 人	福州
	12 月 22—23 日	印度尼西亚驻广州总领事哈姆达尼·贾法一行 3 人	厦门
2004	1 月 8—9 日	新加坡驻厦门总领事林明河	福州
	1 月 14—15 日	日本驻广州领事阿武孝雄	福州
	2 月 2—3 日	美国驻广州副领事华莱士一行 2 人	福州
	2 月 4—6 日	由阿曼、巴林、巴勒斯坦、也门、约旦、叙利亚、伊朗、印尼、苏丹、文莱驻华大使及利比亚、科威特、伊拉克驻华代办等组成的伊斯兰 13 国使节团一行 24 人参加第三届泉州海上丝绸文化节	泉州
	2 月 11—14 日	爱尔兰驻华大使馆二秘一行 2 人	南平、厦门
	2 月 11—16 日	印度尼西亚驻华大使库斯蒂亚一行 4 人	福州、莆田 宁德
	2 月 17—19 日	菲律宾驻广州商务领事一行 3 人	福州、泉州
	2 月 18—20 日	美国驻广州副领事殷飞马	福州
	2 月 22—24 日	美国驻广州总领事曾国熙一行 4 人	厦门、泉州
	2 月 28 日至 3 月 3 日	由爱尔兰、匈牙利、拉脱维亚、波兰、荷兰、捷克、立陶宛、法国、塞浦路斯、卢森堡、希腊、瑞典、奥地利、西班牙、马耳他及欧盟委员会驻华大使，丹麦、意大利驻华公使等组成的欧盟使节团一行 28 人	福州、厦门 武夷山
	3 月 6—10 日	法国驻广州总领事卜来世一行 2 人	福州、厦门
	3 月 16—17 日	菲律宾驻厦门总领事叶巴金一行 2 人	福州
	3 月 17—18 日	澳大利亚驻广州总领事马克文一行	福州
	3 月 17—18 日	英国驻广州总领事胡克定一行 4 人	福州
	3 月 17—18 日	加拿大驻广州领事欧鸣坷一行 2 人	福州

续表 2—3

年份	日期	代表团	访问地点
2004	3 月 22—24 日	英国驻广州副总领事魏德万一行 2 人	福州
	3 月 23—24 日	荷兰驻广州总领事冯丹瑞夫妇一行 3 人	厦门
	3 月 24—25 日	波兰驻上海总领事沙法什一行 2 人	厦门
	3 月 30 日至 4 月 2 日	美国驻广州领事黄燧清一行 2 人	福州
	4 月 1—2 日	美国驻广州总领馆官员贺晓薇一行 2 人	福州、宁德
	4 月 6—7 日	日本驻广州领事阿武孝雄	福州
	4 月 15—16 日	美国驻广州总领事曾国熙一行 9 人	福州
	4 月 21—24 日	德国驻广州领事莫珊一行 3 人	福州、泉州 厦门
	4 月 22—24 日	英国驻广州领事陆恺	福州
	4 月 22—24 日	加纳驻华公使戴安一行 2 人	福州
	4 月 29—30 日	英国驻广州总领事魏德万一行 2 人	厦门
	5 月 12—14 日	日本驻广州总领事渡边英雄夫妇一行 3 人	福州、厦门
	5 月 17—20 日	以马来西亚驻广州总领事奥特曼为团长的 10 国领事团一行 16 人参加福州“5·18”和宁德“5·19”招商节活动	福州、宁德
	5 月 18—20 日	美国驻华使馆官员何可夫一行 2 人	福州
	5 月 22—23 日	英国驻广州总领事胡克定	厦门
	5 月 24—25 日	欧盟驻华使节团商务一秘李赛优	福州
	5 月 24—26 日	日本驻广州领事阿武孝雄	厦门
	5 月 25—27 日	新西兰驻上海领事柯岱瑞一行 2 人	福州
	5 月 26—28 日	美国驻广州总领事曾国熙一行 3 人	福州
	6 月 8 日	英国驻华使馆一秘、驻广州领事一行 2 人	厦门
	6 月 10—11 日	英国驻华使馆文化官员一行 3 人	厦门
	6 月 23—24 日	澳大利亚驻广州总领馆移民领事一行 2 人	厦门
	6 月 29—30 日	印尼驻华使馆官员一行 4 人	厦门
	6 月 30 日至 7 月 1 日	新加坡驻厦门领事谢惠卿	福州
	7 月 5—6 日	法国驻广州领事一行 3 人	厦门
	7 月 7—9 日	美国驻广州领事白小琳一行 2 人	福州
	7 月 9—10 日	加拿大驻广州领事一行 2 人	莆田
	7 月 18—20 日	日本驻广州领事阿武孝雄一行 2 人	福州

续表 2—3

年份	日期	代表团	访问地点
2004	7 月 21—25 日	德国驻广州总领事薄达夫一行 2 人	福州、泉州、厦门
	7 月 22—23 日	美国驻广州领事藤济世一行 3 人	福州
	7 月 22—29 日	美国驻广州领事彭明佳一行 2 人	福州
	7 月 26—27 日	泰国驻华大使一行 4 人	厦门
	7 月 29—30 日	美国驻广州领事宋汉威一行 2 人	福州
	8 月 5—6 日	英国驻广州领事一行 2 人	厦门
	8 月 20—24 日	印度尼西亚驻广州总领事韩达尼夫妇一行 3 人	福州、漳州
	9 月 5—10 日	日本驻广州领事阿武孝雄	福建
	9 月 6—10 日	加拿大驻华使馆领事陈宝珊一行 10 人参加“9·8”投洽会	厦门
	9 月 6—11 日	泰国驻上海商务领事一行 3 人参加“9·8”投洽会	厦门
	9 月 7—9 日	波兰驻上海总领事赛尔维斯特·沙法什一行 2 人参加“9·8”投洽会	厦门
	9 月 7—10 日	印度尼西亚驻广州总领事韩达礼一行 4 人参加“9·8”投洽会	厦门
	9 月 7—11 日	美国驻广州总领事曾国熙一行 5 人参加“9·8”投洽会	厦门
	9 月 7—11 日	菲律宾驻厦门总领事叶巴金一行 15 人参加“9·8”投洽会	厦门
	9 月 7—11 日	新加坡驻厦门总领事林明河一行 6 人参加“9·8”投洽会	厦门
	9 月 8—10 日	泰国驻华大使馆一秘普力查·翁色功孟一行 4 人	福州
	9 月 14—17 日	美国驻广州领事黄燧清一行 2 人	福州
	9 月 19—21 日	美国驻广州领事藤济世一行 3 人	龙岩
	9 月 28 日至 10 月 2 日	德国驻广州总领事薄达夫一行 2 人	福州
	10 月 24—26 日	菲律宾驻厦门总领事叶·巴金一行 11 人参加国际友城大会	福州
	10 月 27—30 日	瑞典驻广州总领事司马武一行 4 人	厦门
	11 月 8—10 日	美国、英国、澳大利亚驻广州总领馆签证官一行 9 人	福州、厦门
	11 月 9—11 日	美国驻广州总领事馆官员马彪一行 3 人	武夷山、厦门
	11 月 10—11 日	荷兰驻广州总领事冯丹瑞一行 2 人	厦门
	11 月 16—17 日	澳大利亚驻广州领事一行 3 人	厦门
	11 月 18—19 日	美国驻广州政治副领事一行 2 人	厦门

续表 2—3

年份	日期	代表团	访问地点
2004	11 月 18—20 日	秘鲁驻上海总领事恩里克·贝朗德·瓦尔加斯一行 2 人	厦门
	11 月 20—25 日	巴拉圭驻香港前总领事格拉多·索沙一行 2 人	福州、泉州
	11 月 29 日至 12 月 1 日	美国驻广州领事吴霞一行 2 人	福州
	12 月 1—2 日	日本驻广州首席领事鹤岗千晴	厦门
	12 月 7—9 日	美国驻广州领事白小琳一行 2 人	福州
	12 月 15—16 日	韩国驻广州首席领事李滋弦一行 7 人	厦门
	12 月 18—19 日	美国驻广州副领事一行 2 人	厦门
	12 月 18—21 日	美国驻广州总领事曾国熙及美国贸易代表中国事务高级主任保罗·纽雷特一行 5 人	福建
	12 月 20—21 日	荷兰驻广州总领事冯丹瑞一行 2 人	福州
2005	1 月 11—13 日	日本国驻广州总领事渡边英雄一行 3 人	福州
	1 月 12—14 日	南非驻上海领事康鲁迪一行 2 人	福州
	1 月 18—19 日	新加坡驻厦门领事黄天兴	福州
	1 月 18—21 日	加拿大驻广州领事苏智瀚一行 2 人	福州
	1 月 24—26 日	南非驻华使馆临时代办霍杰仕一行 2 人	福州
	1 月 28—29 日	瑞士驻华使馆参赞傅雷蒙一行 2 人	福州
	1 月 29 日至 2 月 2 日	德国驻广州总领事薄达夫一行 2 人	泉州
	1 月 30—31 日	南非驻上海副领事冯缘达一行 2 人	福州
	2 月 5—7 日	日本驻广州首席领事鹤岗千晴一行 2 人	厦门
	2 月 18—19 日	美国驻华使馆二秘一行 2 人	福建
	2 月 18—20 日	菲律宾驻华大使盖威利一行 3 人	福州、厦门
	2 月 22—24 日	日本驻广州领事阿武孝雄	福州
	2 月 23—25 日	美国驻广州总领事曾国熙一行 7 人	厦门
	2 月 23—25 日	美国驻广州商务领事孟大为一行 3 人	厦门
	2 月 24—25 日	加拿大驻广州副领事金镐载一行 3 人	福州
	3 月 1—4 日	英国驻广州领事罗凯丽一行 2 人	福州、厦门
	3 月 1—5 日	美国驻华使馆公使衔参赞王晓嵋一行 3 人	福州、泉州 厦门
	3 月 12—13 日	新加坡驻华大使陈燮荣一行 2 人	厦门
	3 月 20—27 日	澳大利亚驻华公使衔参赞谢康慧及驻广州总领事马克文一行 3 人	福州、泉州 厦门
	3 月 22—23 日	日本驻广州总领事渡边英雄一行 2 人	福州、宁德

续表2—3

年份	日期	代表团	访问地点
2005	3月22—25日	荷兰驻广州总领事冯丹瑞一行4人	厦门
	3月25—27日	外国驻华使领馆官员代表团一行14人	厦门
	3月29日至4月2日	英国驻广州副总领事魏德万一行2人	福州、莆田 泉州、厦门
	3月30日	瑞典驻广州总领事司马武和爱立信公司代表团一行8人	福州
	4月4—7日	法国驻广州总领事卜来世一行2人	厦门
	4月5—6日	英国驻广州总领事胡克定	福州
	4月6—8日	美国驻广州领事韩敬彦一行2人	福州
	4月11—14日	以色列驻华大使海逸达一行3人	福州、厦门
	4月12—15日	法国驻广州领事范霖一行2人	福州、厦门
	4月15—16日	美国驻华使馆官员包凯明一行6人	莆田
	4月26—27日	卢森堡驻华大使温鸥豪一行6人	福州、宁德
	4月26—29日	新西兰驻华公使衔参赞马德逊一行2人	福建
	5月11—13日	泰国驻广州商务领事一行2人	厦门
	5月15—17日	赤道几内亚驻华使馆官员一行2人	厦门
	5月18—19日	加拿大驻广州领事欧鸣坷一行2人	福州
	5月18—19日	波兰驻华公使马莱克·维日瓦等10国驻华使领馆官员一行16人参加“5·18”海交会	福州
	5月18—19日	加拿大驻广州领事欧鸣坷一行2人	福州
	6月6—7日	韩国驻广州领事李伯虎	福建
	6月6—10日	日本驻广州领事阿武孝雄	宁德、三明
	6月9—10日	南非驻上海领事康儒迪一行2人	福州
	6月13—16日	美国驻华使馆一秘孔思平一行3人	福州、武夷山
	6月17—21日	荷兰、美国、英国、日本、韩国、印尼、马来西亚及新加坡等8国领事团一行16人	福州、三明、 南平
	6月20—21日	韩国驻广州总领事南相旭夫妇一行3人	厦门
	6月20—23日	加拿大驻广州总领馆官员苏智瀚一行3人	福州、厦门
	6月23—24日	乌克兰驻上海总领事塔胜利一行2人	福州
	6月28—29日	丹麦驻广州总领事曹伯义一行4人	厦门
	7月5—8日	美国驻广州领事黄隧清	福州
	7月7—8日	沙特阿拉伯驻华临时代办一行2人	泉州
	7月7—10日	美国驻广州领事陶善德一行3人	福建

续表 2—3

年份	日期	代表团	访问地点
2005	7月21—22日	美国驻广州领事饶昌明一行2人	福建
	7月23—24日	新加坡驻华大使陈燮荣一行3人	福建
	7月27—30日	芬兰驻广州总领事杜汉龙一行2人	福建
	8月15—16日	泰国驻广州领事郑秀珍一行2人	福建
	8月15—16日	新加坡驻厦门总领事林明河一行4人	福建
	8月15—16日	澳大利亚驻华使馆、驻广州总领馆官员一行4人	福州
	8月23—24日	新加坡驻厦门副领事黄天兴一行2人	福州
	8月27—30日	美国驻广州领事饶昌明一行2人	厦门、福州
	8月29—31日	新西兰驻上海签证领事柯替斯、爱尔兰驻华使馆签证领事济汀一行4人	福州、福清
	9月6—8日	哈萨克斯坦驻上海总领事阿迪尔·科迪尔别克夫参加"9·8"投洽会	厦门、福州
	9月6—8日	德国驻广州总领事白平凯一行3人参加"9·8"投洽会	厦门、福州
	9月6—10日	意大利驻广州总领事安湃亚一行5人参加"9·8"投洽会	厦门
	9月6—11日	泰国驻上海领事一行3人参加"9·8"投洽会	厦门
	9月7—8日	哈萨克斯坦驻上海总领事阿迪力·科迪尔别克夫妇参加"9·8"投洽会	厦门、福州
	9月7—10日	英国驻广州总领事克里斯托弗·特伦斯·伍德一行2人参加"9·8"投洽会	厦门
	9月7—10日	芬兰驻广州总领事杜汉龙参加"9·8"投洽会	厦门
	9月7—11日	美国驻广州总领事曾国熙一行5人参加"9·8"投洽会	厦门
	9月22—23日	加拿大驻广州领事欧鸣坷一行2人	福州
	9月22—23日	美国驻广州领事一行4人	福州、厦门
	10月14—15日	菲律宾驻厦门副领事一行2人	福州
	10月17—18日	新加坡驻厦门领事黄天兴	福州
	10月19—21日	荷兰驻广州总领事罗德邻一行3人	福州、厦门
	10月25—26日	日本驻广州副领事黑田隆二	福州
	11月14—16日	瑞典驻广州总领事司马武一行4人	福州、厦门
	11月24—25日	荷兰驻广州领事唐盂珂一行2人	厦门
	11月27—30日	德国驻华大使史丹泽一行5人	福州、厦门、漳州、泉州
	11月29—30日	澳大利亚驻广州领事康丽一行2人	厦门

续表 2－3

年份	日期	代表团	访问地点
2005	12 月 7—8 日	美国驻广州领事陈思明一行 2 人	福州
	12 月 14—16 日	日本驻广州领事阿武孝雄	福州
	12 月 19—20 日	英国驻广州总领事克里斯托弗·特伦斯·伍德一行 2 人	厦门
	12 月 24—26 日	日本驻广州总领事渡边英雄一行 2 人	厦门

四、外国重要民间人士

（一）日本昆仑会会长小林一郎访问福建

1999 年 4 月 2—7 日，日本昆仑会会长小林一郎一行 5 人访问福州、泉州、厦门。昆仑会是由日本 150 多家企业和法人代表组成的从事中日友好活动的民间团体。

4 月 2 日晚，省政协主席游德馨在福州会见了小林一郎一行，向客人介绍了福建概况和投资环境，表示欢迎昆仑会的企业家到福建投资。小林一郎表示昆仑会的企业家对福建感兴趣，昆仑会将推动更多的会员到福建考察、交流。

访问期间，代表团一行在各地听取投资环境和优惠政策介绍，考察了企业、开放区等。

（二）日中友协会长平山郁夫访问龙岩

1999 年 9 月 24—27 日，日中友好协会会长、日本著名画家平山郁夫一行 5 人访问龙岩市。

访问期间，市政府和市对外友协领导会见了平山郁夫一行。代表团参观了龙岩市区、永定县土楼群等。平山郁夫表示，永定土楼属于世界，回国后将尽力协助申报世界遗产。

（三）诺贝尔奖获得者克莱因教授夫妇访问福建

2000 年 9 月 7—11 日，诺贝尔经济学奖获得者、美国科学院院士、宾夕法尼亚州大学教授劳伦斯·克莱因夫妇访问厦门、武夷山。

9 月 7 日晚，国务委员吴仪、省委书记陈明义、省长习近平在厦门会见了克莱因夫妇。

访问期间，克莱因出席了第四届中国国际投资贸易洽谈会开幕式，在“国际投资论坛”上发表演讲并游览了武夷山。

（四）伊中友好协会会长穆罕默迪访问福建

2002 年 2 月 25—28 日，以阿哈德·穆罕默迪会长为团长的伊朗中国友好协会代表团一行 4 人，在全国友协亚非部领导冯左库的陪同下访问福州、泉州、厦门。

访问期间，代表团与省对外友协和各市对外友协进行交流和座谈，穆罕默迪介绍了伊朗对外政策和投资环境，希望福建企业家到伊朗投资创业。穆罕默迪还表示，泉州保留这么多波斯、阿拉伯文化足以证明福建与伊斯兰世界交往的悠久，今后双方对外友协要进一步推动民间的交往。

（五）法国中法互办文化年混委会主席顾问白尚仁访问福建

2002 年 4 月 19—28 日，法国文化界知名人士、法国中法互办文化年混委会主席顾问白尚仁一行 2 人访问厦门、漳州、龙岩、泉州、莆田。

访问期间，白尚仁一行与各市对外友协和文化部门进行交流，考察当地民俗风情，观看南音、梨园戏和木偶戏演出等，为 2003—2005 年中法互办文化年在法国活动确定交流项目。

白尚仁在访问结束后表示羡慕福建拥有古老灿烂文化，将向本国尽可能推荐福建更多的瑰宝。

（六）日本友好人士团纪彦访问福建

2002 年 8 月 18—22 日，日本友好人士团纪彦率日中文化交流协会代表团一行 5 人访问福州、莆田、泉州、厦门。

8 月 18 日晚，省政协副主席王耀华会见了团纪彦一行。

访问期间，代表团与省对外友协及各市对外友协进行交流；访问福州大学，与建筑系师生座谈；参观了福州雕刻厂、莆田湄洲岛、泉州海交馆、厦门鼓浪屿等。

（七）斯中社会文化合作协会会长马达瓦纳拉齐访问福建

2003 年 1 月 24—28 日，应省对外友协邀请，斯里兰卡—中国社会文化合作协会会长马达瓦纳拉齐率领斯中社会文化合作协会代表团一行 6 人，访问福州和武夷山。

访问期间，双方签署了《福建省人民对外友好协会和斯里兰卡—中国社会文化合作协会建立友好合作关系协议书》。在福州，代表团访问福州三中，与该校领导就互派师生、开展交流事宜进行座谈。在武夷山，游览了天游峰等景区。

（八）泰中法学会会长刘华源访问龙岩

2003 年 9 月 27—28 日，泰中法学会会长、泰中友协秘书长刘华源率泰中法学会代表团一行 6 人访问龙岩市。

访问期间，龙岩市领导会见了刘华源一行，市人民对外友好协会等相关部门与其进行了交流。代表团还参观了永定土楼，游览了龙崆洞等。

（九）日本神奈川县日中友协常任理事田中誉士夫访问福州

2004 年 12 月 14—16 日，日本神奈川县日中友协常任理事田中誉士夫一行 3 人访问福州。

14 日晚，副省长汪毅夫会见田中誉士夫一行。汪毅夫表示，田中誉士夫作为福建省荣誉公民，经常率团访问福建并为福建代表团访日尽心安排，为促进福建省与日本的交流与合作做出贡献。田中誉士夫表示，这是他作为一个福建荣誉公民应尽的义务。

在福州期间，田中誉士夫一行访问了省人民对外友好协会、福建师范大学、福建医科大学等，就有关交流项目进行协商。

（十）瑞士洛桑“认识中国”社社长比盖访问福建

2005 年 9 月 6—11 日，瑞士洛桑“认识中国”社社长达尼埃尔·比盖一行 14 人访问厦门、漳州、龙岩。

访问期间，客人们与各市对外友协进行交流，参观了漳州布袋木偶、漳浦剪纸、永定土楼等福建省传统艺术和建筑瑰宝，还专程前往上杭县参观古田会议会址。比盖表示，洛桑“认识中国”社是对华友好组织，主要从事促进瑞中两国人民的相互了解和友谊，此行对今后在瑞士举办介绍中国，尤其是福建的文化、历史、人文等方面的活动十分有益。

表 2—4　**1999—2005 年外国民间友好人士访问福建一览表**

年份	日期	代表团	访问地点
1999	4 月 2—7 日	日本昆仑会会长小林一郎一行 5 人	福建
	6 月 11—15 日	美国前众议院议员罗伯特一行 4 人	福州
	9 月 12—14 日	韩国韩中民间经济协会代表团一行 29 人	福州
	9 月 24—27 日	日中友协会长平山郁夫一行 5 人	龙岩
	10 月 8—14 日	澳大利亚塔中友协主席约翰逊教授	福建
	11 月 12—13 日	日本友人塚本幸司夫妇、美国潘维廉夫妇参加福建省“荣誉公民”授奖仪式	福州
2000	7 月 20—26 日	澳大利亚友好人士李滕谦一行 18 人	福建
	9 月 7 日—11 日	美国科学院院士、诺贝尔奖获得者劳伦斯·克莱因夫妇	厦门、武夷山
	10 月 31 日至 11 月 1 日	缅甸友好人士代表团一行 6 人	厦门
2001	6 月 21—22 日	印尼印中友协林清水一行	福州
	9 月 6—12 日	阿根廷工商总会理事费尔德曼等 2 人	福建
2002	1 月 7—15 日	马来西亚槟厦友协秘书长邓国彬	厦门
	1 月 29—31 日	马来西亚槟厦友协主席江真诚	厦门
	2 月 25—28 日	伊朗伊中友协主席阿哈迪·穆罕默迪一行 4 人	福州、泉州、厦门
	4 月 4—7 日	澳大利亚福建工商联合会会长、世界和平促统会副会长陈展垣一行 2 人	厦门

续表 2—4

年份	日期	代表团	访问地点
2002	4月19—28日	法国中法互办文化年混委会主席顾问白尚仁	福建
	6月16—19日	美国国际合作委员会主席陈香梅一行10人	福州
	6月17—18日	美国华人联合会会长、国家建设部顾问黄惠珍	南平
	7月18—20日	毛里塔尼亚—中国友好协会主席塔基一行2人	福州、泉州
	8月5—7日	法国利姆赞—中国友好协会代表团一行17人	厦门、福州
	8月18—22日	日中文化交流协会代表团一行5人	福州、莆田 泉州、厦门
	9月16—19日	印尼艺成慈善基金会代表团一行17人	泉州
	10月22—25日	东京都友好协会代表团一行25人	厦门
	11月4—6日	日本东海租赁会社社长、福建省“荣誉公民”塚本幸司	福州
	11月24—26日	福州市“荣誉公民”、韩国SK集团孙吉丞会长一行	厦门
	11月30日至12月2日	日本东海租赁株式会社社长塚本幸司一行3人	福州
2003	1月24—26日	日本东海租赁株式会社社长塚本幸司一行3人	福州
	1月24—28日	斯里兰卡斯中社会文化合作协会会长马达瓦纳拉齐一行6人	福州、武夷山
	2月14—16日	美国蒙特利公园市蒙泉友协会长陈文赞一行3人参加中国民系(闽南)文化节暨第二届海上丝绸之路文化节	泉州
	2月20—25日	日本友人、福建省“荣誉公民”田中誉士夫	福州、厦门
	3月29日至4月1日	新西兰惠灵顿友人本·万·罗依	厦门
	6月27—29日	日本环境美术研究所美术雕塑家关根伸夫一行3人	福州、厦门
	7月9—10日	日本神奈川县日中友好协会常任理事田中誉士夫一行3人	福州、厦门
	7月13—15日	印尼侨领、印尼金锋集团董事长林文光	福州
	9月12—14日	日本友人塚本幸司社长一行3人	福州
	9月27—28日	泰中法学会会长刘华源一行6人	龙岩
	10月6—8日	全美华裔共和党联盟主席、美东福建商会董事长苏丽凤一行8人	福州
	10月8—12日	阿根廷工商总会理事费尔德曼一行3人出席省政府授予福建省“荣誉公民”称号仪式	福州
	10月16—17日	菲律宾友协碧瑶分会代表团一行6人	厦门
	10月30日至11月1日	美国美西福建促进会会长陈锦霖一行10人	福州
	11月5—9日	日本横滨市民代表团一行18人	厦门

续表 2—4

年份	日期	代表团	访问地点
2003	11 月 16—18 日	日本串木市国际交流协会中国亲善访问团一行 18 人	厦门
	11 月 30 日至 12 月 7 日	美国巴尔的摩—厦门协会主席、华商会主席杨子明一行 3 人	厦门、泉州
	12 月 17—19 日	日本东海租赁株式会社社长塚本幸司一行 3 人	福州
	12 月 30—31 日	世界福州十邑同乡会总会会长、印尼材源帝集团总裁、拿督黄双安一行 12 人	福州
2004	2 月 1—8 日	马来西亚槟厦友协主席一行 6 人	厦门
	2 月 29 日至 3 月 2 日	日本友人田中誉士夫	福州
	4 月 10—13 日	日本日中友好樱友之会访华团一行 31 人	厦门
	5 月 20—22 日	韩国友好代表团一行 3 人	厦门
	6 月 15—22 日	新加坡中区社区理事会交流团一行 37 人	厦门
	8 月 1—3 日	泰国和平统一促进会荣誉会长欧宗清一行 15 人	福州
	9 月 6—11 日	日本串木野国际交流协会高须清光一行 2 人参加“9·8”投洽会	厦门
	9 月 6—11 日	澳大利亚昆士兰中国商会会长江哲彦一行 11 人参加“9·8”投洽会	厦门
	9 月 7—9 日	菲律宾华人联谊会卡加延市分会会长阿图罗桑维克里一行 43 人参加“9·8”投洽会	厦门
	9 月 7—10 日	西班牙巴塞罗那华人联合会会长林传舜一行 2 人参加“9·8”投洽会	厦门
	9 月 7—10 日	菲律宾拉布市前国会议员海瑞拉一行 14 人参加“9·8”投洽会	厦门
	9 月 7—11 日	马来西亚槟州中华总商会会长祝友成一行 25 人参加“9·8”投洽会	厦门
	9 月 18—21 日	新加坡中国友好协会会长谢镛一行 7 人	福州、厦门
	11 月 15—17 日	蒙古中国友好协会代表团一行 6 人	厦门
	11 月 17—19 日	日本横滨上海友好林培育会代表团一行 3 人	厦门
	11 月 26—28 日	印度尼西亚金锋集团董事长林文光一行 6 人	福州
	12 月 14—16 日	日本友人田中誉士夫一行 3 人	福州
	12 月 22—25 日	福建省“荣誉公民”、阿根廷工商总会理事费尔德曼一行 5 人	福州

续表 2—4

年份	日期	代表团	访问地点
2005	3 月 8—10 日	福建省“荣誉公民”、日本神奈川县日中友协常任理事田中誉士夫一行 4 人	福州
	3 月 8—10 日	日本自治体国际化协会交流合作课课长洪本庆一一行 3 人	福州
	3 月 16—18 日	日本金石篆刻家代表团一行 32 人	福州
	3 月 18—19 日	日本友好人士代表团一行 9 人	厦门
	4 月 4—7 日	德国友人嘉斯一行 3 人	厦门
	4 月 23—26 日	福建省“荣誉公民”、阿根廷工商总会理事费尔德曼一行 4 人	福州
	6 月 14—15 日	菲律宾中国了解协会代表团一行 8 人	厦门
	6 月 26—29 日	美国美中人民友好协会代表团一行 12 人	厦门
	7 月 12—15 日	日本福井县武生市日中友好议员联盟代表团一行 5 人	厦门
	8 月 13—14 日	美国友好人士罗伯特·库恩一行 3 人	厦门
	9 月 6—11 日	瑞士洛桑“认识中国”社社长比盖一行 14 人	厦门、漳州龙岩
	10 月 21—23 日	日本大阪市日中友好协会代表团一行 10 人	厦门

五、外国重要经贸界人士

（一）美国柯达公司副总裁格林访问厦门

1999 年 3 月 24—26 日，美国柯达公司副总裁杰西·格林率代表团一行 6 人访问厦门。

3 月 24 日晚，省长贺国强、副省长曹德淦会见了杰西·格林一行，就福建与柯达公司的合作事宜进行会谈。

在厦门期间，代表团一行考察了柯达集团在海沧的投资项目等。

（二）美国埃克森国际公司执行副总裁西蒙访问福建

1999 年 4 月 29—30 日，美国埃克森国际公司执行副总裁史提夫·西蒙一行 5 人访问福州、泉州。

4 月 29 日晚，省长贺国强在福州会见了客人一行，就福建与埃克森国际公司的合作项目进行会谈。

在福州期间，西蒙一行与省相关部门就福建炼油化工有限公司一体化合作项目的有关事宜进行协商。

（三）阿根廷工商总会理事费尔德曼访问福州

2000年9月17—20日，阿根廷工商总会理事费尔德曼率代表团一行11人访问福州。

9月17日晚，副省长汪毅夫会见了代表团一行。费尔德曼表示，他已是第四次踏上福建的土地，此次随同阿根廷总统访华，带来了一批政府支持的经贸合作项目与福建洽谈。他转交了阿根廷撒尔塔省省长卡洛斯致习近平省长的一封信，表达了该省与福建省在经贸、文化教育等领域开展合作和建立两省友好关系的愿望，并邀请习省长在适当的时候访问撒尔塔省。

19日晚，省人大常委会副主任方忠炳会见了费尔德曼一行，宾主双方就开展经贸合作和人大议会交流等议题进行了会谈。

访问期间，代表团分别同省农业厅、省远洋渔业集团、石化集团、武夷集团、外贸中心集团、实达电脑公司等部门和企业负责人进行洽谈，就成片开发阿根廷农场、南美渔场、合作投资建设经济适用型住宅、发展修船业、协助福建轻工产品拓展阿根廷及“南锥体共同市场”等进行探讨，达成了多项意向。在与省经贸委负责人的会谈中，双方就在阿根廷设立合作办公室、帮助阿根廷中小企业进行技术改造和引进成套设备等方面达成共识。代表团还与南平电缆厂签订协议，拟以各自的优势共同参与阿根廷长达1500公里的铁路交通通讯系统的改造工程。

（四）美国国际电力公司总裁卡勒斯·理福访问福建

2001年2月15—17日，美国国际电力公司总裁卡勒斯·理福和香港力宝集团董事长李文正一行7人访问福建。

2月15日晚，省委书记宋德福、省长习近平在福州会见了理福和李文正一行。

美国国际电力公司和香港力宝集团是国家批准的第一个外资独资项目——湄洲湾发电厂的两大股东之一，湄洲湾发电厂经过多年的建设即将发电。在福州期间，客人就湄洲湾对外发电的有关事宜与福建省有关部门进行协商。在莆田，代表团考察了湄洲湾发电厂等。

（五）美国戴尔计算机中国客户服务中心副总裁格瑞芬等访问福州

2001年5月17—20日，美国戴尔计算机中国客户服务中心副总裁巴迪·格瑞芬、丹麦诺基亚集团公司副总裁安提·维尔、加拿大JDSU公司副总裁保罗·布林克利等25名来自世界各地的知名企业家、金融专家、国际组织的官员访问福州，参加省政府召开的“福建经济发展国际咨询会”。

根据省长习近平的提议，省政府决定聘请巴迪·格瑞芬、安提·维尔、保罗·布林克利等16人为福建省政府首批国际经济顾问。

（六）加拿大捷迪讯公司总裁施特劳斯访问福州

2001年11月15—17日，加拿大捷迪讯公司董事局主席、总裁约瑟夫·施特劳斯一行

6 人访问福州。

11 月 15 日晚，省长习近平会见了施特劳斯一行。

捷迪讯公司是全球最大的光通讯元器件供应商，是世界光纤行业的领头企业。2000 年 5 月，位于福州市福兴投资区的华科光电公司正式加盟捷迪讯公司，成为该公司在亚洲的首家全资子公司。在福州期间，施特劳斯与福建省有关方面就将设在北美总部的生产线迁入福建的相关事宜进行探讨，并考察了福兴投资区和华科光电公司等。

（七）韩国麦可隆集团公司总经理高赞焕访问福州

2002 年 11 月 28—29 日，韩国麦可隆集团公司总经理高赞焕一行 8 人访问福州。

访问期间，省、福州市有关部门负责人向高赞焕一行介绍了省和福州市投资环境并就有关合作事宜进行会谈。代表团考察了相关企业。

（八）日本三菱汽车株式会社社长艾克罗特访问福州

2003 年 12 月 3—5 日，日本三菱汽车株式会社社长艾克罗特一行 7 人访问福州。

访问期间，省、福州市领导分别会见了客人，就日本三菱汽车株式会社与福建省汽车工业集团合作事宜进行会谈。艾克罗特一行还专程到位于闽侯青口镇的东南汽车厂考察。

（九）德国西门子（中国）有限公司副总裁麦亚明访问福州

2004 年 9 月 29—31 日，德国西门子（中国）有限公司副总裁麦亚明一行 6 人访问福州。

访问期间，省长卢展工会见了麦亚明一行，并与德国莱法州州长贝克、麦亚明共同签署《福建省政府、莱法州政府和西门子股份公司自动化和驱动集团关于在福建省设立职业进修培训和咨询发展中心的共同声明》。

（十）英国益百利全球首席执行官桑德恩访问福建

2005 年 9 月 5—9 日，世界 500 强企业英国益百利全球首席执行官约翰・桑德恩一行 7 人访问福州、厦门。

访问期间，两市领导分别会见了桑德恩一行。省、福州市有关部门负责人与桑德恩就双方合作项目进行会谈，并陪同参观当地企业。桑德恩一行还参加了在厦门举办的“9・8”投洽会。

（十一）法国雅高集团创始人杜布吕访问福州

2005 年 10 月 20—21 日，法国雅高集团创始人保罗・杜布吕一行 10 人乘公司专机访问福州。

访问期间，省、福州市有关部门负责人与客人就双方感兴趣的项目进行会谈，福州市领导与杜布吕共同出席了宜必思酒店物业租赁合同签字仪式。代表团还考察了相关企业。

表 2—5　**1999—2005 年外国经济界人士访问福建一览表**

年份	日期	代表团	访问地点
1999	1 月 12—13 日	日本日立工机株式会社董事一行 6 人	福州
	1 月 15—16 日	日本三井物产(香港)有限公司董事山口和夫一行 5 人	福州
	3 月 22—23 日	美国施罗德国际商人银行一行 3 人了解福建省投资信托公司的经营情况	福州
	3 月 24—26 日	美国柯达公司副总裁格林一行 6 人	厦门
	4 月 29—30 日	美国埃克森国际公司执行副总裁史提夫·西蒙一行 5 人	福州、泉州
	5 月 4—5 日	新加坡港务集团总裁邱鼎财一行 6 人	福州
	5 月 13—14 日	美国分析师协会总裁乔治·布劳恩一行 12 人	福建
	5 月 20—21 日	沙特阿美公司副总裁加奇一行 8 人	福建
	6 月 1—3 日	菲律宾国家水稻研究所所长欧比恩博士一行 5 人	福州
	7 月 5—7 日	西班牙依莎集团一行 4 人	福州
	8 月 11—12 日	美国恒福国际金融服务公司首席执行官汉斯·米勒一行 4 人	福州
	9 月 16—17 日	法国 G. T. M. 集团代表团一行 5 人	福州
	10 月 10—11 日	美国沃尔玛中国有限公司副总裁一行 5 人	福州
	10 月 14—15 日	英国高锋宏道集团李斌诗总裁一行 6 人	福州
	11 月 20—21 日	美国恒福金融服务集团董事一行 7 人	福州
2000	1 月 3—7 日	以色列 ECI 电机公司北京代表处首席代表庞麦克	福州
	5 月 13—14 日	美国分析师协会总裁乔治·布劳恩一行 12 人	福州
	5 月 16—19 日	美国 JDSUIPHASE 公司代表团一行 8 人	福州
	9 月 17—20 日	阿根廷工商业总会理事费尔德曼一行 11 人	福州
2001	2 月 15—17 日	美国国际电力公司总裁理福一行 7 人	福州、莆田
	5 月 17—20 日	美国戴尔、丹麦诺基亚等公司负责人一行 25 人	福州
	5 月 22—24 日	日本伊藤忠商事株式会社一行 6 人	福州
	7 月 11—12 日	意大利达涅利公司执行副总裁阿尔则塔一行 4 人考察三钢、南铝	三明、南平
	11 月 15—17 日	加拿大捷迪讯公司总裁施特劳斯一行 6 人	福州
2002	2 月 5—7 日	日本富士胶卷株式会社董事长坂根辙一行 7 人	福建
	2 月 5—7 日	韩国 SKC 株式会社社长崔东一一行 8 人	福建
	3 月 4—7 日	韩国大韩航空公司一行 6 人	厦门

续表 2—5

年份	日期	代表团	访问地点
2002	3 月 21—22 日	英国 BP 集团液化气总裁白洛宾一行 7 人	福州
	3 月 22—23 日	澳大利亚建筑公司项目经理戴尔一行 4 人	龙岩
	3 月 28—29 日	日本广岛县常石集团公司神原真人会长一行 3 人	福州
	3 月 29—30 日	印尼电力局投资司司长一行 5 人	福州
	4 月 1—10 日	柯达公司副总裁米切尔·邦纳达一行 15 人	厦门
	4 月 6—8 日	大韩航空公司副总裁一行 6 人	厦门
	4 月 18—19 日	德国柏林自来水集团一行 3 人	厦门
	4 月 18—20 日	世界商会副理事长、菲律宾宿务商会副理事长吴国生一行 23 人	武夷山
	6 月 5—6 日	日本航空公司社长一行 10 人	厦门
	6 月 6—7 日	美国卡博特特种化学公司中国地区顾问和材料采购总监一行 6 人	南平
	6 月 15—16 日	澳大利亚阿布雷市动物遗传中心总裁一行 4 人	顺昌县
	7 月 8—9 日	亚洲开发银行执行评估部专家沃尔特·柯柯玛一行 2 人	福州
	7 月 15—18 日	新加坡大华房地产公司总经理一行 2 人	厦门
	8 月 6—8 日	日本电装株式会社中国事业部部长泽田健一行 7 人	福州
	8 月 7—8 日	德国东源咨询暨贸易公司首席代表本哈特·拉尔夫一行 3 人	泉州
	8 月 10—12 日	日本川崎株式会社驻新加坡总裁志贺十良一行 5 人	泉州
	8 月 19—21 日	巴西—中国商会会长唐凯千一行 2 人	厦门
	8 月 24—25 日	由美国、瑞士、日本等国专家组成的国际盆栽协会代表团一行 8 人	泉州
	9 月 9—25 日	19 国 27 名花卉园艺技术人员，参加联合国南南合作培训网委托漳州市举办的花卉园艺技术培训	漳州
	9 月 14—15 日	美国商务考察团一行 9 人参加 2002 年中国（福建）国际茶文化博览会	福建
	9 月 15—18 日	阿根廷工商总会理事费尔德曼一行 2 人	福州
	11 月 2—8 日	柯达公司全球总裁邓凯达一行 4 人	厦门
	11 月 5—6 日	新加坡港集团高级副总裁、驻中国首席代表黄承治一行 4 人	福州
	11 月 15—17 日	荷兰工业协会秘书长马德和欧中科技发展中心朱望钊博士一行 5 人	福州

续表 2—5

年份	日期	代表团	访问地点
2002	11 月 28—29 日	韩国麦可隆集团公司总经理高赞焕一行 8 人	福州
	11 月 29 日至 12 月 2 日	德国飞扬集团代表团一行 5 人	厦门
	12 月 24—25 日	韩国 ENTERPIA 公司总裁吴太成一行 10 人	福州
	12 月 24—25 日	拉脱维亚维福公司总经理一行 4 人	厦门
2003	1 月 14—15 日	日本东芝照明技术株式会社董事本田清和一行 3 人	福州
	1 月 14—15 日	德国欧倍德建材装饰市场控股集团公司全球总裁陆克斯一行 5 人	福州
	1 月 21—24 日	日本冈山县水岛港国际贸易协会代表团一行 11 人	厦门
	2 月 16—17 日	日本本田技研工业株式会社董事、通用本部长西前学一行 6 人	福州
	2 月 16—18 日	新加坡航空公司市场高级副总裁陈职贵一行 8 人	福州
	2 月 22—23 日	挪威挪肯苏尔特公司一行 4 人	泉州
	2 月 27 日至 3 月 7 日	日本国际协力事业团木村重春一行 3 人	福州
	3 月 10—12 日	英国汇津中国有限公司代表团一行 4 人	福州
	3 月 16—18 日	百安居英国总部国际总裁纪司福一行	福州
	4 月 8—12 日	日本大阪健民食品株式会社一行 6 人	厦门
	5 月 17—23 日	加拿大亚奇环保公司总裁菲利普·赫斯特一行 3 人参加“5·18”海交会	福州
	5 月 18—19 日	加拿大落基山药业公司总裁布莱恩·赫治一行 3 人参加“5·18”海交会	福州
	5 月 19—21 日	美国国际共和研究所代表团一行 4 人	厦门
	5 月 24—31 日	澳大利亚艾克斯公司总经理林佩斯、科进美发产品公司董事长比安卡一行 4 人	宁德、福州厦门
	6 月 12—13 日	美国闽发集团董事长林尚德一行 7 人	福州
	6 月 17—19 日	新加坡第一家集团公司执行董事主席魏成辉一行 6 人	福州
	6 月 24—25 日	日本丸红香港华南有限公司咨询课课长一行 2 人	厦门
	6 月 25—28 日	新西兰贸易发展协会商务代表卢寿安参加闽东招商节	宁德
	7 月 31 日至 8 月 2 日	IBM 公司华南/西南区总经理俞伟一行 3 人	福州
	8 月 8—12 日	日本东北理光株式会社社长白岭洋一一行 6 人	福州
	8 月 19 日	韩国 LG 麦可龙社长赵永焕一行 8 人	福州
	8 月 21—23 日	日本日中投资促进机构“9·8”先遣组一行 3 人	厦门
	8 月 27—28 日	美国霍尼韦尔航空公司总裁一行 5 人	厦门

续表 2—5

年份	日期	代表团	访问地点
2003	9 月 5—7 日	世界财富五百强企业美国贝克曼库尔特有限公司亚太区总监麦克尔·德斌一行 7 人	福州
	9 月 15—30 日	泰国、斯里兰卡等 9 国 18 名学员，参加中国 TCDC 花卉园艺技术培训	漳州
	9 月 17—18 日	德国戴姆勒·克莱斯勒(奔驰)中国投资有限公司总裁费诺铭一行 15 人	福州
	10 月 17—19 日	德国巴符州工贸代表团一行 7 人	福州
	10 月 18—19 日	美国亿能电源有限公司董事长夫妇一行 5 人	厦门
	10 月 21—23 日	德国 BBC 集团总裁一行 5 人	厦门
	11 月 2—5 日	美国商务代表团一行 90 人	厦门
	11 月 9—19 日	美国布兰特公司总裁一行 4 人	福州
	11 月 17—18 日	巴西中国商会会长一行 2 人	厦门
	11 月 19—21 日	全球最大的光通讯元器件供应商美国硅谷企业 JDSUMIPHASE 首席执行官凯文·肯尼迪一行 8 人	福州
	11 月 19—21 日	法国 GSA 公司总裁康纳德一行 9 人	福州
	11 月 29—30 日	日本东北理光董事长、福州理光总经理一行 4 人	福州
	12 月 3—5 日	日本三菱汽车株式会社社长艾克罗特一行 7 人	福州
	12 月 16—17 日	日本新潟县航空代表团一行 8 人	厦门
	12 月 25—27 日	日本东北理光株式会社社长白岭洋一一行	福州
	12 月 26—28 日	加拿大极速网络公司总裁兼首席执行官加里·普力一行 4 人	福州
2004	1 月 11—13 日	德国戴姆勒·克莱斯勒股份公司董事柯德斯博士一行 8 人	福州
	1 月 15—17 日	美国 WUVE 美中经贸投资总商会会长周蓉彭钧一行 5 人	福州
	2 月 10—11 日	瑞典 SCANIA 公司中国区经理一行 2 人	厦门
	2 月 13—15 日	美国奥力根公司总裁奥斯特曼一行 6 人	福州
	2 月 13—15 日	新加坡第一家食品有限公司董事长魏成辉一行 5 人	福州
	2 月 17—19 日	美国巴尔的摩华商会主席杨子明一行 3 人	厦门
	2 月 24—27 日	美国亿能公司董事长一行 2 人	厦门
	2 月 27—29 日	德国戴姆勒·克莱斯勒股份公司轻型汽车(中国)有限公司总裁魏天博夫妇一行 8 人	福州

续表 2—5

年份	日期	代表团	访问地点
2004	3 月 11—13 日	日本新东京产业株式会社桥奉健二一行 6 人	福州
	3 月 12—14 日	德国大陆轮胎公司一行 4 人	厦门
	3 月 16—18 日	美国红木基金公司董事一行 2 人	厦门
	3 月 25—26 日	柯达全球总裁一行 10 人	厦门
	4 月 3—7 日	ECCO 公司总裁一行 6 人	厦门
	4 月 9—11 日	日本株式会社日立制作所董事井本义之一行 2 人	福州
	4 月 16—18 日	韩国 LG 麦可龙公司、日本 NEC 公司一行 12 人	福州
	4 月 20—21 日	菲律宾 ABOITIZLAND 公司总裁一行 5 人	福州
	4 月 20—23 日	美国麦科特总裁一行 3 人	厦门
	4 月 21—22 日	墨西哥全国纺织联合会主席沃斯·罗森多一行 21 人	福州
	4 月 29—30 日	德国北威州物流代表团一行 8 人	厦门
	5 月 29—31 日	美国 CENDAN 公司亚太区域总裁比尔汗和华辰集团总裁魏传瑞一行 7 人	福州
	6 月 11—15 日	日本兵库县经贸考察团一行 6 人	福州、武夷山
	6 月 14—15 日	法国鲁昂港代表团一行 6 人	厦门
	6 月 16—17 日	西班牙瓦伦西亚代表团一行 6 人	福州
	6 月 17—19 日	新加坡吉宝企业董事长一行 5 人	厦门
	6 月 17—20 日	美国华盛顿新纪元科技公司中国市场总监伍筱珊一行 5 人	福州
	6 月 18—20 日	日本船舶与海洋学会会长秋山昌广一行 4 人	厦门
	6 月 28—29 日	美国 OPTEEA 公司一行 5 人	厦门
	6 月 30 日至 7 月 2 日	美国莎莉全球总裁詹森一行 6 人	福州
	6 月 30 日至 7 月 3 日	美国美光公司考察团一行 6 人	厦门
	7 月 9—11 日	新加坡第一食品厂执行董事主席魏成辉、新加坡吉宝企业有限公司董事长林子安等一行 8 人	福州
	7 月 15—16 日	美国马里兰州经济代表团和巴尔的摩—厦门友城委员会主席杨子明一行 2 人	福州
	7 月 19—21 日	日本 JVC 公司董事入内岛孝一行 7 人	福州
	8 月 3—5 日	日本三菱商事株式会社常任顾问山口宽治一行 5 人	福州
	8 月 4—6 日	日本十恒产业株式会社社长十恒充一行 3 人	福州
	8 月 15—17 日	日本日中投资促进机构“9·8”投洽会先遣组一行 3 人	厦门
	8 月 28—30 日	英国百居安集团国际总裁兼亚洲董事总经理纪司福一行 7 人	福州

续表 2—5

年份	日期	代表团	访问地点
2004	9 月 5—16 日	菲律宾、泰国、朝鲜、约旦、埃及等 17 个国家的 29 名学员参加中国 TCDC 花卉园艺技术国际培训活动	漳州
	9 月 6—8 日	日本味之素株式会社社长江头邦雄一行 5 人参加“9・8”投洽会	厦门
	9 月 6—8 日	日本来福食品有限会社社长安藤干雄一行 5 人参加“9・8”投洽会	厦门
	9 月 6—8 日	日本日中投资促进机构副会长西崎诚次郎一行 36 人参加“9・8”投洽会	厦门
	9 月 6—11 日	澳大利亚澳洲爱里卡集团全球销售总监保罗一行 2 人参加“9・8”投洽会	厦门
	9 月 6—13 日	澳大利亚净水公司总裁罗勃特・梅依一行 8 人参加“9・8”投洽会	厦门
	9 月 7—8 日	英国商贸代表团威尔士第一部长莫洛蒂一行 49 人参加“9・8”投洽会	厦门
	9 月 7—9 日	澳大利亚澳洲福建工商联合会副会长陈振垣一行 3 人参加“9・8”投洽会	漳州、厦门
	9 月 7—9 日	美国帕克维注塑有限公司副总裁杰斯朴一行 5 人参加“9・8”投洽会	厦门
	9 月 7—10 日	美国沃尔玛公司执行副总裁、国际部总裁兼首席执行官孟哲官	福州
	9 月 7—10 日	丹麦 GPV 集团副总裁一行 5 人参加“9・8”投洽会	厦门
	9 月 7—10 日	日本横滨市产业振兴公社所长岩土教行一行 2 人参加“9・8”投洽会	厦门
	9 月 7—10 日	日本双日株式会社中国总代表石原启资一行 7 人参加“9・8”投洽会	厦门
	9 月 7—10 日	英国麦科特电子公司总裁戴维一行 5 人参加“9・8”投洽会	厦门
	9 月 7—10 日	英国梅特鲁格冶金集团总裁杰克逊一行 6 人参加“9・8”投洽会	厦门
	9 月 7—10 日	美国辛辛那提航空公司总裁唐纳一行 8 人参加“9・8”投洽会	厦门
	9 月 7—10 日	美国道格拉斯机械制造有限公司财务总监艾丽丝一行 8 人参加“9・8”投洽会	厦门

续表 2—5

年份	日期	代表团	访问地点
2004	9月7—10日	西班牙瓦伦西亚市外贸局首席代表伊卡多一行4人参加“9·8”投洽会	厦门
	9月7—10日	荷兰鹿特丹市商务会长一行10人参加“9·8”投洽会	厦门
	9月7—10日	加拿大三星集团主席赵德瑞一行2人参加“9·8”投洽会	厦门
	9月7—11日	瑞典歌德堡商会主席率区域贸易代表团一行19人参加“9·8”投洽会	厦门
	9月7—11日	澳大利亚澳洲巴斯地克集团全球销售总监安澜一行2人参加“9·8”投洽会	厦门
	9月7—11日	澳大利亚约翰资信总裁一行3人参加“9·8”投洽会	厦门
	9月7—14日	德国杜塞尔多夫商会主席陈丽梅一行7人参加“9·8”投洽会	厦门
	9月29—31日	德国西门子(中国)有限公司副总裁麦亚明一行6人	福州
	10月10日至12月10日	尼日利亚地毯技术培训班一行13人	福建
	10月12—14日	欧盟化纤联盟、美国纤维协会及日本等11个化纤协会的代表，参加第三届世界化纤协会理事长会议	福州
	10月20—21日	法国普罗旺斯大区商会主席一行2人	厦门
	11月9—13日	菲律宾三宝颜市总商会一行30人	厦门
	11月11—13日	日本NEC东金羽田会长一行5人	厦门
	11月11—13日	日本鸟取县因蟠纸友会代表团一行9人	厦门
	11月12—14日	日本雅马哈创辉株式会社社长樱本腾彦一行6人	福州
	11月16—18日	美国英格索兰上海压缩机有限公司总经理一行5人	福州
	11月17—19日	日本横滨上海友好林培育会代表团一行3人	厦门
	11月22—23日	日本宫城县企业考察团一行10人	福州
2005	1月7—9日	美国圣地亚哥商会代表团一行6人	泉州
	1月11—13日	美国博能特公司总裁吉米·S. 奥斯特曼一行6人	福州
	1月14—16日	加拿大三星海鲜公司总裁一行6人	厦门
	1月24—26日	芬兰PROFFMF公司董事长马克·寿括苦一行6人	福州
	1月27—28日	日本住友电装株式会社专务董事上田一行7人	福州
	2月16—18日	日本住友电装株式会社副社长森本宏一行12人	福州
	2月22—23日	美国克莱斯勒公司副总裁罗威一行8人	泉州
	3月16—18日	日本三协精机制作所社长翼泰造一一行	福州
	3月21—22日	美国戴尔公司总裁一行2人	厦门

续表 2—5

年份	日期	代表团	访问地点
2005	3 月 21—23 日	日本东芝照明技术株式会社社长恒川真一一行 5 人	福州
	3 月 24—26 日	西班牙拉斯拍尔玛港口代表团一行 20 人	厦门
	3 月 25—27 日	美国 GE 消费及工业产品集团总裁一行 9 人	厦门
	3 月 30—31 日	新加坡消费者协会主席杨木光一行 5 人	泉州
	3 月 31 日至 4 月 1 日	美国大西雅图贸易联盟总裁比尔·斯塔弗一行 4 人	福州
	4 月 5—7 日	丹麦 MBL 公司董事长一行 5 人	厦门
	4 月 11—13 日	法国项目代表团一行 6 人	福州
	4 月 13—15 日	美国恩捷尔公司董事长比尔·泰坦姆一行 6 人	福州
	4 月 15—17 日	法国地中海俱乐部旅游集团总裁雷米一行 7 人	漳州
	4 月 29—30 日	美国博能特公司总裁兼首席执行官詹姆斯·奥斯特曼一行 6 人	福州
	4 月 30 日至 5 月 2 日	马来西亚常青集团执行主席丹斯里拿督张晓卿一行 12 人	福州
	5 月 11—12 日	韩国三星集团副会长一行 9 人	厦门
	5 月 18—20 日	法国家乐福华南区总裁贝多拉一行 8 人	福州
	5 月 19—21 日	英国益百利国际公司伦敦总部执行董事、全球业务总经理奈杰尔·芬恩一行 6 人	福州
	5 月 26—28 日	日本贸易振兴机构广州代表处副代表一行 2 人	厦门
	5 月 31 日至 6 月 1 日	德国麦德龙公司华南区总经理柯雷顿一行 3 人	福州
	6 月 1—3 日	德国大众奥迪高级采购总裁卡尔海因·黑尔一行 6 人参加福耀集团与德国奥迪汽车玻璃配套项目签约仪式	福州
	6 月 15—17 日	日本住友电装株式会社副社长森本宏一行 8 人	福州
	6 月 16—18 日	日本新世纪通商株式会社董事长安乐友宏一行 34 人	福州
	6 月 17—22 日	意大利工业考察团一行 14 人参加第三届中国“福建项目成果交易会”	福州
	6 月 17—22 日	欧盟科技研究机构联合会秘书长汉得瑞克·施列兴、荷兰工业家协会秘书长史迪芬·谋特尔和欧中科技发展中心主任朱望钊等参加第三届中国“福建项目成果交易会”	福州
	6 月 24—26 日	法国 MICROSOURCE 公司代表团一行 2 人	厦门
	7 月 7—8 日	沙特埃克森美孚公司董事长雷蒙德及沙特阿美石油公司总裁一行 7 人，出席福建炼化一体化项目合同草签和工程开工仪式	福州

续表 2—5

年份	日期	代表团	访问地点
2005	7 月 19—21 日	韩国木浦石材物流代表团一行 11 人	厦门
	7 月 23—25 日	日本常石集团会长神原真人一行 5 人	福州
	7 月 27—28 日	太古集团一行 15 人	厦门
	8 月 3—5 日	日本日中投资促进机构代表团先遣组一行 2 人	厦门
	8 月 14—16 日	日本 NOVA 集团总裁猿桥望一行 5 人	福州
	9 月 5—9 日	英国益百利全球首席执行官约翰·桑德恩一行 7 人参加“9·8”投洽会	福州、厦门
	9 月 6—9 日	日本日中投资促进机构代表团一行 52 人参加“9·8”投洽会	厦门
	9 月 7—9 日	日本双日株式会社代表团一行 2 人参加“9·8”投洽会	厦门
	9 月 8—10 日	德国 SIKORA 公司董事长哈奈尔德·西科拉一行 2 人参加“9·8”投洽会	厦门
	9 月 8—11 日	英国麦科特电子传感器公司代表团一行 6 人参加“9·8”投洽会	厦门
	9 月 8—13 日	美国迈克道格拉斯精密机械有限公司代表团一行 5 人参加“9·8”投洽会	厦门
	9 月 20—21 日	美国费城商贸代表团一行 9 人	福州、厦门
	9 月 29 日至 10 月 1 日	印度马拉塔工商农业会会长一行 5 人	厦门
	10 月 8—11 日	新加坡吉宝集团董事长林子安一行 6 人	厦门
	10 月 14—16 日	德国戴克集团董事执行副总裁顾儒伯一行 6 人	福州
	10 月 16—18 日	韩国水产养殖考察团一行 14 人	厦门
	10 月 20—21 日	法国雅高集团创始人保罗·杜布吕一行 10 人	福州
	10 月 20—22 日	美国植物与生命科学联合会主席、唐纳德丹佛植物料科学中心董事会主席兼华盛顿大学荣誉校长丹佛一行 6 人	福州
	10 月 25—26 日	美国德尔集团主席一行 11 人	厦门
	10 月 25—28 日	加拿大 ATCO 公司总裁一行 8 人	厦门
	11 月 15—30 日	南南合作非洲学员 15 人参加中国 TCDC 花卉园艺技术培训	漳州
	11 月 20—25 日	巴拉圭松芒鹤中美洲集团公司总经理张万国一行	福州、泉州
	11 月 21—23 日	以色列农业部蔬菜专家一行 2 人举办蔬菜生产技术与经营管理讲座	漳州

续表 2—5

年份	日期	代表团	访问地点
2005	11 月 23—25 日	德国西门子公司交通技术集团副总裁一行 3 人	福州
	11 月 26—28 日	意大利 ABUZO 工业科技园主席格兰尼·盖蒂一行 8 人参加第七届海峡两岸花博会	漳州
	11 月 30 日至 12 月 2 日	美国宾州中国基础设施投资公司执行董事 SAM KATZ 一行 3 人	厦门
	12 月 3—5 日	美国大西雅图地区贸易商务代表团一行 27 人	福州
	12 月 6—8 日	印度尼西亚金锋集团董事长林文光一行	福州
	12 月 7—9 日	美国康宝莱公司一行 6 人	福州
	12 月 22—25 日	日本沙迪克公司一行 3 人	厦门

第二节　出　访

1999—2005 年，福建省党、政、人大、政协及各行各业，通过因公渠道派出各种团组，共 21 万多人次到境外各地考察访问、宣传福建、招商引资，同出访国家在政治、经贸、文化、科技、教育、体育、环保、农业、林业、水产等各个领域开展交流与合作。

表 2—6　**1999—2005 年福建省因公出国（境）人员统计表**

单位：人次

年份	审批出国(境)总数			
	福建省	福州市	厦门市	合计
1999	18273	4879	9301	32453
2000	17450	2293	6974	26717
2001	22072	2379	10265	34716
2002	18467	2349	10904	31720
2003	15103	1764	10279	27146
2004	17787	2299	10430	30516
2005	17674	2023	11946	31643

（一）省长习近平访问埃及、墨西哥

2000 年 5 月，省长习近平率福建省经贸代表团，对埃及、墨西哥进行友好访问。

访问期间，代表团会见了埃及商业联合会副主席哈利德·艾斯马仪、亚历山大省副省长卡拉哈夫、墨西哥国家对外经贸发展银行执行主席、亚洲部主任等，考察了开罗、亚历山大、墨西哥、坎昆等4个城市的建设与环保情况，了解了两国历史文化遗产的保护、开发及埃及亚历山大港的开放、管理与建设状况。所到之处，习近平全面介绍了福建省的省情、对外开放的成就及福建良好的投资环境，推介了中国国际投资贸易洽谈会，并邀请两国企业家来闽参展，扩大福建省与埃及、墨西哥两国开展经贸合作的途径与渠道。

（二）省委书记陈明义访问法国和南非

2000年6月，应法国下诺曼底大区和南非西北省、农业部的邀请，省委书记陈明义率福建省经贸代表团，对法国和南非进行友好访问。

访问期间，代表团考察了法国的巴黎、下诺曼底大区、尼斯和南非的约翰内斯堡、比勒陀利亚、西北省及开普敦等地，会见了法国下诺曼底大区和南非西北省政府及两国重要经贸组织的负责人。代表团参观了跨国公司、高科技企业，看望了旅居两国的福建乡亲，与相关企业进行洽谈，签订了一批合作协议。

（三）省长习近平访问新西兰、日本

2001年2月，应新西兰副总理吉姆·安德顿、惠灵顿市市长马克·布朗斯基和日本长崎县知事金子原二郎、冲绳县知事稻岭惠一的邀请，省长习近平率福建省政府代表团，对新西兰、日本进行友好访问。

访问期间，习近平分别会见了吉姆·安德顿、马克·布朗斯基、金子原二郎、议长林义博、稻岭惠一、议长伊良皆高吉等政府官员及经贸界知名人士。代表团在新中贸易商会、新中友好协会的协助下，在奥克兰市举办了“中国福建投资贸易说明会”。专程看望了为发展新西兰、日本与福建友好关系做出贡献的原新西兰驻华大使克里斯·埃尔达、日本长崎县前任知事高田勇、冲绳县前任知事大田昌秀及在福建省创建富民基金会的塚本幸司等老朋友。代表团考察了新西兰航空公司、日本三菱重工长崎造船厂等企业及冲绳县首里琉球王宫、冲绳福州园和惠灵顿的市政设施等。

（四）省政协主席陈明义访问荷兰、丹麦、挪威

2001年7月，应荷兰经济部、丹麦马士基集团公司、挪威贸易理事会的邀请，省政协主席陈明义率领福建省经贸代表团，对荷兰、丹麦、挪威三国进行友好访问。

在荷兰期间，陈明义一行分别访问了经济部和工商会，并与经济部对外贸易总司副总司长德·里克斯举行了工作会谈，与荷兰国会议员、前国防部长范·安克利共同出席了欧洲企业投资协会在鹿特丹举行的“9·8”中国国际投资贸易洽谈会推介会。在丹麦，代表团拜会了丹麦外交部，并与外交部贸易委员会主任尼尔斯·史汀进行了工作会谈。在挪

威，代表团分别访问了挪威贸易理事会和渔业部，与贸易理事会会长阿瑞德·布里克斯和渔业部副总司长凯丽·乔举行了工作会谈。代表团接触了荷兰、丹麦、挪威三国工商企业界和研发机构人士，先后考察了荷兰欧洲鳗鱼工厂化养殖企业、世界第一大港口——鹿特丹港、丹麦 MANB&W 主机公司、挪威大型抗风浪深水网箱生产企业瑞发集团公司、西美克船厂、MT 空调组装厂及挪威理工大学和海洋研究中心等。代表团成员——省船舶公司与挪威罗帕航行公司签订了建造 2 艘 3.5 万吨化学、成品油轮的合同，与挪威阿拉桑公司达成建造 3 艘高级远洋渔船的意向。

（五）省长习近平访问乌克兰、南非

2002 年 7 月，省长习近平率福建省代表团访问乌克兰、南非。

在乌克兰期间，习近平分别会见了乌克兰经济部副部长、中乌经贸混委会乌方主席贡恰鲁克，乌克兰议会外事委员会副主席贝奇科夫及部分议员，就双方经贸交往事宜进行了交流。代表团在基辅举行了一场大型的福建省经贸投资说明会，并与乌克兰华人华侨联合会进行座谈。在敖德萨州，习近平与州长谢尔盖·格里涅维茨基共同签署了《福建省与敖德萨州缔结友好省州关系协议书》和《福建省与敖德萨州关于加强经贸、科技和文化合作备忘录》。在南非，北开普省省长专门委派常务副省长马圭亚到约翰内斯堡拜会习近平，希望北开普省能与福建省建立交流与合作渠道。在约翰内斯堡，代表团举办了一场福建省经贸情况说明会，当地许多经贸界人士出席。随团出访的福清市领导还与南非新堡市市长探讨了在加强经济合作基础上建立友好城市的意向。此外，代表团还分别与南非中华福建同乡会、开普敦中华福建同乡会、全非洲中国和平统一促进会等华侨社团座谈，开展联谊活动，出席了南非新侨首家会馆——南非中华福建同乡会会馆的开馆仪式。

（六）省政协主席陈明义访问韩国、新西兰和法属波利尼西亚

2003 年 11 月，应韩国大韩贸易投资振兴公社、新西兰贸易发展协会、法属波利尼西亚自治政府主席的邀请，省政协主席陈明义率福建省经贸代表团访问韩国、新西兰和法属波利尼西亚。

在韩国期间，陈明义一行分别与大韩贸易投资振兴公社贸易投资本部部长蔡勋、LG 集团副总裁、LG 麦可龙株式会社社长赵永焕进行座谈，就 LG 集团拟在福建省扩大投资规模等达成共识。代表团考察了釜山 STX 造船厂，双方就船用主机生产达成合作意向。代表团还参观了龟尾 LG 电子工业基地等。在新西兰，代表团访问了农林部，与国际动物贸易负责官员进行了会谈，陈明义分别会见了大惠灵顿区理事会主席玛格丽特和新西兰政府贸易发展与企业专项顾问吉姆。随团的福建鑫茂公司与新西兰埃克塞尔公司签订了引进 300 头奶牛的合同。在法属波利尼西亚，自治政府主席弗洛斯、副主席艾得瓦尔和主席顾问皮埃尔分别会见代表团一行。陈明义还分别与自治政府财政部长、渔业部长、

旅游部长和文化部长就开展相关领域的双边合作与交流事宜进行了探讨，达成了共识，随团的东南造船厂总经理与波利尼西亚自治政府签订了建造73米登陆艇的合同及其他合作意向书。

（七）省政协主席陈明义访问俄罗斯、乌克兰、印度

2004年6月，应俄罗斯圣彼得堡市政府、乌克兰敖德萨州副州长、印度工业联合会的邀请，省政协主席陈明义率福建省经贸代表团，对俄罗斯、乌克兰和印度进行友好访问。

在俄罗斯期间，陈明义一行会见了圣彼得堡市市长代表、市政府项目投资计划委员会主席米哈伊连科·阿兰德，参观了莫斯科大学。代表团还与当地华商、闽商共同开展市场调查，就福建省家用电器厂商赴俄投资设厂的可行性进行论证。在乌克兰，代表团会见了敖德萨州副州长列奥尼德·波利谢科，考察了乌克兰船舶修造厂、敖德萨港经济特区，就船舶修造合作项目进行洽谈。出席了由中国驻乌克兰大使馆文化处委托当地华人社团与敖德萨市博物馆共同主办的“中国故事”图片展览会开幕式。在印度，代表团会见了印度工业联合会副会长古帕尔·辛、农业部渔业调查局局长索姆万斯、软件技术园副主任帕萨沙拉希、软件质量认证机构QAI副总裁库玛尔及韩国三星集团驻印度办事处主任金荣许等，考察了印度班加罗尔软件技术园区、软件技术质量认证机构QAI等企业，就家用电器生产和软件开发等合作项目进行洽谈，还出席了福建省电子信息集团与印度软件质量认证机构QAI就双方开展软件质量认证合作意向书的签字仪式。代表团在俄罗斯、乌克兰期间，还看望了当地的福建乡亲，并与闽籍华人华侨社团负责人进行座谈。

（八）省政协主席陈明义访问英国、埃及

2005年7月，应英国英中贸易协会、埃及总商会及埃及驻华大使的邀请，省政协主席陈明义率福建省经贸代表团对英国、埃及进行友好访问。

在英国期间，陈明义一行会见了英中贸易协会总裁黎鼎基和企业领导人，双方就福建省船舶工业集团公司为英方船东承造集装箱船、汽车运输船、游船，福建省电子信息产业星网锐捷与英国企业联手开发非洲无线公话和网络设备产品市场，以及食品生产加工行业等方面的合作项目达成了共识和意向。代表团访问了英国最大的船东之一——泽地雅克航运公司总部，与公司董事长山姆·奥福进行会谈，就该集团投资参股福建省泉州造船厂、厦船重工新建、扩建工程项目、双方合资组建修船厂项目、福建省集美大学航海学院为泽地雅克航运公司培训高级船员项目等达成了合作意向。代表团还参观了牛津大学，详细了解该校的学科建设和教学、科研管理模式的具体情况。在埃及，陈明义一行会见了埃及总商会会长卡立德·伊斯梅尔、副会长埃思拉及协会其他领导人、各地区分会负责人和相关企业领导人，双方就扩大投资贸易合作、在红海沿岸联合设立船舶修造厂、由福建相关企业到埃及投资家电和通信设备生产企业等达成了合作意向。代表团还考察了斋月10号城

暨工业区，与工业区管委会副主任及10余家相关企业的负责人进行洽谈，并参观了开发区内的一家电线电缆厂和一家电视机组装企业。

表2—7　**1999—2005年省级领导出访情况一览表**

年份	日期	代表团团长	访问国家(地区)
1999	2月	曹德淦	阿联酋、沙特
	3月	汪毅夫	德国、意大利
	3月	梁绮萍	奥地利、德国
	4月	王美香	德国、瑞士
	4月	金能筹	阿根廷、加拿大
	5月	王建双	丹麦、芬兰
	5月	黄贤模	菲律宾、泰国
	6月	何少川	芬兰、挪威、瑞典
	7月	王钦敏	澳大利亚
	7月	李祖可	日本
	7月	王耀华	日本
	7月	黄小晶	阿根廷、加拿大、美国、智利
	7月	曹德淦	中国香港
	8月	黄瑞霖	奥地利、俄罗斯
	8月	陈增光	菲律宾
	9月	童万亨	澳大利亚、巴布亚新几内亚、新西兰
	9月	刘德章	澳大利亚、巴布亚新几内亚、新西兰
	9月	潘心城	荷兰、美国
	9月	蔡望怀	加拿大
	9月	谢先文	俄罗斯
	10月	朱亚衍	比利时、韩国、中国香港
	10月	曹德淦	比利时、德国、葡萄牙
	10月	宋　峻	罗马尼亚、匈牙利
	10月	张燮飞	马来西亚、泰国、新加坡
	10月	郑义正	加拿大、中国香港
	10月	张家坤	俄罗斯、意大利
	11月	刘金美	奥地利、英国
	11月	王钦敏	中国香港
	11月	丘广钟	加蓬、喀麦隆
	12月	王耀华	日本

续表 2—7

年份	日期	代表团团长	访问国家（地区）
1999	12 月	陈荣春	柬埔寨、泰国
	12 月	陈　芸	中国香港
2000	1 月	施性谋	美国、新加坡
	2 月	汪毅夫	澳大利亚、新西兰
	2 月	王钦敏	日本
	4 月	曹德淦	马来西亚、印度尼西亚
	4 月	黄瑞霖	德国、英国
	4 月	张燮飞	意大利、英国
	4 月	王钦敏	中国澳门
	5 月	习近平	埃及、墨西哥
	5 月	李　川	澳大利亚、新西兰
	5 月	王钦敏	法国
	5 月	陈　芸	中国澳门、中国香港
	5 月	叶双瑜	中国澳门、中国香港
	6 月	陈明义	法国、南非
	6 月	曹德淦	中国澳门、中国香港
	7 月	何少川	加蓬、摩洛哥
	7 月	叶家松	俄罗斯、匈牙利
	7 月	黄贤模	阿根廷、墨西哥、委内瑞拉
	8 月	王耀华	日本
	9 月	贾锡太	澳大利亚、日本、新西兰
	9 月	潘心城	博茨瓦纳、丹麦
	9 月	朱亚衍	澳大利亚、新西兰
	9 月	黄松禄	秘鲁、智利
	9 月	郑义正	马来西亚、新加坡
	9 月	宋　峻	俄罗斯、乌克兰
	10 月	刘德章	菲律宾、马来西亚

续表 2—7

年份	日期	代表团团长	访问国家(地区)
2000	10 月	林　强	埃及
	10 月	方忠炳	西班牙、意大利
	11 月	陈　旭	澳大利亚、新西兰
	11 月	王钦敏	日本
	11 月	邹尔均	中国澳门、中国香港
	12 月	王建双	德国、日本、土耳其
	12 月	谢先文	阿根廷
	12 月	黄贤模	马来西亚、泰国
	12 月	刘金美	澳大利亚、德国、新西兰
	12 月	张家坤	古巴、美国
	12 月	王耀华	中国香港
2001	1 月	陈　芸	日本、新西兰
	2 月	习近平	日本、新西兰
	2 月	李祖可	阿根廷、乌拉圭
	3 月	汪毅夫	阿根廷、巴西
	3 月	叶家松	巴西、加拿大
	4 月	曹德淦	尼日利亚、西班牙
	4 月	黄小晶	芬兰、瑞典、意大利
	5 月	贾锡太	德国、土耳其
	5 月	黄瑞霖	埃及、南非
	5 月	王钦敏	法国、意大利
	5 月	刘德章	菲律宾、马来西亚
	6 月	叶双瑜	澳大利亚、印尼
	6 月	王建双	立陶宛、英国
	6 月	王耀华	巴西
	7 月	陈明义	丹麦、荷兰、挪威
	7 月	何少川	波兰、德国、俄罗斯
	7 月	黄贤模	澳大利亚、新加坡
	8 月	潘心城	澳大利亚、印尼
	8 月	王美香	加拿大、美国
	8 月	林　强	加拿大、秘鲁
	9 月	童万亨	美国

续表 2—7

年份	日期	代表团团长	访问国家（地区）
2001	9 月	林　强	俄罗斯
	9 月	陈营官	中国香港
	10 月	童万亨	韩国、日本
	10 月	陈荣春	澳大利亚、巴布亚新几内亚、菲律宾
	10 月	林　逸	德国、意大利
	10 月	周厚稳	美国
	10 月	陈增光	法国、西班牙
	10 月	习近平	中国澳门、中国香港
	10 月	陈　芸	中国澳门、中国香港
	11 月	张燮飞	澳大利亚、新西兰
	11 月	金能筹	瑞典、匈牙利
	11 月	曹德淦	中国香港
	12 月	王钦敏	日本
	12 月	蔡望怀	中国香港
2002	1 月	王耀华	日本
	1 月	黄松禄	芬兰、瑞士
	1 月	张家坤	奥地利、德国
	2 月	陈营官	墨西哥、智利
	3 月	王建双	加拿大、秘鲁
	3 月	金能筹	瑞典、匈牙利
	3 月	曹德淦	奥地利、俄罗斯、匈牙利
	3 月	王美香	中国香港
	3 月	李祖可	中国澳门、中国香港
	4 月	王钦敏	美国
	4 月	李　川	中国香港
	4 月	陈营官	中国香港
	5 月	黄小晶	澳大利亚、日本
	5 月	陈明义	罗马尼亚、希腊
	6 月	黄瑞霖	德国、芬兰
	6 月	施性谋	埃及、土耳其
	6 月	谢先文	埃及、土耳其
	6 月	袁启彤	德国、意大利

续表 2—7

年份	日期	代表团团长	访问国家(地区)
2002	6 月	叶家松	澳大利亚、新西兰
	6 月	潘心城	加拿大、美国、中国香港
	6 月	王耀华	英国
	6 月	陈荣春	中国澳门、中国香港
	7 月	习近平	南非、乌克兰
	7 月	张家坤	尼日利亚、印度
	7 月	张燮飞	南非、印尼
	7 月	王耀华	中国香港
	8 月	周厚稳	法国、瑞士
	8 月	陈增光	美国
	9 月	陈　旭	德国、匈牙利
	9 月	何少川	圭亚那、南非、中国香港
	9 月	童万亨	奥地利、墨西哥
	10 月	陈家骅	丹麦、希腊
	10 月	黄贤模	丹麦、瑞典
	10 月	林　逸	俄罗斯、韩国
	10 月	王美香	澳大利亚、新西兰
	10 月	王钦敏	日本
	11 月	汪毅夫	柬埔寨、日本、印尼
	11 月	王良溥	葡萄牙、英国
	11 月	叶家松	中国香港
	11 月	张燮飞	中国香港
	11 月	李　川	中国香港
	11 月	宋德福	中国香港
	11 月	曹德淦	中国香港
	11 月	陈营官	中国澳门
2003	2 月	林　强	越南
	2 月	王美香	日本
	3 月	陈营官	中国香港
	4 月	曹德淦	挪威、瑞士
	5 月	黄小晶	南非、英国
	8 月	陈营官	丹麦、德国

续表 2—7

年份	日期	代表团团长	访问国家（地区）
2003	9 月	梁绮萍	加拿大、美国
	9 月	倪英达	加拿大、美国
	9 月	贾锡太	俄罗斯、芬兰、瑞士
	9 月	叶家松	埃及、荷兰
	9 月	黄瑞霖	中国香港
	9 月	王美香	中国澳门
	9 月	林　强	中国澳门
	10 月	王耀华	日本
	10 月	李　川	美国、墨西哥
	11 月	陈明义	法属波利尼西亚、韩国、新西兰
	11 月	张家坤	巴西、智利
	11 月	王建双	法国、荷兰、希腊
	11 月	王美香	菲律宾、新加坡、印尼
	11 月	林　强	澳大利亚
	11 月	金能筹	乌克兰、中国香港、意大利
	11 月	陈营官	中国香港、中国澳门
	12 月	张燮飞	中国香港
2004	1 月	王良溥	巴西、古巴
	2 月	叶双瑜	德国、匈牙利
	2 月	陈营官	中国香港
	3 月	陈营官	中国香港
	5 月	李　川	德国、芬兰
	5 月	张家坤	芬兰
	5 月	陈营官	中国香港
	5 月	黄小晶	中国澳门、中国香港
	5 月	叶双瑜	中国澳门、中国香港
	6 月	陈明义	俄罗斯、乌克兰、印度
	6 月	黄文麟	阿根廷、巴西
	6 月	曹德淦	秘鲁、智利
	6 月	朱亚衍	丹麦、瑞士
	6 月	苍震华	澳大利亚
	6 月	张昌平	中国澳门、中国香港

续表 2—7

年份	日期	代表团团长	访问国家(地区)
2004	6 月	卢展工	中国澳门、中国香港
	6 月	陈营官	中国澳门、中国香港
	6 月	王美香	中国澳门、中国香港
	6 月	邹尔均	中国澳门、中国香港
	6 月	陈　旭	中国澳门、中国香港
	6 月	王耀华	澳大利亚
	8 月	潘心城	马来西亚、斯里兰卡
	8 月	谢先文	奥地利、意大利
	8 月	叶双瑜	俄罗斯、泰国、印度
	8 月	林　强	阿根廷、巴西
	8 月	陈家骅	加拿大、美国
	8 月	王耀华	柬埔寨、中国香港
	8 月	陈营官	中国香港
	9 月	黄小晶	韩国、荷兰
	9 月	黄贤模	西班牙、英国
	9 月	倪英达	埃及、纳米比亚、突尼斯
	10 月	贾锡太	阿联酋、埃及、南非
	10 月	邹尔均	中国澳门、中国香港
	10 月	王美香	中国澳门
	11 月	张明俊	菲律宾、中国香港
	11 月	林　强	马来西亚
	11 月	李　川	德国
	11 月	黄瑞霖	古巴、智利
	11 月	何少川	中国香港
2005	1 月	王耀华	美国
	1 月	李祖可	中国澳门
	3 月	陈营官	阿根廷、圭亚那
	3 月	王美香	巴西、墨西哥
	3 月	王钦敏	日本
	4 月	邹哲开	加拿大

续表 2—7

年份	日期	代表团团长	访问国家(地区)
2005	5 月	汪毅夫	中国澳门、中国香港
	5 月	李祖可	中国香港
	6 月	李 川	韩国、日本
	6 月	王钦敏	希腊
	6 月	邹尔均	中国澳门、中国香港
	6 月	王钦敏	中国香港
	7 月	陈明义	埃及、英国
	7 月	倪英达	泰国
	7 月	谢先文	印度、印尼
	8 月	曹德淦	澳大利亚、新西兰
	8 月	陈 芸	荷兰、英国
	8 月	李祖可	奥地利、德国
	9 月	张家坤	巴布亚新几内亚、汤加、新西兰、斐济
	9 月	王钦敏	奥地利、芬兰
	9 月	叶双瑜	肯尼亚、尼日利亚
	10 月	王美香	俄罗斯、莱索托、南非
	10 月	陈家骅	韩国
	10 月	刘德章	瑞典、英国
	10 月	黄贤模	秘鲁、智利
	10 月	林 强	中国澳门
	10 月	李祖可	中国香港
	11 月	潘心城	阿根廷、美国
	11 月	贾锡太	荷兰、匈牙利
	11 月	金能筹	斯里兰卡、印尼
	11 月	陈荣春	中国香港
	12 月	朱亚衍	古巴、墨西哥
	12 月	王耀华	丹麦
	12 月	陈家骅	秘鲁、新西兰
	12 月	张燮飞	中国澳门、中国香港
	12 月	王美香	中国香港

第三节　重大对外交流活动

每年5月18日在福州市举办的“海峡两岸经贸交易会、中国福建商品交易会”，每年6月18日在福州市举办的“中国·福建项目成果交易会”，每年9月8日在厦门市举办的“中国国际投资贸易洽谈会”为福建省三大对外经贸交流活动。同时省内各地也举办了各种形式的对外交流活动，如“厦门国际马拉松赛”“中国湄洲妈祖文化旅游节”“武夷山茶文化旅游节”“海峡两岸花卉博览会”“中国泉州国际木偶节”“中国泉州国际南音大会唱”“泉州国际童声合唱节”“中国泉州海丝文化系列活动”，以及宁德“中国·闽东招商节”“投资龙岩项目洽谈会”“海峡两岸（福建三明）林业博览会”等。通过这些活动吸引大批外商到福建投资办厂，开展各种交流与合作，引来许多国家的政府官员、知名人士、国际友人和各界宾客到福建考察访问、观光旅游。

省外事办和各设区市外事办作为举（承）办这些活动的主要成员单位之一，负责省（市）领导外事活动的安排和翻译，协调处理涉外事务，邀请国外政要、友好城市、驻华使领馆官员及经贸、科技、教育、文化、新闻媒体等各界人士参加，组织、培训外语专业人才作为志愿者参加外宾接待和翻译工作。同时充分运用外事资源，举办了“国际友城展”“国际友好城市市长论坛”“印尼中爪哇省投资说明会”等。

一、海峡两岸经贸交易会、中国福建商品交易会

海峡两岸经贸交易会、中国福建商品交易会（以下简称海交会），前身系创办于1994年的中国福州国际招商月和创办于1999年的海峡两岸科技文化博览会。从2004年起，省委、省政府将同年举办的首届中国福建商品交易会与中国福州国际招商月暨海峡两岸科技文化博览会两会合一，内容涵盖商品展示、科技交流、项目招商、内联协作、经贸研讨等。

（一）第一届海交会

1999年5月18日，由福州市政府主办的中国福州国际招商月暨海峡科技文化博览会在福州开幕。来自全国63个城市的代表团、23个国家驻华使领馆官员、100多个海外华侨社团、50多家世界五百强企业、300多家中国台湾高科技企业及世界上47个国家和地区的近4000名客商出席，20万人参观。

该届海交会签订项目超过300个，总投资20亿美元，协议外资17亿美元，其中合同100多个，总投资6亿美元。

（二）第二届海交会

2000年5月28日，由省政府主办、福州市政府承办的中国福州国际招商月暨海峡科技成果交易会在福州开幕。来自美国、加拿大等47个国家和地区的客商，沃尔玛、惠普、爱普生、东芝、诺基亚等52家世界五百强企业代表，30多个国家驻华使领馆官员等共4000多名海内外嘉宾参会，20多万人参观。

该届海交会共签订外资项目443个，协议外资19.87亿美元。其中合同项目230个，协议外资8.72亿美元。沃尔玛、家乐福等商业跨国公司在福州投资办超市，另有9家企业落户福州软件园。

（三）第三届海交会

2001年5月18日在福州开幕。来自美国、法国、荷兰等10多个国家的驻华使领馆官员、45个海外华侨社团及39个国家和地区的近万名海内外客商参会，28万人参观。本届海交会共有507家企业、单位参展，展位达1072个，泰国政府首次在海交会举办“泰国（福州）商品博览会”。

该届海交会签约外资项目392个，协议外资19.89亿美元。

（四）第四届海交会

2002年5月18日在福州开幕。来自10个国家的20位驻华使领馆官员和泰国、荷兰、俄罗斯、印度政界人士，韩国SK集团等36家跨国公司和上市企业，40多家世界五百强企业及外商代表共4500多人参会，20多万人参观。该届海交会首次设立外国商务机构展区，首次设立“跨国公司论坛”。

该届海交会签约外商投资项目368项，协议外资20.31亿美元。其中合同项目194个，协议外资8.22亿美元。

（五）第五届海交会

2003年5月18日在福州开幕。来自美、日、印度、乌拉圭等海内外参展参会客商数千人，西门子、国际商业机器公司、爱普生、理光等24家大企业参展，16万人参观。

该届海交会共签订外商投资项目365个，利用外资20.3亿美元，其中合同外资8.3亿美元。此外，海交会期间共有124个项目动工或投产，投入外资4.5亿美元。

（六）第六届海交会

2004年5月18日在福州开幕。202个海外华侨社团、34个台商团组、近百个跨国公司和上市企业代表及来自62个国家和地区的海内外客商近万人参会，18万人参观。

该届海交会共签订外资项目357个，利用外资24.27亿美元。其中合同项目208个，利用外资10.05亿美元；协议项目105个，利用外资8.39亿美元；意向项目44个，利用外资 5.83 亿美元。现场订货成交额 5 亿多元。

（七）第七届海交会

2005 年 5 月 18 日在福州开幕。来自 11 个国家驻华使领馆官员、53 个海外华侨社团、28 个重点中国台湾团组、200 多家境外大企业和跨国公司代表及来自 50 多个国家和地区的近万名海内外客商参会，30 万人参观。

该届海交会实现了中国台湾农产品的首次“零关税”直航福州，首次设立了“台湾农产品展区”。台湾馆除台湾农产品展区外，还设立“金门、马祖、澎湖展区”“两岸农业合作成果展区”“台湾机械五金产品展区”“台资企业名牌产品展区”等。

该届海交会共签订外资项目 342 个，利用外资 24.78 亿美元。其中合同项目 209 个，利用外资 10.37 亿美元。

二、中国·海峡项目成果交易会

中国·海峡项目成果交易会（以下简称“6·18”），原名“中国·福建项目成果交易会”，每年 6 月 18 日在福州市举办。自 2003 年举办第一届“6·18”以来，已成为推进自主创新、引导高校和科研机构成果与企业需求有效对接，推进科技成果向现实生产力转化，促进产、学、研深度结合的重要平台，是项目、资本、技术、人才集聚的平台，也是产品展示、技术交流、项目合作、技术对接的经贸平台。

（一）第一届中国·海峡项目成果交易会

2003 年 6 月 18 日在福州开幕。该届“6·18”共推出 5032 个项目、近千项企业技术需求。有 75 所省内外高等院校、科研单位参展，参会人数达 2 万多人次。

该届“6·18”共对接成功项目 2119 个、技术需求 246 个，总投资 295.61 亿元。

（二）第二届中国·海峡项目成果交易会

2004 年 6 月 18 日在福州开幕。该届“6·18”共推出 5656 个项目，企业技术需求 300 个，同时还推出 4000 多个中高级人才职位对外招聘。有 210 所境内外高校和科研单位共 606 人参加。其中，境外高校、机构 60 家，115 人。省内有近 5000 家企业参展、参会，人数达 4 万多人次。

该届“6·18”对接成功项目成果 2656 个，总投资 388 亿元。其中签订合同 121 个，总投资 121 亿元。

（三）第三届中国·海峡项目成果交易会

2005 年 6 月 18 日在福州开幕。该届“6·18”共推出 1 万多个项目，企业技术需求近千个。其中，院士项目成果 95 个，境外项目成果 270 个，重点高校项目成果 1288 个。省外高校、科研单位和境外机构 850 人参会，其中院士 28 人，参会人数达 6 万多人次。

该届“6·18”共对接成功项目成果3021个，总投资488亿元。其中合同项目1219个，总投资233亿元。

三、中国国际投资贸易洽谈会

（一）第三届中国国际投资贸易洽谈会

第三届中国国际投资贸易洽谈会（以下简称“9·8”投洽会）1999年9月8日在厦门开幕。该届“9·8”投洽会首设“跨国公司馆”，组织在华投资的跨国公司、国外经济团体、中介机构等参展。首设“高科技馆”，并举办了小型的高科技项目研讨会和发布会。投洽会期间举办了“迈向21世纪的国际投资合作”高层研讨会，国务委员吴仪、国际经济合作与发展组织秘书长唐纳德·法基、英国贸易国务大臣理查德·卡本等海内外政府高层官员、国际经济组织、工商界负责人到会演讲。共有来自80多个国家和地区的6418名客商参会，其中欧美客商879人，比上届增加了14%。

该届“9·8”投洽会共签订项目1228个，利用外资金额84.17亿美元，贸易总额达8.13亿美元。

（二）第四届中国国际投资贸易洽谈会

2000年9月8日在厦门开幕。该届“9·8”投洽会首次设立台资、外资两个馆，首次设立“国际投资论坛”，成为中国利用外资政策与信息发布的最高讲坛。论坛以“中国FDI与经济全球化”为主题，国务委员吴仪、外经贸部部长石广生、世贸组织总干事素帕猜·潘尼查帕蒂、诺贝尔经济学奖获得者克莱因、联合国工发组织总干事丸野及美国一些著名经济学家在论坛上发表演讲。共有来自世界89个国家和地区的客商8500人参加，其中欧美客商1386人，均比往届大幅增加。

该届“9·8”投洽会共签订合同项目1261个，利用外资金额50.01亿美元；协议项目577个，外资金额44.71亿美元；贸易成交额达7.86亿美元。

（三）第五届中国国际投资贸易洽谈会

2001年9月8日在厦门开幕。该届“9·8”投洽会首次设立了汽车、IT、化工三大主题展区，组织福特、通用、摩托罗拉、爱立信、戴尔、埃克森美孚等中外三大行业知名企业及产品参展。该届“9·8”投洽会首次将促进双向投资与合作列为重点，举办了“中国—南非双向投资研讨会”“中国—尼日利亚双向投资研讨会”“中国—欧盟中小企业合作研讨会”等13场双向投资研讨会。同时，还设立了“境外投资促进机构展区”，吸引了来自阿盟和英国、阿根廷、古巴及中国香港、中国澳门等23个国家和地区的政府引资机构及中介机构前来参展。此外，首次设立“福建省国际友城展区”。“国际投资论坛”主题为“中国·WTO 机遇与挑战”，国务院副总理吴邦国、外经贸部副部长龙永图、约旦副首相穆罕默德、美国商会主席史提夫·温安洛和英中贸易协会主席查尔斯·鲍威尔分别在论坛上发表了演讲。来自世界 97 个国家和地区的 8950 名客人参会。

该届“9·8”投洽会共签订合同项目 1027 个，合同外资金额 47.98 亿美元；意向项目 368 个，意向外资金额 33.52 亿美元。

（四）第六届中国国际投资贸易洽谈会

2002 年 9 月 8 日在厦门开幕。该届“9·8”投洽会境外馆展览面积比上届扩大四成，国际性凸显。首次设置行业招商馆，按投资行业布展，可以“一站式”了解中国所有省份鼓励外商投资的重点、热点行业的投资环境和招商引资政策。共有来自 34 个国家和地区的 141 个机构和企业（包括国际投资促进机构、外国友城、跨国公司）参展。英国首次在展馆中举办“英国日”活动。来自阿拉伯、非洲和大洋洲的 30 多个国家先后举办了一系列投资环境和政策说明会。共吸引了 96 个国家和地区的 10107 名客商参加，共有包括新华社、《人民日报》、中央电视台、中国国际广播电台、《中国日报》、美国之音、《日本经济新闻》、凤凰卫视、《文汇报》等境内外 202 家媒体的 1032 名记者前来采访。

该届“9·8”投洽会共签订项目 1814 个，总投资金额 136.5 亿美元，利用外资 112.35 亿美元。其中合同项目 1151 个，投资金额 63.6 亿美元，利用外资金额 51.91 亿美元。贸易成交额 6.19 亿美元。

（五）第七届中国国际投资贸易洽谈会

2003 年 9 月 8 日在厦门开幕。该届“9·8”投洽会是中国战胜“非典”疫情后举办的全国规模最大的国际投资促进盛会。该届“国际投资论坛”主题为“完善投资环境，创造竞争优势”，国务院副总理吴仪、香港特别行政区行政长官董建华、澳门特别行政区行政长官何厚铧、巴巴多斯工业与国际商业部部长戴尔·马歇尔、德国巴斯夫公司执行董事会主席贺斌杰、美中贸易全国委员会主席罗伯特·柯白、英国国际贸易署首席执行官史蒂芬·布郎和欧倍德建材装饰市场控股集团公司首席执行官塞尔吉傲·吉傲迪分别发表了演讲。同时，由联合国贸发会议编制的《世界投资报告》和中国商务部首次编制的《中国外商投资报告》也在投洽会上发布，成为新的亮点。投洽会共吸引了来自全球 102 个国家和地区的 11781 位客商参会。参加新闻报道的海内外媒体近 300 家，参会记者为 1200 多人，其中境外媒体 75 家，参会记者 120 人，比上届增加一倍多。

该届“9·8”投洽会共签订项目 1720 个，总投资金额 176.23 亿美元，利用外资 126.89 亿美元。其中合同项目 1259 个，投资金额 89.47 亿美元，千万美元以上项目 263 个。贸易成交额 2.38 亿美元。

（六）第八届中国国际投资贸易洽谈会

2004 年 9 月 8 日在厦门开幕。联合国贸发会议、联合国工发组织、世界投资促进机构协会和国际金融公司首次成为该届“9·8”投洽会的协办单位。国务院副总理吴仪在“国际投资论坛”上发表了题为“鼓励跨国投资，扩大互利合作”的主旨演讲。澳门特别行政区行政长官何厚铧、中国银监会主席刘明康、国家质检总局局长李长江、国务院振兴东北办主任张国宝、国务院副秘书长徐绍史、中央人民政府驻澳门特别行政区联络办公室主任白志健、香港特别行政区财政司司长唐英年等领导和中央、国家 22 个部、委、办领导及投洽会各成员单位领导出席投洽会。来自全球 118 个国家和地区的 11841 位各界人士参会。其中有 64 个国家和地区的 300 个机构组团参会，包括 8 个国际组织代表团，79 个政府机构代表团，106 个跨国公司及全球知名企业代表团，82 个商协会代表团，25 个国际友城代表团。墨西哥经济部长卡纳雷斯、美国商务部副部长阿尔多纳斯等外国政府副部级以上官员 35 名，跨国公司及知名企业总裁级以上主管 450 名，商协会负责人 273 名。

该届“9·8”投洽会共签订合同项目 1110 个，利用外资 81.22 亿美元。

（七）第九届中国国际投资贸易洽谈会

2005 年 9 月 8 日在厦门开幕。国务院副总理曾培炎在“国际投资论坛”上发表了主旨演讲。国资委主任李荣融、国务院副秘书长汪洋、国家发改委副主任姜伟新、商务部副部长廖晓淇、国台办副主任李炳才和郑立中、国家旅游局局长邵琪伟、国家质检总局副局长葛志荣、国务院振兴东北办公室副主任宋晓梧等 22 位国家有关部门领导及 48 位投洽会各成员单位领导出席投洽会。来自 125 个国家和地区的 12015 位各界人士、90 个国家和地区的 350 个机构组团参会。其中政府机构代表团 105 个，商协会代表团 79 个，国际组织及友城代表团 24 个，世界 500 强及全球知名企业代表团 128 个。联合国贸发会议秘书长素帕猜·潘尼查帕蒂、澳门特别行政区行政长官何厚铧、台湾新党主席郁慕明、海峡两岸共同市场基金会董事长萧万长、意大利生产活动部部长斯卡佑拉、联合国工发组织副总干事阿贝尔·J.J. 温戴里、经济合作与发展组织副秘书长理查德·海克林格、世界投资促进机构协会主席贺瑞凯、柯达公司董事长邓凯达、台湾工业总会理事长侯贞雄、台湾工商建研会理事长郭台强等众多境外政要及工商经济界重要人士参会。

该届“9·8”投洽会共签订项目 1411 个，总投资金额 268.5 亿美元，利用外资 222.75 亿美元。其中合同项目 1053 个，投资金额 147.34 亿美元，利用外资 122.43 亿美元。贸易总额 1.25 亿美元。由国务院总理温家宝倡议举办的“亚欧会议贸易投资博览会”同期举行，亚欧会议 39 个成员单位组团参展，参会客商达 3813 人，共签订了项目 226 个，总投资金额 60.25 亿美元，利用外资 53.05 亿美元。其中合同项目 180 个，总投资金额 29.9 亿美元，利用外资 25.7 亿美元。贸易额 1418 万美元。

四、厦门国际马拉松赛

（一）第一届厦门国际马拉松赛

2003 年 3 月 30 日，由中国田径协会与厦门市政府联合主办的第一届厦门国际马拉松赛暨 2003 全国马拉松锦标赛在厦门举办。中央电视台和厦门电视台联合直播，国内外 40 余家电视台转播。来自海内外选手共 1.2 万名参赛，其中有包括世界优秀男选手 15 名、女选手 5 名在内的 35 个国家和地区的选手 1200 名。阿塞拜疆、厄瓜多尔等 9 国驻华使馆和印度尼西亚、马来西亚等 3 国驻广州总领馆官员，组成外国驻华使领馆代表团到厦门观摩国际马拉松比赛。使领馆代表团作为嘉宾参加了首届厦门国际马拉松赛的“健康齐步跑”和 5 公里跑的比赛项目后，还出席了“厦门市海湾型城市建设与经贸发展战略研讨会”。

（二）第二届厦门国际马拉松赛

2004 年 3 月 27 日在厦门举办。来自 34 个国家和地区的 1.5 万名选手参加，其中世界优秀选手 17 名。与此同时，“第二届国际马拉松城市市长论坛”也在厦门举办。国际奥委会委员、组委会官员、国际田联官员和希腊马拉松市、捷克布拉格市、英国加的夫市、韩国木浦市及中国上海、西安、东营、厦门等市市长或市长代表参加，国家体育总局副局长段世杰等领导出席。

（三）第三届厦门国际马拉松赛

2005 年 3 月 26 日在厦门举办。参赛选手 1.6 万名，包括 17 名世界优秀选手和来自 33 个国家及中国港澳台地区 800 名选手。

五、中国（厦门）大海·音乐雕塑展

2003 年 11 月 25 日至 2004 年 3 月 31 日，“中国（厦门）大海·音乐雕塑展”在厦门举办。该届雕塑展成立了国际性的权威评审团，共向国内外征集到 417 件作品，并由 31 位中外艺术家进行雕塑作品现场创作，同时还举办了国际城雕艺术摄影展、雕塑艺术讲座、交响音乐会等活动。

六、海峡两岸花卉博览会

（一）第一届海峡两岸花卉博览会

1999 年 1 月 18 日，由省政府主办、漳州市政府承办的海峡两岸花卉博览会（以下简称花博会）在漳州市开幕。来自日本、加拿大、英国、新加坡等国家以及中国港澳台地区近百家花卉企业参展，1600 多名外商和大陆 4000 多名花商、花卉业专家、教授参会，20 万人参观。

首届花博会占地近40万平方米，新建展馆6座，开辟3个展区加上花卉走廊等形成一个10多万平方米的展销市场。

该届花博会签约项目74个，合同外资2.17亿美元，商品交易额8860多万元人民币。

（二）第二届海峡两岸花卉博览会

2000年1月8日在漳州开幕。美国、英国、德国、法国、日本、韩国等10多个国家地区花卉企业及国内客商1万多人参会，参展企业1800多家，20多万人参观。

该届花博会，漳州市除在花卉大世界设立占地40万平方米的主园区外，还增设了龙海百花园、南靖国兰园、芗城花卉与装饰园、龙文园艺观赏园等4个分园。

该届花博会签约项目76个，总投资21.9亿美元，商品交易额1.42亿美元。

（三）第三届海峡两岸花卉博览会

2001年1月8日在漳州开幕。来自荷兰、法国、新加坡、澳大利亚、日本、新西兰等13个国家和国内客商共数千人参会，35万人参观。

该届花博会以“花牵两岸，情系桑梓”为主题，体现了人与自然相和谐的野外办展特色。首次在场内新建占地1万平方米、可容纳30万盆各类花卉的“花卉超市”，标志着花博会从前两届的以展为主、展销结合，逐步转向以销为主、以销促展的新阶段。

该届花博会签约项目71个，总投资2亿美元，其中外资1.9亿美元。商品交易额1.49亿元人民币。

（四）第四届海峡两岸花卉博览会

2002年1月8日在漳州开幕。来自22个国家和地区的1000多家花商参展，36万人参观。

该届花博会突出漳州“冬季花卉”“田野办展”“休闲旅游”和“文化艺术”的特色，体现了花博会“花牵两岸，拥抱绿色世纪；田园风光，人与自然和谐”的主题。

该届花博会签约项目73个，总投资2.73亿美元，其中外资2.56亿美元。商品交易额1.62亿元人民币。

（五）第五届海峡两岸花卉博览会

2003年11月28日在漳州开幕。来自美国、日本、韩国、加拿大等14个国家和港澳台地区、广东等23个国内省市的58个团组595家企业参展，26万人参观。

该届参展的花卉品种有国兰、洋兰、盆花、观叶、盆景、奇石、插花和园林景观等八大类2000余个。以自然生态园林特色布展，达到国际展览水平。

该届花博会签约项目38个，总投资逾2.1亿美元。

（六）第六届海峡两岸花卉博览会

2004年11月28日在漳州开幕。来自韩国、新加坡、菲律宾、荷兰、美国、英国、日本等 10 多个国家及地区的海内外 600 多家企业客商参展，30 多万人参观。

该届花博会首次从地方级区域性花卉专业活动升格为由国务院台办（以下简称国台办）、国家林业局、省政府联合主办的全国性花博会。该届花博园园区由原来的 600 亩扩建至 7880 亩，除设有室内展区、室外展园、科技交流区、文体休闲区、乡村俱乐部等外，还新建了会展旅游宾馆、综合楼、会议中心、演艺厅、大地艺术广场等基础设施。集生产、贸易、科研、旅游于一体的海峡两岸花博园初具规模，承办国家级大型会展的条件基本具备。

该届花博会签约项目 58 个，涉及农业、林业等产业。其中，外商投资项目 40 个，总投资 1.8 亿美元，利用外资 1.59 亿美元；内联项目 18 个，总投资 2 亿元人民币。

（七）第七届海峡两岸花卉博览会

2005 年 11 月 28 日在漳州开幕。来自美国、日本、韩国等 20 多个国家和地区以及北京等 25 个省市 600 余家企业 3000 多客商参会，德国驻华大使史丹泽出席，40 万人参观。

该届花博会由国台办、农业部、国家林业局、省政府共同主办，商务部、科技部协办。该届花博会园区总面积近 8000 亩，相当于 5 平方公里，设有室内展区、室外展园、科技交流区、文体休闲区、乡村俱乐部等。室内展区设“海峡两岸花卉合作成果展馆”“海峡两岸农业合作成果展馆”等。

该届花博会暨农洽会首日现场签约项目 58 个，总投资 2.75 亿美元，利用外资 2.45 亿美元。

七、中国泉州国际木偶节

2000 年 10 月 9—11 日，第三届中国泉州国际木偶节在泉州举办。来自英国、新加坡、比利时、日本、新西兰、西班牙等 8 个国家和地区及辽宁、浙江、广东、江西和福建的 32 个表演团体数百位木偶表演艺术家汇聚一堂，展示技艺，交流经验。

参加此届木偶艺术节的英国潘趣木偶剧团有数百年历史，是最古老的欧洲民间木偶团。新加坡十指帮人偶剧团成立于 1996 年，在新加坡戏剧界享有盛誉。日本瞳座乙女文乐木偶剧团是日本该剧种唯一的职业团体，数十年一直活跃在日本的舞台和电视上。比利时木偶剧团参加过许多国家举办的木偶节，并获得众多奖项。

来自台湾地区的小西园、亦宛然、新兴阁、诸罗山等 4 个掌中木偶剧团都有着上百年的历史。此外，大陆参加的有江西省木偶剧团、辽宁省锦州少年木偶剧团、浙江泰顺木偶剧团、漳州市木偶剧团、龙岩连城木偶剧团等。

日本浦添市市长宫城健一，议会议长奥本道夫应邀率代表团出席。木偶节期间，中国和巴西联合发行了《木偶和面具》特种邮票。

八、中国泉州国际南音大会唱

1981年2月，“中国泉州国际南音大会唱”首次在泉州举办，邀请香港、福建体育会文艺队、旅居东南亚的南音界人士，以及晋江地区南音代表200多人参加。此后，分别在1982年、1984年、1988年、1994年举办四届“中国泉州国际南音大会唱”，菲律宾、美国、日本、奥地利等国的南音代表团前来参加。

（一）第六届中国泉州国际南音大会唱

2000年2月17—21日，第六届中国泉州国际南音大会唱在泉州市举办。

来自印度尼西亚、新加坡、马来西亚、菲律宾、日本等5国及香港、澳门、台湾、厦门、漳州、泉州等地的30多个南音社团参加，同时举办为期3天的“南音学术研讨会”。

（二）第七届中国泉州国际南音大会唱暨中国古乐大会唱

2002年9月20—21日，第七届中国泉州国际南音大会唱暨中国古乐大会唱在泉州市举办。

来自印度尼西亚、日本、新加坡、马来西亚、澳大利亚、菲律宾等6国及香港、澳门、台湾、陕西、山西、河南、厦门、漳州、三明、泉州等地的42个南音、古乐团体参加。

九、泉州国际童声合唱节

2001年8月18—22日，泉州市政府、中国合唱协会、中央电视台青少部联合主办的“泉州国际童声合唱节”在泉州举办。

日本浦添市童声合唱团、泰国曼谷瓦塔娜少女合唱团、越南河内绿色还剑湖少儿合唱团、越南胡志明市耳环鸟合唱团、中国中央少年广播合唱团以及台北市浩浩儿童声乐合唱团、香港元朗儿童合唱团、澳门教业中学合唱团等共15个少年童声合唱团参加，泉州的友好城市——日本浦添市政府代表团也应邀出席。

十、中国泉州“海上丝绸之路”文化节

（一）第一届中国泉州“海上丝绸之路”文化节

2002年2月23—26日，第一届中国泉州“海上丝绸之路”文化节暨“文庙广场元宵仿古大游园”民俗文化系列活动在泉州举办。

该届文化节以泉州文庙为主要活动中心，举行了“仿古大游园”、“祭孔文艺表演”、“民间百戏”、南音演唱、元宵花灯展览、电视文艺晚会等民俗文化活动，展现“海丝”文化源远流长。

（二）第二届中国泉州“海上丝绸之路”文化节

2003年2月14—16日，中国闽南文化节暨第二届中国泉州“海上丝绸之路”文化节在泉州举办。

此次文化节活动主要体现闽南文化的深厚积淀。大型民俗文化踩街游灯活动，展示闽南闹元宵的民间传统习俗。举办20世纪华侨华人图片展和泉州百个家族移居台湾族谱展，再现先人传播中华文化的历程。国务院副总理钱其琛、全国政协副主席罗豪才出席，科威特驻华大使和毛里塔尼亚驻华使馆参赞应邀参加。

（三）第三届中国泉州“海上丝绸之路”文化节

2004年2月4—6日，第三届中国泉州“海上丝绸之路”文化节暨“海上丝绸之路”国际风情节在泉州举办。

由阿曼、巴林、巴勒斯坦、也门、约旦、叙利亚、伊朗、印尼、苏丹、文莱驻华大使及利比亚、科威特、伊拉克驻华代办等组成的伊斯兰13国使节团一行24人应邀参加。5日，使节团一行出席了“泉州伊斯兰文化陈列馆落成仪式”。该陈列馆共获阿曼苏丹、沙特国王及摩洛哥王国政府捐助建设款约51万美元。

（四）第四届中国泉州“海上丝绸之路”文化节

2005年2月22—25日，第四届中国泉州“海上丝绸之路”文化节暨第八届中国泉州国际南音大会唱在泉州举办。

该届文化节以大力弘扬中华民族优秀传统文化为宗旨，推动“海上丝绸之路·泉州史迹”申报“世界文化遗产”和“中国泉州南音”申报“人类口头及非物质遗产代表作”活动，增进对外文化交流与合作，扩大泉州“最佳中国魅力城市”的影响力。

印尼、菲律宾、新加坡、马来西亚、美国、日本等6国及香港、澳门、台湾共18个南音社团，台湾的木偶、歌仔戏剧团，中国音乐学院民乐团，厦门、漳州、三明的5个南音代表队，泉州市21个南音代表队和13个民俗踩街表演队参加。

十一、海峡两岸（福建三明）林业博览会

2005年6月26日，第一届海峡两岸（福建三明）林业博览会在三明市开幕。该届林博会由省林业厅，省对台办、外经贸厅，三明市政府联合主办。新加坡驻厦门总领事林明河率新加坡工商考察团参会。

2005年6月14日，经国家林业局批复，海峡两岸现代林业合作实验区落户福建三明市，林博会作为海峡两岸（福建三明）现代林业合作实验区的标志性活动，将在每年的11月6—8日举办。这是三明市第一个定期举办的综合性经贸活动。

首届林博会签订台资项目3个，投资总额共1000多万美元。

十二、中国·湄洲妈祖文化旅游节

（一）第三届中国·湄洲妈祖文化旅游节

2000年4月29日在湄洲岛开幕，海内外来宾及岛上群众3万多人参加。

开幕式上的民俗表演展示了天津踩高跷、莆田南少林武术、涵江威风锣鼓、泉州拍胸舞、仙游大鼓吹、湄洲岛千年祈福大典等。旅游节期间，还举办了妈祖民俗游灯、泉州折子戏、《海颂》等民俗表演活动，南京军区前线歌舞团演出大型舞蹈诗剧《妈祖》。

在同期举办的旅游经贸洽谈会上，共签约项目12个，投资金额11543万美元，其中外资6231万美元。

（二）第四届中国·湄洲妈祖文化旅游节

2002年10月20日在湄洲岛开幕，海内外来宾和岛上群众共3万多人参加。

该届旅游节共举办妈祖文化交流协会筹备会议、民俗灯会、开幕式、天后新殿落成庆典、妈祖祭祀大典、妈祖颂广场文艺表演、鹅尾山生态景区落成庆典、妈祖文化园开园仪式、第七届国家旅游度假区联谊会等9大活动。

（三）第五届中国·湄洲妈祖文化旅游节

2003年11月19日在湄洲岛开幕，共有上万名海内外来宾和岛上群众参加。

该届旅游节举办了妈祖祭祀大典、民间舞狮表演和妈祖情缘广场文艺表演等活动，举行了总投资近亿元的湄洲岛“凤腾龙生态度假村”“鹅尾山旅游度假服务中心”等重点建设项目的奠基仪式。

（四）第六届中国·湄洲妈祖文化旅游节

2004年11月1日在湄洲岛开幕，近2万名海内外来宾和岛上群众参加。

该届旅游节举办了开幕式、妈祖祭祀大典、广场文艺演出、祈福诵经等4大活动。同时举办了妈祖金身巡安澳门、成立中华妈祖文化交流协会、举办妈祖文化学术研讨会等三项活动。

（五）第七届中国·湄洲妈祖文化旅游节

2005年10月30日在湄洲岛开幕，近2万名海内外来宾和岛上群众参加。

该届旅游节以“两岸同胞心连心，中华儿女手牵手”为主题，举办开幕式、中华妈祖文化交流协会第一届理事会第三次会议、首届湄洲妈祖·海峡论坛、首届海峡妈祖旅游工艺品展销会、妈祖祭祀大典、电视连续剧《湄洲岛奇缘》开拍仪式、“妈祖情缘”楹联笔会等12项活动。

十三、武夷山茶文化旅游节

2005年5月16日，首届武夷山茶文化旅游节在南平市开幕。该届旅游节的主题为

“回归大自然，请到武夷山来”“走进大武夷，亲近真山水”。华东、华南地区各省设区市的旅游局负责人、福建省 9 个设区市的领导和旅游局负责人及全国百家旅行社总经理参加了旅游节活动。

十四、“投资龙岩”项目洽谈会

（一）第一届“投资龙岩”项目洽谈会

2004 年 12 月 28 日在龙岩市开幕，海内外客商共 500 多人参加。

该届洽谈会共签约合同项目 53 个，总投资 48 亿元人民币。其中外资项目 30 个，总投资 2.35 亿美元，利用外资 1.1 亿美元；内联项目 23 个，总投资 28.8 亿元人民币，利用市外资金 28.5 亿元人民币。

（二）第二届“投资龙岩”项目洽谈会

2005 年 11 月 18 日在龙岩市开幕，海内外客商共 700 多人参加。

该届洽谈会共签约合同项目 128 个，总投资 58 亿元人民币。其中外资项目 37 个，总投资 2.2 亿美元，利用外资 2 亿美元。

十五、中国·闽东招商节

（一）第三届中国·闽东招商节

2002 年 9 月 29 日在宁德市开幕，来自俄罗斯、美国、澳大利亚、菲律宾、加拿大、新加坡、日本、马来西亚等 16 国及中国香港、中国澳门、中国台湾等海内外客商共 500 人参加。

该届招商节共签约项目 34 个。其中外资项目 20 个，投资总额 1.96 亿美元，合同外资 1.42 亿美元；内资项目 14 个，投资总额 27 亿元人民币，利用区外资金 18.5 亿元人民币。

（二）第四届中国·闽东招商节

2003 年 6 月 26 日在宁德市开幕，来自 16 个国家和地区的海内外客商共 1000 多人参加。

该届招商节共签约项目 183 个。其中外资项目 59 个，投资总额 5.69 亿美元，合同利用外资 2.38 亿美元；内资项目 124 个，投资总额 96.43 亿元人民币，利用区外资金 77.82 亿元人民币。

十六、其他

（一）第六届亚洲—九州地区地方政府高层会议

1999 年 10 月 8—11 日，第六届亚洲—九州地区地方政府高层会议（以下简称“亚九会议”）在江苏省南京市举行。省长助理李庆洲率福建省代表团出席会议，并与来自印度尼西亚、日本、韩国、老挝、马来西亚、缅甸、菲律宾、新加坡、泰国、越南等 11 个国家的 30 多位地方政府领导和机构代表，就地区经济发展与环境保护等问题进行讨论。

“亚九会议”始于 1994 年，由日本大分县发起并承办。“亚九会议”以增进亚洲各国地区间相互理解和友谊，创建互惠互利、健康的伙伴关系，推动各方共同发展为宗旨，聚焦于亚洲的经济发展、前景与未来、区域合作、人才培养等当今社会发展的重大课题。

第六届“亚九会议”，由江苏省省长季允石主持，国务院副总理李岚清在开幕式上作了主题发言。福建代表团团长、省长助理李庆洲在大会上做了题为“携手合作，努力实现亚洲地区经济与环境的协调发展”的发言，就福建省改革开放以来取得的对外交流、经济发展成就和环境保护工作现状，以及实现可持续发展的政策措施和发展目标做了介绍，并就福建省与亚洲各国地方政府加强友好交流与合作、促进经济发展与环境保护、实施可持续发展等问题提出了两点建议。

（二）福建中加学院签字仪式

2001 年 2 月 13 日，福建中加学院签字仪式在北京举行，副省长潘心城与正在北京访问的加拿大总理克雷蒂安、新不伦瑞克省省长罗柏礼共同出席了签字仪式。

福建省高等专科学校和加拿大加皇国际投资集团负责人签署了《关于合作举办福建中加学院，促进中加教育文化合作交流协议书》。福建中加学院定于 2001 年 9 月开学，先期引入加拿大工商管理、电脑学科等专业。

（三）福建—法国经济合作说明会

2001 年 11 月 12 日，省外事办、厦门市外事办和法国驻广州总领馆，在厦门共同举办福建—法国经济合作说明会。法国驻华大使毛磊和驻广州总领事劳查理率法国企业家代表一行 20 人参加。

会上，省外经贸厅负责人介绍了福建省的投资环境、对外经济合作和利用外资及政府对产业结构调整的导向等情况。厦门市外资委介绍了厦门的相应情况，并就厦门招商引资的优惠政策做了阐述。中国人民银行厦门市中心支行负责人介绍了鼓励外商投资金融的政策和有关项目。

在厦门期间，毛磊和劳查理还参加了在厦门大学举办的“法语教学年会”。

（四）中国—荷兰经贸合作高级研讨会

2002 年 9 月 9 日，省贸促会和荷兰王国政府经贸代表团在福州市联合举办中国—荷兰经贸合作高级研讨会，来自全国各地的 200 多位代表参加了研讨会。

会上，中外双方代表介绍了各自经济、文化、科技发展的有关情况。西荷兰外国投资局、海牙市政府的官员介绍了荷兰的投资环境和各项优惠政策，欢迎福建企业到荷兰投资兴业。代表团副团长、荷兰—中国友好协会主席顾坚明认为荷中两国在农业、水利、金融、交通、电子、石油、化工、高新技术产业等方面具有广泛的合作空间，荷中友好协会将充分发挥桥梁与纽带作用，加快两国经贸往来与合作进程。西荷兰外国投资局、海牙市政府、荷兰—中国友好协会分别与省贸促会、科技厅、新大陆集团签署了合作协议书。

（五）第九次中国—东盟高官磋商

2003 年 8 月 18—19 日，由外交部主办、省外事办承办的第九次中国—东盟高官磋商在武夷山市举行。外交部副部长王毅和东盟 10 国外交部高官及东盟秘书长出席。

中国—东盟高官磋商始于 1995 年 4 月，是中国与东盟五大合作机制之一，主要就中国与东盟关系进行政治协调。第一次磋商在杭州举行，迄今已举行了 8 次。此次高官磋商，王毅副部长与来自文莱、柬埔寨、印度尼西亚、老挝、马来西亚、缅甸、菲律宾、新加坡、泰国、越南等 10 国外交部高官和东盟秘书长王景荣等 57 人共聚一堂，双方就加强中国与东盟关系、开辟双方合作新领域、加快中国—东盟自由贸易区建设进程等具体问题进行了磋商，并在许多共同关心的问题上达成广泛共识。

会议期间，中方正式递交了中国加入《东南亚友好合作条约》（TAC）的加入书，双方商定在 2003 年中国—东盟领导人会议期间举行中国加入 TAC 的签字仪式。会后，中国、东盟 10 国外交部高官和东盟秘书长在武夷山庄万国林园种下了象征中国与东盟友谊不断发展的 12 棵金钱树。

副省长王美香在武夷山会见了全体代表，代表们表示武夷山风光独特迷人，发展东盟与福建的旅游合作大有可为。

（六）“外国人眼中的福建”征文活动

2004 年 6 月 25 日，“外国人眼中的福建”征文颁奖仪式在福州举行，省外事办、省外宣办、省教育厅等有关部门领导出席颁奖仪式，为 16 位获奖者颁发证书。其中一等奖 3 名、二等奖 10 名、三等奖 16 名，各获奖文章陆续在《福建日报》《福建外事》刊出。

此次征文活动收到在福建工作、生活的外国友人的大量来稿，从社会、经济、文化、生活等不同角度介绍了自己所见、所闻、所感。获得一等奖的 3 名外国作者是：厦门大学的美国籍教授潘威廉、泉州黎明大学的南非籍教授肖德勉、福州对外经济贸易学校的日本籍教师宇野伸一。

（七）亚洲审计会议

2005 年 3 月 27—31 日，由国家审计署主办、省审计厅承办的“亚洲审计组织环境审计研讨会暨环境审计委员会工作会议”在武夷山举行。

来自阿塞拜疆、孟加拉、文莱、塞浦路斯、印度、印度尼西亚、日本、韩国、科威特、蒙古、巴基斯坦、巴布亚新几内亚、菲律宾、沙特阿拉伯、泰国、土耳其、阿联酋、越南等23个国家和地区的41名代表参加了会议，世界审计组织环境审计委员会和欧洲审计组织环境审计委员会也派代表参加。

此次研讨会的主题是“水环境审计”和“生物多样性审计”，会议讨论了《亚洲审计组织环境审计委员会2005—2007年工作计划（草案）》。国家环保总局副局长王玉庆，国家林业局副局长李育材向与会代表分别介绍了中国的环境保护和生物多样性保护情况。国家审计署审计长李金华，副审计长令狐安、刘家义出席会议。

28日晚，常务副省长刘德章会见了与会各国代表，向客人们介绍了福建概况。会后，全体代表在武夷山庄万国林园植树纪念。

（八）美国“宾州—福建友好商贸促进会”成立

2004年7月，宾州议会通过第830号决议，要求宾州州长兰德尔采取积极行动，与福建省缔结姐妹州省关系。2005年4月15日，为促进中国福建省与美国宾夕法尼亚州之间的友好往来，加强经济、教育、文化的交流与合作，美国“宾州—福建友好商贸促进会”在美国费城正式成立，并举行了庆典活动。宾夕法尼亚州政商各界、社会名流300多人参加。中国驻纽约副总领事旷伟林和宾州众议院议长约翰·派卓到会祝贺。宾州—福建友好商贸促进会中方会长王凤官宣读了福建省外事办、省对外友协的贺电，并展示了省外事办主任李庆洲题写的“联结友谊的纽带、经贸合作的桥梁”贺词。

宾州—福建友好商贸促进会由约翰·派卓任名誉董事长，议员克提史·汤姆斯、金融银行家申·凯兹、全球反独促统会会长程君复教授等任高级顾问，亚洲银行创办人王秀慧任董事长，远东全球贸易集团总裁林建和任执行总裁，李庆洲任高级顾问。

（九）庆祝中菲建交三十周年系列活动

2005年6月12—22日，为庆祝中国与菲律宾建交30周年，厦门市外事办、菲律宾驻厦门总领馆、厦门市文化局在厦门联合举办菲律宾画家作品展、中菲关系图片展、菲律宾巴亚尼翰国家民族舞蹈团文艺演出等以展示菲律宾艺术、文化为主题的系列庆祝活动。

6月12日上午，菲律宾画家作品展在厦门SM城市广场四楼开幕，展出在菲律宾乃至世界上都享有盛誉的4位菲律宾画家的30多幅作品。

18日晚，菲律宾国宝级艺术团体——巴亚尼翰国家民族舞蹈团在厦门艺术剧院举办专场演出。厦门市领导、菲律宾驻厦门总领事、泰国驻厦门领事办公室领事观看了演出。

（十）国庆招待会

1999年9月30日晚，省政府在福州举行庆祝中华人民共和国成立50周年招待会，省委、省人大、省政府、省政协主要领导出席，在闽工作的外国专家、友人、企业、留学生代表，华人华侨及港、澳、台同胞代表等120多人和省内各界代表共600人参加，代省长习近平代表省政府在招待会上致辞。

2000—2005 年，省政府每年举办国庆招待会，专门邀请在闽的福建省荣誉公民和友谊奖获得者、外国专家、企业代表、留学生代表、外国驻厦门总领馆官员、国际友好城市驻闽代表和华人华侨，以及港、澳、台同胞代表参加。中外来宾欢聚一堂，庆贺中华人民共和国国庆，共祝中华人民共和国繁荣昌盛。

（十一）第六届中日东北亚安全问题研讨会

2005 年 11 月 4—7 日，由中国国际友好联络会主办，中国国际友好联络会福建省分会承办的第六届中日东北亚安全问题研讨会在厦门市举行，中日两国安全领域的专家、学者共 38 人出席研讨会，双方就中日安全领域的热点问题与合作前景进行了探讨。

第四节 评选表彰福建省“荣誉公民”

1993 年，福建省人民政府决定，设立福建省“荣誉公民”称号（闽政办〔1993〕112 号），授予为福建省社会发展和经济建设做出突出贡献的外国人士。福建省“荣誉公民”评选工作和授予仪式不定期进行，“荣誉公民”候选人由省内有关单位和部门推荐，报省评审委员会（省外事办等部门组成）评审后，再报省政府审定，由省政府举办授予仪式。1999 年至 2005 年年底，已举办 2 届，共有 9 位外国人士获得福建省“荣誉公民”称号。2001 年评选 4 位，2003 年评选 5 位。

一、福建省“荣誉公民”授予仪式

2001 年 11 月 12 日，第二届福建省“荣誉公民”授予仪式在福州举行。省长习近平向获得福建省“荣誉公民”称号的日本东海租赁株式会社社长塚本幸司、厦门大学经济学院美籍教授潘威廉及美籍华人福建冠捷集团总裁宣建生的代表颁发了证书和奖杯。同年 9 月 26 日，习近平省长向到访的澳大利亚塔斯马尼亚州州长吉姆·培根颁发福建省“荣誉公民”证书和奖杯。

2003 年 10 月 11 日，第三届福建省“荣誉公民”授予仪式在福州举行。副省长王美香代表省政府向获得福建省“荣誉公民”称号的阿根廷工商总会理事费尔德曼、澳大利亚—中国友好协会塔斯马尼亚州分会会长约翰逊教授及印度尼西亚籍华人黄仲咸的代表颁发了证书和奖杯。同年 12 月 8 日，王美香访问印尼期间，向印尼能源与矿产资源部部长布尔诺默·尤斯吉安多罗颁发了福建省“荣誉公民”证书和奖杯。2004 年 9 月 30 日，省长卢展工向到访的德国莱法州州长库尔特·贝克颁发了福建省“荣誉公民”证书和奖杯。

二、福建省“荣誉公民”事迹

（一）第二届福建省“荣誉公民”

1. 吉姆·培根

澳大利亚塔斯马尼亚州州长，曾多次访华，一直推动塔斯马尼亚州（以下简称塔州）与福建省的友好关系。在担任塔州体育、文化部长期间，推动塔州与福建省在体育、文化方面的交流与合作。担任州长后，支持塔州与福建省在林业、水产业等各个领域开展合作。在其推动下，塔州企业积极参加在福建省举办的中国国际投资贸易洽谈会、国际木材及林业产品展、国际机械电子产品展等各类洽谈会和展览会等，使福建省与塔州的友城关系成为国际友城交往的典范之一。2001 年 9 月 26 日，获福建省“荣誉公民”称号。

2. 塚本幸司

日本东海租赁株式会社社长，福建富闽基金会创办人、荣誉理事长。1988 年 6 月，塚本幸司出资 70％与福州市第一建筑工程公司共同成立福州榕东活动房有限公司，出任董事长。公司成立后，日本东海租赁株式会社出资培训中方 45 名研修生。塚本幸司向福州市委提出派驻专职党支部书记的请求，并任命党支部书记兼任公司监察董事，负责监督企业工作。榕东活动房有限公司多次被评为全国外商投资“双优”企业、全国“双评双爱”先进企业。1991 年安徽遭受水灾，塚本幸司无偿提供 2000 平方米活动房；1998 年闽北遭受水灾，又赠送 1000 平方米活动房用于救灾，向建阳麻沙中学捐赠 39 万元用于水灾后重建。从 1993 年开始，塚本幸司还先后向省政府捐赠 5 亿日元成立富闽基金会、向福州市少年儿童基金会捐赠 1000 万日元、向闽江大学捐赠 20 万元人民币、向冰心研究会捐赠 1000 万日元、向建阳中学捐赠 240 万元人民币、向武夷山实验小学捐资 100 万元人民币。1996 年，福州市政府授予他“福州市荣誉市民”称号；1997 年，国家外国专家局向他颁发“友谊奖”；1999 年省政府授予他福建省“友谊奖”。2001 年 11 月 20 日，获福建省“荣誉公民”称号。

3. 潘威廉

厦门大学经济学院、工商管理教育中心教授。1987 年，潘威廉在美国取得博士学位后，就将自己的公司转让，携带妻儿来到厦门大学工商管理教育中心任教。在他的帮助下，厦大工商管理教育中心成为国家教委 MBA 硕士点。他曾先后在美国和中国的《瞭望》《北京周报》《求实》《国际经济合作》《中流》《北京青年报》《毛泽东思想研究》《人民日报》《中国妇女杂志》《英语世界》《中国日报》《福建日报》《今日中国》《福建外事》《厦门日报》等多家报纸杂志发表赞扬中国改革开放的文章，批驳西方舆论对中国禁毒、“入世”和国防等问题的无端指责与攻击。1989 年，出资摄制了反映厦门政局稳定、人心思安、生产发展的录像片。随后撰写了《西方的人权就人道吗》《人权与主权》等文章在国内外报刊发表、转载。1990年正式申请加入中国国籍和加入中国共产党。潘威廉严格要求自己，主动提出把工资待遇降到中国一般教师的水平，从专家楼搬到普通的教师宿舍。1992年，他向厦门市“希望工程”捐献2400元人民币资助西藏失学儿童。随后，他又决定每年向龙岩山区教育部门捐赠6000元人民币，帮助孤儿完成学业。1999年，他协助厦门市建立了厦门国际学校。1992年和1994年，他两次获省政府授予的“优秀外籍专家”称号；1992年获在华永久居留权，是福建省第一个获居留权的外国人；1993年获国家外国专家局授予的“友谊奖”。2001年11月20日，获福建省“荣誉公民”称号。

4. 宣建生

美国籍，冠捷集团总裁。2000年，冠捷电子（福建）有限公司产销电脑显示器850多万台，产值达9.1亿美元，出口额6.3亿美元，上缴税金9.5亿元人民币。冠捷电子（福建）有限公司产量由1996年全球排名第19名上升到2000年的第3名，名列外经贸部1999年中国进出口额最大的500家企业第27位，在2000年全国电子信息产业规模最大的三资企业中排名第9位，全国十大高出口创汇企业第6名（福建省唯一获此殊荣企业），全国百强企业第98位（福建省唯一获评企业）。宣建生与公司员工共同捐款，在福清兴建了一所“义都小学”。为福州市引进外资牵线搭桥，协助福州市引进东南汽车、中华映管及东联纸厂等外资企业。2001年11月20日，获福建省“荣誉公民”称号。

（二）第三届福建省“荣誉公民”

1. 布尔诺默·尤斯吉安多罗

印度尼西亚能源与矿产资源部部长。曾作为印尼总统特使数次访问福建，考察福建省LNG项目，推动印尼与福建省在能源建设等方面的合作。在其倡导下，印尼政府在雅加达举办“福建之夜”等推介福建的系列活动，扩大了福建省在印尼的知名度。2003年12月8日，获福建省“荣誉公民”称号。

2. 库尔特·贝克

德国莱法州州长，1994年就任莱法州州长后，致力于推进莱法州与福建省在经贸、科技、文化等领域的交流与合作。1999年，在贝克倡议下，双方共同签署了《福建省与莱法州关于进一步开展友好合作协议书》，此后双方进出口贸易逐年增长。莱法州每年派经贸代表团参加中国国际投资贸易洽谈会，在厦门成立合资公司——华威巧克力（厦门）有限公司。莱法州出资接受福建省留学生、进修生共17名，学成后都在各自岗位发挥骨干作用。此外，多次派专家到福建省举办专题讲座和进行技术指导。莱法州每年派音乐团体到福建省访问演出。同时，两省州还在环保、教育、测绘、中医等方面进行交流与合作。2004年9月30日，获福建省“荣誉公民”称号。

3. 布鲁斯·约翰逊

澳大利亚塔斯马尼亚大学教授，曾任澳中友好协会会长，现任塔州澳中友协会长。1980年，约翰逊作为塔州州长的代表首次访问福建，拜会省领导，提出塔斯马尼亚大学与福建师大建立友好校际关系的建议。在他推动下，两校正式建立友好学校关系。1982—1983年应聘福建师大生物系任教期间，辅导教师编写专业论著，与师大教师合作进行科研项目的研究。先后三次以澳中友协和个人名义捐赠图书2043册和其他音像资料。推荐并个人赞助师大多人赴澳学习。1985年，约翰逊再次应邀到师大任教，撰写了福建省高等教育发展情况的考察报告。1989年，组织塔州画家作品到福州和厦门等地展出；与省教育厅合作，组织福建省和塔州开展儿童绘画和作文的交流活动，作品分别在福建省和塔州及澳大利亚其他地区展出。出版了《今日的中国各族人民》一书，介绍中国和福建省改革开放所取得的成就，还撰写了许多介绍福建的文章。1999年，作为全国友协的特邀嘉宾，出席中华人民共和国国庆50周年庆典，登上天安门城楼观礼。2003年10月11日，获福建省“荣誉公民”称号。

4. 诺尔贝多·费尔德曼

阿根廷工商总会理事、企业家。20世纪90年代初期，费尔德曼开始与福建省交往。通过阿根廷工商总会和阿根廷地方政府，邀请福建省代表团访阿，安排代表团与阿各界接触、会谈，推动双边合作。他还经常在自己的庄园为代表团举行大型招待会，邀请阿根廷各界名流参加，扩大了福建在阿根廷的知名度。作为阿根廷工商总会领导人之一，他先后五次率团访问福建，与福建省有关部门和企业界进行交流。推动阿根廷企业家到福建参加中国国际投资贸易洽谈会，协助南平电缆厂等福建省企业赴阿开展合作。费尔德曼开拓渠道，推动阿根廷与福建省开展移民、劳务合作，使阿根廷首次接纳了数百名福建移民。费尔德曼还注重与闽籍侨团的联系和交往，利用各种机会向阿根廷政商界推介闽籍侨领，并协调各方关系，帮助排忧解难。2003年10月11日，获福建省“荣誉公民”称号。

5. 黄仲咸

印尼籍，福建省黄仲咸教育基金会理事长。1959年，黄仲咸首次在家乡南安市捐款兴建仙都小学，以此开始了近半个世纪捐资兴教助学、赞助公益事业的善举。从1959—2003年5月，黄仲咸先后在南安、厦门、泉州、安溪、长汀、漳平、连城、长泰等市县捐赠兴建中小学教学楼、师生宿舍楼和医院门诊楼、幼儿园及支持农业开发项目近200个，总投资1.9亿元人民币、1600多万元港币。在南安开展奖学、奖教的助学活动，发放奖教、助学金700多万元，受益师生达18000多人次。1993年，黄仲咸在南安市投资2000多万元，兴建高14层、面积达1.2万平方米的“南安必利达大厦”，大厦的经营收益悉数投入南安教育卫生事业。1995年在厦门投资1.5亿元兴建高35层、面积达4.7万平方米的“厦门必利达大厦”，作为“黄仲咸基金”的永久性产业。他立下遗嘱并经公证，决定“厦门必利达大厦”不出售、不转让、不赠予、不抵押，把常年出租所得利润全部用于中国的教育事业，资助农村贫困优秀学生。黄仲咸为资助福建省老区革命“五老”、革命烈士后代及革命基点村、重点村中家庭特困户的在校优秀高中（含中专）学生完成高中阶段学业，继2002年捐赠人民币20万元后，2003年又捐赠75万元，从2002年6月初开始，助学金陆续在全省68个老区县（市、区）发放。受助学生1500人（每人500元），其中革命“五老”、革命烈士后代876人，老区村特困户子女576人，其他48人为失散红军后代。2003年10月11日，获福建省“荣誉公民”称号。

第三章　友好城市工作

1999—2005年，福建省与世界上11个国家的省（州）、市（郡）缔结了17对友好城市关系。其中省级友城5对，厦门4对，福州、泉州、漳州、南平、龙岩等5个设区市各1对，石狮市2对，武夷山市1对。截至2005年底，福建全省已与21个国家的省（州、县、大区）、市建立了44对友好城市关系，在经贸、农林、水产、科技、文化、教育、体育、卫生、环保、旅游和人才培训等领域开展交流与合作，取得成果。

第一节　省级友好城市

一、缔结友好城市

（一）福建省—巴布亚新几内亚东高地省

1. 东高地省概况

巴布亚新几内亚东高地省是内陆省份，位于巴布亚新几内亚中部高原的东部，东邻莫洛比省，北靠马丹省，南部为海湾省，西部为清布省。全省面积1.12万平方公里，人口43万，首府戈罗卡市。

东高地省经济以农业为主，主要经济作物有咖啡、茶叶、土豆、蔬菜等。经济落后，发展不平衡，对外依赖性大。

2. 缔结友好关系

1997年5月，省长助理李庆洲率团访问东高地省，与东高地省省长签署缔结友好省关系意向书。

2000年5月16—22日，应省长习近平邀请，巴布亚新几内亚东高地省省长拉法纳马率政府代表团一行9人，对福州、厦门、漳州、泉州进行了为期一周的访问。访问期间，省委书记陈明义、省长习近平分别会见了代表团。习近平和拉法纳马签署了《中华人民共和国福建省和巴布亚新几内亚东高地省建立友好省关系协议书》《福建省援助东高地省发展菌草、旱稻生产技术项目协议书》。福建省承诺，在今后5年内，拨出100万元人民币，继续援助东高地省发展菌草和旱稻项目，使其成为当地两大支柱产业。

3. 交流与合作

2001 年 6 月，巴布亚新几内亚总理莫劳塔爵士率领政府代表团访问福建。

2001 年 9 月，福建农林大学与东高地省戈罗卡大学签署了校际友好交往意向书。

2003 年 3 月，福建农林大学代表团访问东高地省。

2004 年 10 月，东高地省副省长佐克西·纳基米率政府代表团参加“福建省国际友城大会”。

2005 年 9 月，省人大常委会副主任张家坤率省人大代表团访问东高地省。

（二）福建省—巴西塞阿腊州

1. 塞阿腊州概况

塞阿腊州位于巴西东北部，地处赤道附近，濒临大西洋，面积 14.8 万平方公里，海岸线 573 公里，人口 743 万，州府福塔莱萨市。该州年降雨量约 1600 毫米，年平均气温 26℃～28℃。

塞阿腊州经济以采矿、冶金、机械、农业、贸易及纺织等为主。农、林、牧资源丰富，是巴西第三大产棉州，棉花年产量在 35 万吨以上。甘蔗、木薯、蜡棕及菜牛是主要农牧产品。渔业发达，盛产龙虾、对虾和各种鱼类。州政府重点发展工业，经济增长率为全国最高，为 6%～7%。外贸增长飞速，其中汽车零配件和水果是出口中国的主要产品。

塞阿腊州地处巴西东北部，交通发达。福塔莱萨市的姆库利佩港年货运量达 300 万吨，主要货物为石油、杂货和粮食。该市机场旅客年吞吐量 250 万人次。

2. 缔结友好关系

2001 年 3 月，应巴西塞阿腊州州长塔索·热雷萨蒂邀请，受省长习近平委托，副省长汪毅夫率福建省代表团一行 7 人访问塞州，与副州长克莱顿·维拉斯代表各自政府正式签署《福建省与塞阿腊州建立友好省州关系协议书》。

3. 交流与合作

1998 年 8 月，省长助理、省外办主任李庆洲一行 5 人访问塞阿腊州，洽谈结好事宜。

2002 年 9 月，塞阿腊州派团参加第六届“9·8”投洽会和“国际友城展”。

2003 年 9 月，塞阿腊州派团参加第七届“9·8”投洽会暨“中国国际友城投资合作论坛”。

2004 年 4 月，省外事办主任李庆洲一行 4 人访问塞阿腊州。

2004 年 10 月，塞阿腊州副州长林朗西斯·玛亚率政府代表团参加“福建省国际友城大会”。

2005 年 3 月，副省长王美香率团访问塞阿腊州。

2005年9月，塞阿腊州州长卢西奥·阿尔坎塔拉一行12人访问福建，参加第九届“9·8”投洽会。

2005年10月，福建省新闻代表团访问塞阿腊州，制作《初探巴西》电视片，在省内电视台播出。

（三）福建省—乌克兰敖德萨州

1. 敖德萨州概况

敖德萨州位于乌克兰西南部，与摩尔多瓦及罗马尼亚相邻，面积3.3万平方公里，是乌克兰面积最大的一个州，首府敖德萨市。该州濒临里海，水路运输占有重要位置，是乌克兰的交通枢纽和联系东西方的重要通道。

敖德萨州人口253万。有100多个少数民族，约占全州总人口的45%。敖德萨州气候暖和干燥，1月平均气温为2℃，7月为22℃，年降雨量为351毫米。该州工业以机械制造（机床、起重机、船舶）、食品加工、纺织和石油化工为主，建有核电站。农业主产谷物，畜牧业发达。敖德萨市还是座大学城，乌克兰的著名高等学府都集中于此。

2. 缔结友好关系

2000年10月16日，以州长兼议会主席谢尔盖·格里涅维茨基为团长的乌克兰敖德萨州政府代表团一行6人，对福建省进行友好访问。省委书记陈明义、省长习近平、省人大常委会主任袁启彤会见了代表团一行，双方签订了建立友好交流关系备忘录。

2002年7月，习近平率团访问敖德萨州，与谢尔盖·格里涅维茨基正式签署《福建省与敖德萨州建立友好省州关系协议书》。这是福建省与东欧国家缔结的第一对友城。

3. 交流与合作

2002年10月，福建省经贸考察团访问敖德萨州。

2003年7月，敖德萨州第一副州长助理萨罗里斯基一行2人访问福建。

2004年6月，省政协主席陈明义率福建省经贸代表团访问敖德萨州。

2004年10月，敖德萨州副州长波利谢科率政府代表团参加“福建省国际友城大会”。

2005年1月，敖德萨州第一副州长阿列克谢一行6人访问福建。

（四）福建省—印度尼西亚中爪哇省

1. 中爪哇省概况

中爪哇省位于爪哇岛中部，与东、西爪哇省相接，南部为印尼的日惹特区和印度洋，北部毗邻爪哇海，面积3.25万平方公里，人口3100多万，省会三宝垅市。该省属热带气候，拥有丰富的自然资源和旅游资源，婆罗浮屠寺庙为世界七大奇观之一。

中爪哇省交通便捷，有3个机场和2个海港。主要工业有木材加工、金属和化工等。该省有15所省立大学、95所私立大学。2003年以来，该省的出口快速增长，主要出口产品有纺织品、胶合板等。

2. 缔结友好关系

2001 年 8 月，副省长潘心城率团访问中爪哇省，出席“福建省与中爪哇省经贸合作研讨会”，并与省长马迪亚托共同签订建立友好省关系意向书。

2003 年 12 月，副省长王美香受省长卢展工的委托，率福建省政府代表团访问该省，与马迪亚托分别代表双方政府正式签署《福建省与中爪哇省建立友好省关系协议书》。

3. 交流与合作

2001 年 3 月，中爪哇省商务代表团一行 3 人访问福建。

2001 年 9 月，中爪哇省投资局局长耶鲁一行 9 人访问福建，参加第五届中国国际投资贸易洽谈会。

2002 年 9 月，中爪哇省投资局局长耶鲁率代表团一行 25 人访问福建。

2003 年 6 月，省外事办主任李庆洲率团访问中爪哇省，出席“首届婆罗浮屠国际艺术节”。

2004 年 10 月，中爪哇省政府秘书长玛尔吉左诺率政府代表团参加“福建省国际友城大会”。

2005 年 9 月，省长马迪亚托率政府及企业代表团一行 33 人访问福州、厦门，参加第九届“9·8”投洽会。

（五）福建省—美国弗吉尼亚州

1. 弗吉尼亚州概况

弗吉尼亚州位于美国中南部，面积 10.2 万平方公里，人口 700 万，年平均气温 11.7℃～15℃、年降雨量 1092 毫米。有 95 个县，40 个独立于县的城市和 189 个镇，州府里士满市。

弗吉尼亚州产业发达，以电脑和数据处理为主的服务业为该州提供 1/3 的就业机会，其产值为制造业和零售业的总和，占该州国民生产总值 23%；农业品种齐全，为美国十大农业州之一；采煤业位于美国前十位。此外，造船业、航天航空、军工产业也很发达。

该州高等学府众多，著名的有威廉－玛丽学院、弗吉尼亚州立大学等。北部为美国最大电脑通讯公司集中地之一。

2. 缔结友好关系

2004 年 6 月 8 日，副省长王美香受省长卢展工委托，与弗吉尼亚州州长马克·沃纳在北京分别代表两省州政府签署了《中华人民共和国福建省和美利坚合众国弗吉尼亚州建立友好省州关系协议书》，全国对外友协会长陈昊苏、副会长李小林、省政府有关部门负责人及弗吉尼亚州代表团一行 60 人出席签字仪式。

表 3－1　　**1999—2005 年福建省缔结友好城市一览表**

国内省份	国外友好省(州)名称	结好时间	签字地点
福建省	巴布亚新几内亚东高地省 EasternHighlands，Papua New Guinea	2000－05－16 16 May，2000	福州市 Fuzhou
	巴西塞阿腊州 Ceara，Brazil	2001－03－06 06 Mar，2001	福塔莱萨市 Fortaleza
	乌克兰敖德萨州 Odessa，Ukraine	2002－07－11 11 Jul，2002	敖德萨市 Odessa
	印度尼西亚中爪哇省 Central Java，Indonesia	2003－12－06 06 Dec，2003	三宝垅市 Semarang
	美国弗吉尼亚州 Virginia，U. S. A.	2004－06－08 08 Jun，2004	北京市 Beijing

二、友好城市交往活动

1999—2005 年，除福建省与在此期间建立的友好城市开展交往外，与澳大利亚塔斯马尼亚州、日本长崎县、冲绳县、美国俄勒冈州、比利时列日省、德国莱法州、法国下诺曼底大区、意大利那不勒斯省等友城的交流与合作持续发展。

（一）高层互访

1. 来　访

（1）美国俄勒冈州参议院议长访问福建

2000 年 5 月 19—21 日，应省人大常委会主任袁启彤的邀请，由美国俄勒冈州参议院议长布雷迪·亚当斯为团长的州议会及经贸代表团一行 28 人，对福建进行友好访问。省委书记陈明义、省人大常委会主任袁启彤分别会见代表团。袁启彤陪同代表团参观省人大常委会会场，介绍省人大日常会议程序和工作概况。亚当斯表示，1997 年曾访问过福建，时隔三年再次故地重游，对福建及省人大工作有了更进一步的认识。在榕期间，代表团参加了福州招商月活动，还参加了福州市政府为代表团专门安排的经贸洽谈会。会上，中美企业家按行业分成若干个小组相互交换信息，并就今后的合作进行了探讨，福建副食品公司与俄勒冈州萨伯罗索公司、福州水产公司与库尔曼牡蛎场、福州电子有限公司与 NCY 公司达成了合作、合资意向。福州市委书记何立峰与亚当斯还代表两地政府签署了支持俄勒冈州企业租用福州会展中心长期展馆陈列俄州产品的备忘录。

（2）德国莱法州副议长访问福建

2000年10月2—4日，德国莱法州议会副议长彼得·舒勒率领德国音乐山庄铜管乐团一行17人到福州、厦门两地进行访问演出。

在闽期间，省人大常委会主任袁启彤会见了代表团。舒勒说，此次乐团在北京、天津、福州和厦门等4个城市演出，处处感受到中国人民，尤其是福建人民的友好情谊。音乐不分国界，音乐山庄铜管乐团的成功演出是献给福建人民最好的礼物。

代表团在福州、厦门访问期间，与当地乐团等进行交流，参观了市政建设，促进了双方的相互了解和友谊。

（3）乌克兰敖德萨州州长访问福建

2000年10月16—19日，应省长习近平邀请，以州长兼州议会主席谢尔盖·格里涅维茨基为团长的乌克兰敖德萨州政府代表团一行6人，对福建省进行友好访问。

在福州期间，省委书记陈明义、省长习近平、省人大常委会主任袁启彤等会见了代表团。陈明义表示，希望通过此次州长来访，加深两省州人民之间的了解和友谊，开辟两省州友好关系的新局面。习近平说，福建省特别重视开拓东欧市场，今后要加强双方的交流与合作，尤其是高层互访和经贸交流。袁启彤向客人介绍了中国的人民代表大会制度，他希望福建省人大和敖德萨州议会能尽快建立起友好合作关系。格里涅维茨基表示，敖德萨州在改革、发展的进程中，需要与东方国家的合作，敖德萨州希望与福建省建立友城关系。

访问期间，代表团还与省外经贸厅、省贸促会及福建省相关企业举行座谈，双方就福建省向敖州派遣企业家代表团、举办轻工类产品展销会，以及开展航运合作等议题进行了探讨，达成了合作意向。代表团在福建中医学院参观时，希望福建中医界能与敖德萨市开展交流与合作，把中医、中药引进乌克兰。

（4）澳大利亚塔斯马尼亚州州长访问福建

2001年9月10—14日，应省长习近平的邀请，澳大利亚塔斯马尼亚州州长吉姆·培根率代表团访问福州、厦门，随同来访的有塔州经济发展厅厅长及企业家等一行10人。

13日，省政府在福州举办了两省州结好20周年庆祝大会及授予吉姆·培根福建省“荣誉公民”称号仪式，习近平在大会上致辞。省政府秘书长陈芸宣读了福建省人民政府关于授予吉姆·培根州长福建省“荣誉公民”称号的决定，习近平向吉姆·培根颁发了福建省“荣誉公民”证书和纪念座，以表彰他对发展两省州友好关系所做出的贡献。

培根一行参加了“9·8”投洽会，随同来访的塔州林业、水产、造船、教育等领域的企业也与中方企业进行对接，这是塔州第一次组织企业参加“9·8”投洽会。塔州企业家表示，这次“9·8”投洽会不仅为他们提供了与福建省企业广泛接触的机会，同时也为他们提供了与全国各地交流的平台。培根表示今年是塔州第一次参加“9·8”投洽会，今后将每年组团参加，相信一定会有越来越多企业访问福建。

在福建期间，培根一行还参观了厦门造船厂、海沧开发区、厦门音乐学校、实达集团等，并出席了塔斯马尼亚大学与闽江大学及实达集团联合创办的爱恩实达学院的揭牌仪式。

（5）德国莱法州州长访问福建

2004年9月29日至10月2日，应省长卢展工的邀请，德国社民党副主席、莱法州州长库尔特·贝克率莱法州代表团一行57人，对福建省进行友好访问，贝克近十年来曾三次访问福建。

在福建期间，贝克一行参加了福建省与莱法州建立友好省州关系十五周年庆祝活动，接受省政府授予的福建省“荣誉公民”称号，并签署7项交流合作协议。卢展工和贝克、西门子（中国）有限公司副总裁麦亚明共同签署了《福建省政府、莱法州政府和西门子股份公司自动化和驱动集团关于在福建省设立职业进修培训和咨询发展中心的共同声明》，三方一致同意在福建省的国家高技能人才培训基地——省高级技工学校共同设立“职业进修培训和咨询发展中心”，前期西门子股份公司自动化和驱动集团提供价值300万元人民币的12台机床设备，莱法州负责选派专家为福建省培养第一批100名自动化职业技能师资。该中心将根据市场需求，培训福建高校学生、企业员工等，向福建高校和其他职业培训机构提供专业知识、职业教育科学以及学校管理与发展等方面的咨询。

双方有关部门负责人还分别签署了《中国福建省和德国莱法州关于成立福建省—莱法州共同发展促进会备忘录》《中国福建省环保局和德国莱法州环境与林业部关于加强环境保护交流合作的备忘录》《福建省卫生厅和德国美茵茨大学医学院互派医学进修学者的协议》《福建省人民对外友好协会和德国蒙塔鲍尔韵学校建立友好交流合作关系协议书》和《关于福建霞浦风电项目选用德国富兰德风电机组意向书》。代表团在参观省中医学院附属第二人民医院康复中心时，双方有关部门还签署了《福建中医学院海外教育学院和德国美茵茨大学医学院开展学术交流与合作意向书》。

代表团还参观了福州大学、东南（福建）汽车工业有限公司、福建省金得利集团有限公司和厦门鼓浪屿及南普陀寺等。在福州大学，贝克与吴敏生校长共同为“中德研究院—莱茵普法茨学院”揭牌，该学院由莱法州—福建省促进会与福州大学共同创办，培养推动中德合作所需的高级人才。

（6）印度尼西亚中爪哇省省长访问福建

2005年9月5—9日，应省长黄小晶的邀请，印尼中爪哇省省长马迪亚托率中爪哇省政府及企业代表团一行33人访问福州、厦门。7日，省委书记卢展工、省长黄小晶在厦门会见了马迪亚托一行。

6日，印尼代表团全体成员和福建省的32家企业的48名代表出席了“印尼中爪哇省投资说明会”。会上，马迪亚托简要回顾了中爪哇省和福建省结为友好省关系的过程，希望进一步加强双方在经贸等领域的交流与合作。中爪哇省投资促进署主席叶露、工贸局局长帕努托耀分别就中爪哇省的投资环境、投资领域、投资的有关优惠措施等做了介绍。双方企业代表就百货、塑料、味精、采矿、汽车（零配件）、旅行社、食品、家具、陶瓷等合作项目进行了对口洽谈，并达成了多项合作意向，为福建省中小企业开拓印尼国际市场、到印尼投资兴业提供了商机。

在福建期间，代表团还参观了马尾开发区、中华映管公司、诚丰家具公司和郑和航海馆，出席了“9·8”投洽会开幕式及“第三届中国国际友城合作论坛”，并参加了“9·8”投洽会省团的“行业对口洽谈会”。

（7）巴西塞阿腊州州长访问福建

2005年9月7—10日，应黄小晶省长的邀请，巴西塞阿腊州州长卢西奥·阿尔坎塔拉率塞州代表团一行12人访问福建。代表团成员由塞州政府官员、商会领导和企业家组成。9月7日下午，省委书记卢展工、省长黄小晶在厦门会见了阿尔坎塔拉一行。代表团出席了“9·8”投洽会开幕式，参加了“友城合作论坛”。阿尔坎塔拉作为第一个特邀嘉宾在论坛上发表了演讲，介绍了塞州的基本情况和投资环境，以及双方的合作潜力和前景。

在参加“9·8”投洽会期间，塞州经济发展部联合州工商总会还参加了“国际友城展”和省团“行业对口洽谈会”。在行业对口洽谈会上，福建省石材贸易公司与塞州企业对双方开展石材领域的合作感兴趣，塞方表示将组团参加2006年“厦门国际石材交易会”。此外，塞州工商总会与福建省贸促会就加强双方在经贸、人才领域的交往签署了合作协议。

2. 出　访

（1）副省长汪毅夫访问德国莱法州、意大利那不勒斯省

1999年3月，应德国莱法州州长库尔特·贝克和意大利那不勒斯省省长阿马托·兰贝迪的邀请，副省长汪毅夫率福建省友好代表团一行访问德国、意大利。访问期间，代表团参加了德国莱法州政府在美茵茨市举行的福建省与莱法州结好10周年庆典活动，双方签署了《福建省与莱法州进一步加强友好合作协议书》，参加了同期举行的莱法州博览会开幕式和作为主宾馆的福建馆开馆仪式。在意大利，代表团一行与那不勒斯省省长及工商界代表就继续推进两省友好关系事宜进行会谈。

（2）副省长张家坤访问意大利那不勒斯省

1999年10月，应意大利那不勒斯省省长阿马托·兰贝迪的邀请，副省长张家坤率福

建省经贸代表团，访问意大利。在那不勒斯省，张家坤会见了阿马托·兰贝迪，考察了当地企业等。

（3）副省长朱亚衍访问比利时列日省

1999年10月，应比利时列日省省长保罗·博朗的邀请，副省长朱亚衍率福建省经贸代表团访问比利时列日省。朱亚衍会见了常务议员（副省长）乔治·皮尔，探讨了双方进一步扩大合作、加深两省友好关系等问题。

（4）副省长曹德淦访问比利时列日省

1999年10月，副省长曹德淦率闽澳经贸代表团赴比利时访问。在列日省，代表团和列日省政府、企业界人士就双方合作项目交换意见，参观企业。随行的省船舶工业集团公司和比利时CMI公司签订了进口关键设备的协议。

（5）副省长汪毅夫访问澳大利亚塔斯马尼亚州

2000年2月，应澳大利亚塔斯马尼亚州州长吉姆·培根的邀请，副省长汪毅夫率福建省经贸代表团访问澳大利亚。在塔斯马尼亚州，汪毅夫分别与吉姆·培根、州总督盖·格林进行了会谈，就进一步发展两省州友好关系交换了意见，并达成共识。代表团还与州发展部、林业委员会等部门负责人商谈了加强两省州在各个领域的交流与合作，以及2001年两省州结好20周年庆祝活动的具体事宜。

（6）省委书记陈明义访问法国下诺曼底大区

2000年6月，应法国下诺曼底大区的邀请，省委书记陈明义率福建省经贸代表团，对法国进行友好访问。在下诺曼底大区，陈明义会见大区领导，与经济界人士进行座谈，考察了当地企业。

（7）副省长贾锡太访问日本长崎县

2000年9月，应日本长崎县知事金子原二郎的邀请，副省长贾锡太率福建省代表团访问日本。在长崎县，贾锡太会见金子原二郎，就双方合作项目交换了意见。

（8）省人大常委会副主任王建双访问日本长崎县

2000年12月，应日本长崎县议会议长林义博的邀请，省人大常委会副主任王建双率福建省人大友好代表团对日本进行友好访问。在长崎县，王建双分别会见林义博、知事金子原二郎、前知事高田勇等。通过交流会考察，加深了福建省人大与长崎县议会之间的友好合作关系。

（9）省长习近平访问日本长崎县、冲绳县

2001年2月，应日本长崎县知事金子原二郎、冲绳县知事稻岭惠一的邀请，省长习近平率福建省政府代表团对日本进行友好访问。访问期间，习近平分别会见金子原二郎、议长林义博、稻岭惠一、议长伊良皆高吉以及经贸界人士，促进了双方交流与合作。

（10）副省长汪毅夫访问巴西塞阿腊州

2001 年 3 月，应巴西塞阿腊州州长塔索・热雷萨蒂的邀请，副省长汪毅夫率福建省经贸代表团访问巴西。在塞阿腊州，汪毅夫与副州长维拉斯就进一步发展两省州友好关系交换了意见，并签署了两省州结好协议书。

（11）副省长潘心城访问印度尼西亚中爪哇省

2001 年 8 月，应印尼中爪哇省省长的邀请，副省长潘心城率福建省科技教育代表团对印度尼西亚进行友好访问。在中爪哇省，潘心城会见马迪亚托及省议会、省政府有关部门负责人。在福建省与中爪哇省经贸合作研讨会上，潘心城与马迪亚托分别代表两省政府签订了缔结友好省关系意向书。

（12）省人大常委会副主任童万亨访问日本长崎县

2001 年 10 月，应日本长崎县议会议长加藤宽治的邀请，省人大常委会副主任童万亨率福建省人大友好代表团一行赴日本访问。在长崎县，童万亨分别会见了加藤宽治、知事金子原二郎。代表团还同长崎县农林部和长崎县农协会就在 WTO 条件下如何加强农业法制建设的问题进行了座谈，了解日本保护农业的法律体系的运作情况。

（13）常务副省长黄小晶访问日本冲绳县

2002 年 5 月，应日本冲绳县知事稻岭惠一的邀请，省委常委、常务副省长黄小晶率福建省经贸代表团访问日本。在冲绳县，黄小晶会见了稻岭惠一和议长伊良皆高吉，共同出席了在冲绳县举办的福建省—冲绳县结好 5 周年纪念活动。

（14）省长习近平访问乌克兰敖德萨州

2002 年 7 月，应乌克兰敖德萨州州长谢尔盖・格里涅维茨基的邀请，省长习近平率福建省代表团访问乌克兰。在敖德萨州，习近平与格里涅维茨基共同签署了《福建省与敖德萨州缔结友好省州关系协议书》和《福建省与敖德萨州关于加强经贸、科技和文化合作备忘录》。

（15）副省长汪毅夫访问日本长崎县、冲绳县

2002 年 11 月，应日本长崎县知事金子原二郎、冲绳县知事稻岭惠一的邀请，副省长汪毅夫率福建省政府代表团访问日本。在日本，汪毅夫分别与金子原二郎、议长加藤宽治，冲绳县议长伊良皆高吉、副知事比嘉茂政、出纳长嘉数昇明会谈，就进一步发展两省县友好关系交换了意见，达成了共识。

（16）省委常委陈营官访问德国莱法州

2003 年 8 月，应德国莱法州政府的邀请，省委常委、统战部长陈营官率福建省代表团访问德国。在莱法州，陈营官会见了州内政部长瓦尔特，就两省州经贸合作和文化交流项目进行磋商。代表团听取了美茵茨市规划局局长关于城市规划的情况介绍，参观了莱法州哈恩机场等重点市政建设项目。

（17）副省长王美香访问印尼中爪哇省

2003年12月，副省长王美香率福建省政府代表团访问印尼。在中爪哇省，王美香会见了省长马迪亚托，双方就发展两省友好合作事宜进行洽谈，共同签署了《福建省与印尼中爪哇省建立友好省关系协议书》。

（18）副省长叶双瑜访问德国莱法州

2004年2月，应德国莱法州政府邀请，副省长叶双瑜率福建省经贸代表团访问德国。在莱法州，叶双瑜会见了州长贝克，商定由州政府组织当地汽车零配件企业随戴姆勒·克莱斯勒公司访问福建。代表团访问了位于莱法州路德维希港市的世界化工巨头——巴斯夫公司，与该公司高级顾问拉屈举行会谈。

（19）副省长李川访问德国莱法州

2004年5月，应德国莱法州政府的邀请，副省长李川率福建省经贸代表团一行访问德国。在莱法州，代表团与莱法州政府就加强双方经贸合作关系进行会谈，与有关企业界人士进行交流，参观了该州的哈恩机场和其他企业与机构。

（20）省政协主席陈明义访问乌克兰敖德萨州

2004年6月，应乌克兰敖德萨州政府的邀请，省政协主席陈明义率福建省经贸代表团访问乌克兰。在敖德萨州，代表团会见副州长列奥尼德·波利谢科，考察了乌克兰船舶修造厂、敖德萨港经济特区，就船舶修造合作项目进行洽谈。出席了由中国驻乌克兰大使馆文化处委托当地华人社团与敖德萨市博物馆共同主办的“中国故事”图片展览会开幕式。

（21）副省长王美香访问巴西塞阿腊州

2005年3月，应巴西塞阿腊州邀请，副省长王美香率福建省政府友好代表团对巴西进行友好访问。在塞阿腊州，王美香会见副州长弗朗西斯克·玛亚，与州经济发展部部长雷希思·迪亚斯，州外事办、州工业联合会、州立大学国际事务部负责人，中巴商会驻塞州代表等就石材加工、鞋业、纺织品、花卉、水果、旅游等方面的合作及福建企业到塞阿腊州投资等事项进行会谈，达成共识。

（22）省人大常委会副主任张家坤访问巴布亚新几内亚东高地省

2005年9月，应巴布亚新几内亚东高地省副省长杰克西·纳凯姆的邀请，省人大常委会副主任张家坤率福建省人大代表团访问巴布亚新几内亚。在东高地省，张家坤会见纳凯姆，与省政府有关部门负责人座谈，了解福建省援助项目情况，并实地考察了援助项目实施情况。

3. 其　他

（1）福建新闻团访问欧洲友城

1999年6月，由省政府新闻办、省外事办、省电视台联合组成的福建省新闻代表团，访问德国莱法州、比利时列日省、法国下诺曼底大区、意大利那不勒斯省等四个友好省。

德国莱法州州长库尔特·贝克，比利时列日省主管卫生、人民生活、环境、工程、对外事务的常务议员（副省长）乔治·皮尔，法国下诺曼底大区经济发展委员会主席乔治·德·拉·卢瓦耶尔，意大利那不勒斯省省长阿马托·兰贝迪分别会见代表团一行，并接受采访。新闻代表团还分别采访了四个友好省的其他官员和友好人士，采访了当地经济、文化、教育、卫生、新闻等行业。回国后，采访纪录片在福建电视台连续播出。

（2）福建省代表团访问欧洲友城

1999 年 11 月，应德国莱法州、比利时列日省政府邀请，省长助理、省外事办主任李庆洲率团访问两地。访问期间，李庆洲一行分别会见了莱法州文化部长歌特、外事办主任巴尔岑、东亚学院院长恩勒特，列日省常务议员乔治、文化体育部长、外事办主任及旅游协会、贸促会、新闻负责人等政府官员，就双方 2000 年度的友好交流项目交换了意见，达成了共识。

（3）福建省友好交流代表团访问巴新东高地省

2005 年 5 月，应巴布亚新几内亚东高地省行政长官姆纳雷·尤娅西的邀请，受省政府委托，以福建农林大学党委书记王豫生为团长的福建省友好交流代表团赴巴新东高地省，对福建省援助旱稻栽培和菌草项目的实施情况进行验收评估。

代表团一行在东高地省副省长、鲁法区区长、省农委主席、项目办负责人的陪同下，到高路卡区菲米特村项目办的种子田、罗梅斯村农户的旱稻田、高路卡镇妇女旱稻种植示范点、卡米尤法村阿培尔戈索旱稻、雾菲图小学宿根稻现场察看了旱稻的长势。代表团在高路卡碾米机厂，对谷子出米率、稻米品质进行了鉴定；在田间、协会和农户家，咨询和了解旱稻、菌草种植情况，交流旱稻、菌草种植的经验和教训。

（4）福建省民营企业家访问日本

2005 年 11 月，应长崎县政府的邀请，省外事办组织福建省民营企业家代表团一行 28 人访问日本。在长崎县，代表团实地考察了长崎的投资环境和企业，参加了中日企业家座谈会，就开展相互投资事宜进行交流。由福建民营企业家组成的代表团访问长崎县，在福建省与长崎县结好 20 多年的历史上属首次。

（5）省外事办组团访问德国、阿根廷

2005 年 11 月，省外事办主任宋克宁率团访问德国、阿根廷。

在德国莱法州，宋克宁先后与州政府发言人舒马赫和莱法州—福建省共同促进会主席鲍里斯夫妇、州环保部长玛吉特、州国务秘书兼办公厅主任斯塔德迈尔等就 2006 年双方交流项目进行会谈，取得一致意见。

在阿根廷期间，代表团访问了密西昂内斯省，与密省副省长克斯吉尔斯克及环境生态部长、教育部长和商业与一体化主任探讨双方结为友好城市的可能性。此外，还会见了密西昂内斯省首府波萨达斯市市长布里格诺尔，了解了波市的发展现状和规划，并共同接受了当地媒体的采访。

（二）重大活动

1. 福建省与莱法州结好10周年庆祝活动在美茵茨举办

1999年3月，副省长汪毅夫率福建省政府代表团出席德国莱法州政府在首府美茵茨市举办的莱法州与福建省结好10周年庆祝活动，与莱法州各界代表共同庆祝两省州结好10周年。汪毅夫与州长贝克分别在庆祝大会上致辞，并代表两省州政府签署了《福建省与莱法州进一步加强友好合作协议书》。德国西南广播电视台对庆祝活动进行了实况转播，并专题采访汪毅夫和贝克。

为配合此次庆祝活动，福建省应邀作为主宾国在同时举办的莱法州博览会内设福建馆，组织企业家和文艺团体参加，展示福建食品和其他产品。

2. 德国莱茵交响乐团访闽演出

1999年3月，为纪念福建省与德国莱法州结好10周年，德国莱法州文化部部长罗斯·哥特率莱茵交响乐团一行86人，到福建省进行访问演出。这是新中国成立50年来福建迎来的首个大型西方交响乐团。

3月30日晚，纪念福建省与莱法州缔结友好省州关系10周年音乐会在福州大戏院举行，省委书记陈明义、省长贺国强会见了交响乐团全体成员，并和1000多位市民一起观看了演出。

3. 第六、七届福建—冲绳经济研讨会在日本举办

1999年10月20—22日，由省外事办、省外经贸委、省教委、省环保局、省贸促会等13个厅局组成的福建省代表团一行20人，出席在日本冲绳县举办的“第六届福建省—冲绳县经济研讨会”。

研讨会分农业水产组、商工交通组、学术文化组、卫生环保组、一般交流组等5个小组，双方就福建方面提出的14个项目、冲绳方面提出的10个项目进行协商后，签署了《第六届福建省—冲绳县经济研讨会会谈纪要》。主要内容包括：开展甘蔗育种、海水养殖、病虫害防治、环保技术交流，交换果树、花卉品种；互派经贸代表团，扩大经贸合作；互派教师、高中生、研修生等。在冲绳期间，福建省代表团还出席了在冲绳同时举办的中国福建商品展销会开幕式、参加了冲绳产业节。

2001年10月21—25日，由省外事办等12个厅局组成福建省代表团一行19人访问冲绳县，参加“第七届福建省—冲绳县经济研讨会”。双方签署《第七届福建省—冲绳县经济研讨会会谈纪要》，主要内容包括：互派农业考察团，交换花卉和蔬菜品种；互派经贸代表团，举办展销会；互派医疗专家，开展蛇毒利用和防治研究；互相交换环保资料、信息等。双方一致认为在七届“福建省—冲绳县经济研讨会”的促进下，两省县交流已进入常态化，今后不再定期举办，必要时协商召开。

4. 第12次福建—长崎经贸混委会会议在福州召开

1999年11月3—4日，“福建—长崎经贸混合委员会第12次会议”在福州召开，日本长崎县商工劳动部次长白川利胜率长崎县经贸代表团一行35人出席。

省外经贸委主持会议，双方就上次混委会所签署的备忘录实施情况及本次备忘录草案进行讨论后，签署了《第12次福建—长崎经贸混委会备忘录》，主要内容包括：继续开展农业、林业、渔业、科技、旅游等领域的实质性交流；开展陶瓷合作，日方资助225万日元；扩大福州—长崎港的集装箱航线等。

1988年，福建省与长崎县经贸部门牵头组成的经贸混合委员会在福州正式成立，决定每年在福建或长崎轮流召开会议，商讨经贸合作事宜，以促进两省县的经贸交流与合作。2003年召开第16次福建—长崎经贸混委会会议后，2004年、2005年因故暂停。

5. 塔斯马尼亚州木材之窗展览会在福州举办

1999年11月8—12日，澳大利亚塔斯马尼亚州“木材之窗”展览会在福州举办，展出塔斯马尼亚州的优质木材和精美家具。这是福建省加强与塔州在林产业方面合作的一次尝试。代省长习近平、塔斯马尼亚州州长吉姆·培根等出席了开幕式。

塔斯马尼亚林业公司是该州的国有公司，负责经营塔斯马尼亚州150万公顷的公有林。福建省与塔斯马尼亚州在林产品贸易、林业技术交流等方面开展交流与合作。塔州林业公司与省林业投资有限公司、永安林业公司往来密切，双方在桉树苗圃技术、苗圃经营、育苗基质、种源试验、基因改良、种子园营建、森林经营结构体系、森林健康等方面开展合作，成果丰硕。

6. 首届福建省国际友城展在厦门举办

2001年第五届中国国际投资贸易洽谈会，省外事办首次设立福建省国际友城展区，展位21个，邀请日本、德国、美国、加拿大、澳大利亚、意大利、新西兰、土耳其、印度尼西亚、墨西哥、菲律宾等14个国家的16对友好省（州、县）、市及友好交流城市的100多名代表参加展会。澳大利亚塔斯马尼亚州州长培根、菲律宾宿务市市长奥斯梅纳、墨西哥瓜达拉哈拉市副市长卡艾乌瑞等友好城市和友好交流城市的领导率团出席，展品涉及旅游、投资、计算机应用软件及健康食品等。

展会期间，意大利那不勒斯省、澳大利亚马卢奇郡、新西兰惠灵顿市、美国巴尔的摩市签订了四省市结为“姐妹联盟”的备忘录，商定4个省市在文化、经贸、教育、科技研究和发展及其他相关领域开展合作，并将借参加厦门“9·8”投洽会之机，每年在厦门交流。

在“9·8”投洽会上首次设立国际友城展区，《福建日报》《厦门日报》《海峡导报》等媒体都配发图片进行专题报道。

2002—2005年，福建省国际友城展继续举办。

7. 参加“2000中国友好城市国际大会”

2000年9月26—28日，由中国人民对外友好协会和中国国际友好城市联合会共同举办的“2000中国友好城市国际大会”在北京召开。副省长汪毅夫率领由省直有关部门和8个地、市组成的福建省代表团与来自国内外330多个城市的1500名代表出席了大会。福建省的友好城市——日本长崎县、冲绳县及佐世保市也分别派代表参加了会议。

本次大会以“友好合作——走进新世纪的桥梁”为主题，分为城市可持续发展战略、高新技术、社区服务、就业和社会保障、青少年工作、老龄化趋势、不同文明对话合作、地方政府国际交流等8个专题讨论。汪毅夫在第一论坛上做了题为“采取措施，大力促进福建地方政府可持续发展国际合作的进程”的演讲，受到了与会代表的好评。

此外，作为本次大会的一项重要活动，全国友协和全国贸促会共同主办的“2000中国国际友好城市交流展暨经贸洽谈展”，27日上午在北京国际展览中心拉开帷幕。福建省和所辖的8个地、市以实物、模型、图片等形式参展，展示了与国外30个友好城市在科教、经贸、体育等领域的交流成果。全国友协会长齐怀远、全国贸促会会长俞晓松等领导及参加本次友城国际大会的国内外来宾参观了福建省展厅。

8. 福建省与塔斯马尼亚州结好20周年庆祝活动在福州举办

2001年9月13日，省政府在福州举办福建省与澳大利亚塔斯马尼亚州缔结友好省州关系20周年庆祝活动，塔斯马尼亚州州长吉姆·培根率政府代表团出席，并与省长习近平共同签署了《福建省与塔斯马尼亚州结好20周年联合声明》。

20年来，双方通过友城渠道互派团组和人员79批，379人次，其中福建省派出团组36批，242人次，塔州来访团组43批，137人次。福建省先后有9位省级领导率团赴塔州访问，塔州历届州长、州总督、上下院议长也相继率团来闽进行访问。在经贸、农林、水产等领域开展合作，引进塔州太平洋牡蛎、桉树品种等。在教育、文化等领域，福建省从塔州聘请了18名文教专家来闽讲学，派出9名青年教师、30多名专业技术人员赴塔州攻读博士学位或进修。

9. 福建省—长崎县结好20周年庆祝活动在福州举办

2002年7月15—18日，应省人大常委会主任宋德福、省长习近平的邀请，日本国长崎县知事金子原二郎、议长加藤宽治率长崎县友好代表团一行265人对福建省进行友好访问，参加两省县结好20周年庆典活动，并访问福州、泉州、厦门。随同来访的有长崎县政府、议会、市长协会、议长协会主要官员及福州、厦门、漳州、南安市的对口友城长崎、佐世保、谏早、平户市官员和各界友好人士。

7月15日，宋德福、陈明义、汪毅夫等省领导在福州会见了代表团主要官员。当晚，福建省—长崎县缔结友好省县关系20周年庆祝大会在福州举行。宋德福发表了讲话，指出20年来，两省县开展了广泛的交流与合作，互派团组和人员520批，8477人次；两省县贸易总额达数千万美元，长崎县在福建创办了7家企业；长崎县80多位专家、学者来福建工作、讲学，两省县互派留学生、研修生420多人；城市之间、大学之间、研究站所之间的友好关系陆续建立；长崎县政府和友好人士多次为福建贫困山区教育事业或遭受自然灾害的地区捐款捐物。希望两省县今后进一步加强在农林水产、经济贸易等领域的实质性合作，共同为两省县的经济繁荣、人民幸福做出贡献。金子原二郎说，长崎县的华人大多数来自福建，长崎人民对福建人民怀有特殊感情。希望以结好20周年为契机，进一步发展两省县友好交流，并对长期以来致力于两省县友好交流、促进合作的友人表示衷心感谢。在庆祝大会上，两省县互赠了庆祝结好20周年的纪念品。长崎县还向福建省捐赠了300万日元（约20万元人民币）用于购置教材。来自福建省和长崎县的艺术家同台表演了精彩的文艺节目。

16日上午，在闽江公园北岸举行了纪念福建省与长崎县结好20周年植树活动，林强（省人大常委会副主任）、汪毅夫、金子原二郎、加藤宽治共同为象征两省县友谊的榕树培土浇水。

10. 福建省—冲绳县结好5周年庆祝活动在福州举行

2002年8月12—14日，应省委书记、省人大常委会主任宋德福，省长习近平的邀请，冲绳县知事稻岭惠一、议长伊良皆高吉率冲绳县友好代表团一行65人，对福建省进行友好访问，参加两省县结好5周年庆典活动。

8月12日晚，宋德福、省政协主席陈明义、省人大常委会副主任施性谋等会见了代表团一行。13日，习近平、施性谋、副省长汪毅夫出席了在福州举办的“福建省—冲绳县结好5周年庆祝活动”。习近平指出，福建省与冲绳县结好以来在各个领域开展了广泛的交流与合作。双方互派团组和人员320批，5310人次；经贸旅游合作稳步发展，冲绳县在福建创办了13家企业，派多位专家、学者来福建工作、讲学；双方互派留学生、研修生339人；城市间、大学间的友好关系陆续建立；冲绳县政府和友好人士多次为福建遭受自然灾害的地区捐款捐物。习近平希望两省县今后进一步加强在农、林、水产、经贸等领域的实质性合作，共同为两省县的经济繁荣、人民幸福做出贡献。稻岭惠一和伊良皆高吉表示，坚信双方交流与合作领域会越来越宽，友好的纽带越来越牢固。庆祝活动上，两省县互赠了庆祝结好5周年的纪念品。施性谋、汪毅夫代表省政府表彰了为福建省与冲绳县的经济发展做出贡献的冲绳县5家企业。稻岭惠一代表冲绳县政府向与冲绳县几所大学开展交流并在琉球古典音乐研究方面做出贡献的福建师范大学颁发了奖状。来自福建省和冲绳县的艺术家同台表演了精彩的文艺节目。伊良皆高吉还即兴表演了由自己作词谱曲的三弦弹唱。

在榕期间，双方在闽江公园举行了纪念福建省与冲绳县结好5周年植树活动。施性谋、汪毅夫、稻岭惠一、伊良皆高吉共同为象征两省县友谊的榕树培土浇水。

稻岭惠一还与历届赴冲绳县留学、进修的代表座谈。他对各位留学生、研修生学习归来后，能够利用在冲绳所学的知识，在各自工作岗位上发挥自己的力量为中日友好做贡献表示欣慰。此外，他还接受了福建电视台、《福建日报》、《福州晚报》等媒体的专访。

11. 参加中日友好城市中学生乒乓球友谊赛

2002年8月2—7日，为纪念中日邦交正常化30周年，由中日友协、中国乒乓球协会和日中友协、日本乒乓球协会共同主办的中日友好交流城市中学生乒乓球友谊比赛大会在北京奥林匹克体育中心举行。

省外事办组织省及福州、厦门、泉州、漳州和南安市等6个代表队30名选手，邀请与福建省结好的6对友城：日本长崎县、长崎市、佐世保市、谏早市、平户市和冲绳县浦添市教练、选手等60人组成混合队参赛。在为期三天的比赛中，福州—长崎、厦门—佐世保、泉州—浦添、漳州—谏早等4个代表队分别以小组第一的成绩进入第二轮比赛。在第二轮比赛中，漳州—谏早代表队以优异成绩名列各队榜首，获得优胜奖；福州—长崎、厦门—佐世保、泉州—浦添代表队获得优秀奖。

在此次活动中，中日双方参赛选手在领队和教练的带领下，还参加了共同植树等活动。

12. 中国国际友好城市合作论坛在厦门举办

2003年9月，中国人民对外友好协会、中国国际友好城市联合会与厦门市政府联合主办“中国国际友好城市合作论坛”，厦门市人民对外友好协会、中国（厦门）国际投资促进中心承办。论坛以“城市规划和城市管理”“加强友城经贸往来”“生态环境建设”等友好城市间关心的问题为主题，邀请国际友好城市的市长、社会各界知名人士、专家学者等参加。

2005年举办第三届“中国国际友好城市合作论坛”时，省外事办、厦门市外事办参与承办，省、市外事办邀请来自五大洲10多个国家的友好省州及友好城市代表团参加。

13. 福建省国际友好城市大会在福州举办

2004年10月25—27日，由省政府和中国人民对外友好协会共同主办的福建省国际友好城市大会在福州召开。这是福建省首次举办国际友好城市大会，在全国各省（不含市）

也是首次。

出席大会的有 14 个国家 29 对友城。澳大利亚塔斯马尼亚州副州长里威廉、日本长崎县副知事田中裕司、乌克兰敖德萨州副州长波利谢科、巴西塞阿拉腊州副州长玛亚、比利时列日省常务议员皮尔、巴布亚新几内亚东高地省副省长纳基米、印度尼西亚中爪哇省秘书长、美国俄勒冈州众议员等率领代表团出席大会。拟与福建省建立友城关系的美国宾夕法尼亚州、拟与厦门市建立友城关系的瑞典赫尔辛堡市及拟与石狮市建立友城关系的澳大利亚伦马克帕林加市也派代表参加。日本、菲律宾、乌克兰、印尼等国驻华总领馆官员应邀出席，参会外宾共 292 人。

外交部部长助理李辉、中国人民对外友好协会副会长李小林出席大会并致辞。

这次大会主要活动包括开幕式、演讲会、友城图片展、友城合作说明会、教育论坛，以及文艺演出、会见参观等。此外，各有关设区市也组织了各种对口交流活动。

在友城大会举办前，《福建日报》从 10 月 14—24 日，每天报道一个国外友城与福建省交往情况。大会开幕后，《福建日报》、福建电视台、省广播电台、东南新闻网、《海峡都市报》等省内外媒体对大会的各项活动都做了集中报道。东南电视台制作、播出了 5 集专题片《友城连线》。日本长崎映像社、长崎放送、琉球放送、冲绳 TlMES 的 9 位记者也采访、报道了大会。25 日，福建日报发表了《让世界了解福建，让福建了解世界——热烈祝贺福建省国际友城大会召开》的评论员文章。

这次大会在经贸方面达成的合作意向主要有：开辟长崎至福州马尾货运海上航线；美国俄勒冈州与省越洋投资发展公司开展书店和音像合作，中方投资 100 万美元；中国武夷集团、亚通创新集团与巴西塞阿腊州就塞州 4 个基础设施建设项目进行合作；三明鸿闽工贸公司与澳大利亚伍龙岗市开展耐火材料贸易合作；福建南达信息技术公司与巴布亚新几内亚东高地省开展网络信息、口岸码头信息、农产品加工等合作；省鞋帽进出口公司与瑞典赫尔辛堡市合作建立欧洲贸易网点；省福通公司与巴西塞阿腊州开展铁矿贸易和海员合作；澳大利亚奥尔伯里市与南平市叉车厂和南平供排水公司开展国有股权转让及与源光亚明电器股份公司合作；印尼巨港市与漳州市科能电器公司开展“预付费电表管理系统”项目合作；马来西亚槟州代表团与厦门市翔安区开展污水处理和城市供水项目合作等。

在文教方面达成的交流项目有：厦门小白鹭歌舞团 2004 年 11 月赴马来西亚访问演出；南平市 2005 年 4 月赴澳大利亚奥尔伯里市举办闽北画展；印尼巨港市向漳州花博园景区赠送 28 平方米微缩民俗屋；泉州市 2005 年在日本浦添市举办“中国·福建—琉球交流 500 年展”，泉州海外交通史博物馆的 122 件文物运往浦添市展出。日本佐世保工业高等专科学校与厦门理工学院签署了缔结友好学校协议；南平师专与澳大利亚奥尔伯里市高校就联合办学达成意向；土耳其梅尔辛伊尼塞市与华侨大学就在梅尔辛大学开设华文教育课达成意向；龙岩市与澳大利亚伍龙岗市签订了中学生夏令营交流活动备忘录。

14. 福建省与德国莱法州结好15周年庆祝活动在福州举办

2004年9月30日至10月2日，省政府在福州市举行福建省与德国莱法州缔结友好省州关系15周年庆祝活动。应省长卢展工邀请，德国社民党副主席、莱法州州长库尔特·贝克率莱法州政府代表团一行57人，对福建省进行友好访问，参加福建省与莱法州建立友好省州关系15周年庆祝活动。

卢展工在福州会见了代表团一行，授予贝克福建省“荣誉公民”的称号，卢展工和贝克、西门子（中国）有限公司副总裁麦亚明共同签署了7项交流合作协议。访问期间，莱法州代表团在福州举行了“莱法州州情说明会”，参观了福州大学、东南（福建）汽车工业有限公司、省第二人民医院康复中心、福建省金得利集团有限公司和厦门鼓浪屿等。

15. “中国·福建—琉球交流500年展”在日本浦添市举行

2005年3月，“中国·福建—琉球交流500年展”在日本冲绳县浦添市举办。这是福建省泉州市与日本国浦添市自1988年缔结友好城市以来，两市交流合作的又一项成果。泉州市海外交通史博物馆和福建师范大学的141件展品在冲绳县浦添市美术馆展出，重现了琉球大贸易时代福建与琉球王国的交流盛况。

琉球与中国有着深厚的历史渊源，而浦添市与泉州的友好交往可以追溯到明朝。浦添市曾是琉球王国的首府，琉球王国向明朝皇帝纳贡的进贡船最早经由泉州港进京。当时，福建的许多工匠被派往琉球，帮助当地建设和开发。至今，浦添市还保留着福建特别是闽南地区的许多古老风俗习惯。

“中国·福建—琉球交流500年展”展出期间，浦添市及冲绳县其他市的市长和市民前往参观，进一步加深了福建省与冲绳县的相互了解和友谊。

（三）其他交流合作

1. 经贸科技合作

1999—2005年，福建省运用与日本长崎县建立的经济贸易混合委员会、与日本冲绳县建立的经济研讨会、与德国莱法州建立的经济贸易混合委员会这3个平台，推动双方的经贸科技合作。此外，2001年，省外事办借助“9·8”投洽会，首次举办国际友城展；2003年，全国友协和厦门市政府在“9·8”投洽会首次举办国际友好城市合作论坛，这两项重要活动每年定期举办。2004年，福建省首次举办国际友好城市大会，来自14个国家的29个友好城市组织高规格的代表团参加。在每年“5·18”海交会和“6·18”项目成果交易会等大型招商活动中，国外友城都组团参会、设展。主要成果如下。

（1）1999年11月，澳大利亚塔州在福建举办“塔斯马尼亚木材之窗”展览会期间，塔州林业公司与省林业投资有限公司、永安林业公司达成协议，开展桉树苗圃技术合作，在苗圃经营、育苗基质、种源试验、基因改良、种子园营建、森林经营结构体系、森林健康、项目研究与开发等领域展开交流合作与研究。

2002年11月至2003年12月，塔州共派出5批技术人员20人次访问永安，借助永林公司100万亩速丰林基地建设项目，传送塔州经验与技术，选育出适合永安及其周边地区生长的优良桉树新品种，提高了森林经营和管理水平，并协助建立了森林健康监测系统。

(2) 省农科院从日本长崎县引进枇杷品种18个，通过隔离栽培和生长观察，成功选育一个品种——“森尾早生”。该品种已在我国南方地区累计推广约2万亩。与福建省大果品种“解放种”杂交，选育出枇杷新品种“早钟6号”，2000年获省科技进步一等奖。

(3) 1999年，福建福人木业有限公司同美国俄勒冈州杜巴尔公司合作，引进国内唯一应用美国专利技术的AF处理生产线，生产E1级或E0级绿色环保产品。2000年，福人公司与美国俄勒冈州杜巴尔公司合作，投资5000万元引进先进设备和技术，对旧生产线进行全面技术改造，使生产能力从5万立方米/年提高到10万立方米/年，而且产品质量和环保指标都达到国际先进水平。

(4) 2003年5月，美国俄勒冈州众议员理查森在中国事务办公室官员陪同下访问福建，与省环保局签订了《合作意向书》，内容包括：①美方向中方提供环境管理、环境监测、环境科技、环保产业、环境信息等方面的信息和资料，并建立环保信息库；②中方向美方提供福建环保项目信息及商务和投资机会；③共同组织在美国的环境合作交流；④美方协助办理中方出访美国团组和人员的有关事宜；⑤中方负责协调美国俄勒冈州在福建省的投资、援助。

(5) 2000年以来，福建省先后与德国莱法州签订了《福建省与莱法州环境保护合作宣言》《福建省—莱法州环境保护国际经济贸易合作谅解备忘录》等。2004年9月，省环保局与莱法州环境部签署《关于加强环境保护交流合作的备忘录》，确定就建设福州马尾生态工业园区、福州青口汽车生态工业园、厦门鼓浪屿循环经济实验区和南平炉下镇畜禽养殖业污染治理与生物质能利用等四个循环经济环保项目开展合作。德国莱法州多次派遣专家到福建指导，共同编写规划大纲等。

2. 人才交流

根据福建省与长崎县的相关协议，1995—2001年，日本造船专家稻井秀穗担任福建省船舶工业集团公司高级顾问。在他的指导下，福州马尾造船厂仅耗资48万元就把0.5万吨的船台改造成2万吨级船台，节约资金300万元；厦门造船厂新厂实现造船吨位、技术等级从3000吨以下提高到高附加值的万吨轮，并得到了德国GL船级社认可，2001年研制成功福建省第一艘3万吨集装箱货轮，出口德国。1999—2005年，省船舶工业集团还先后引进松尾光、中岛坚三郎、松浦孝、内川宏明等4位长崎造船专家进行技术指导，为集团培养了人才。

1999年以来，省林业厅与位于美国俄勒冈州的世界林业研究所开展合作，世界林业研究所共培训福建选派的专业人员6批58人次，内容涉及营林、林业资金管理、森林资源保护及管理、林业经营体制改革、野生动物管理、木材加工、森林旅游等数十项。

此外，省外事办通过友城渠道，争取到对方提供资金，共派出87名留学生、进修生到国外友城留学、进修，涉及农业、水产、林业、建筑、环保、医学、金融、管理等领域。省内各大学也接受国外友城自费留学生数百人。

3. 教育卫生合作

1999—2005年，福建省各级各类学校先后与30多所国外院校建立友好校际（或合作）关系，双方在引进教育资源、加强师资培训、联合培养人才、共同研究课题等方面都取得了成果。福建医科大学与日本长崎大学自1996年正式签署交流合作协议以来，长崎大学每年都派学者到福建讲学，尤其是前任校长斋藤宽教授在担任长崎大学医学部长和校长期间，多次率团访问福建。医科大学也多次组团出访，并派多名师生到该校学习。福建中医学院与德国莱法州美因兹大学自1999年以来联合举办了七届国际针灸学术研讨会。

2001年，澳大利亚塔斯马尼亚大学与闽江学院、实达集团联合在福建省创办了爱恩实达学院。

2004年9月，福建省与德国莱法州及西门子（中国）有限公司自动化与驱动集团在福州签署《福建省政府、德国莱法州政府以及西门子股份公司自动化控制与驱动集团关于在福建省设立职业进修培训和咨询发展中心的共同声明》，三方一致同意在福建省高级技工学校共同设立“中德职业培训咨询中心”，前期由西门子股份公司自动化和驱动集团提供价值300万元人民币的12台机床设备，省财政下拨100万元配套资金，由莱法州负责选派专家为福建省培养第一批100名自动化职业技能师资。该中心将根据市场需求，培训福建高校学生、企业员工等，向福建高校和其他职业培训机构提供专业知识、职业教育科学以及学校管理与发展等方面的咨询。

同年，福州大学与长崎大学签署学术交流协议，实施教师互访、学生交换项目；长崎县中里武彦、秦真寿美两位文教专家到外国语学院日语专业任教；厦门大学与长崎县外国语大学建立校际交流合作关系；福州大学与德国莱法州福建友好合作促进会签订友好合作协议，在福州大学成立中德研究院——莱茵普法兹学院，并面向全国招收德语专业本科生，培养精通德语的复合型人才。

2005年12月，福州大学与德国莱法州凯泽斯劳滕大学（TUK）签订校际友好合作协议，在电气工程、土木建筑工程方面开展“5+5”合作项目，共同培养学生。

省医疗卫生系统多次组团到国外友城考察、进修、讲学和参加国际学术会议。省卫生厅与日本冲绳县福祉保健部自1994年以来在提高医护人员素质、医学科研层次和医疗管理水平等方面开展交流与合作。2004年9月30日，省卫生厅与德国莱法州莱茵茨大学签署互派医学进修生协议。

4. 文化体育交往

在文化方面，双方通过制作电视片、文艺演出、举办艺术节等形式开展交流。1999年，省新闻代表团访问德国莱法州、比利时列日省、法国下诺曼底大区、意大利那不勒斯省，制作了8集电视片《从莱茵河到亚得里亚海》，节目总长240分钟，在福建电视台综合频道、东南卫视播出；福建电视台与德国电视西南三台建立了合作关系；同年，德国电视西南三台回访，拍摄纪录片在德国播出。2002年，省新闻代表团访问澳大利亚塔斯马尼亚州、日本长崎县与冲绳县，制作了3集电视片《你好，塔斯马尼亚》《你好，长崎》《你好，冲绳》等，节目总长90分钟，在省内播出；省电视台还与日本长崎县NHK支局建立了友好合作关系。

2001年，省杂技团参加在日本冲绳县举办的亚洲艺术节，与亚洲各国艺术家同台共演。2002年，在福建省与日本长崎县结好20周年之际，省京剧团赴日访问两个月，演出20多场。日本长崎县与冲绳县民族舞蹈团、美国俄勒冈州艾丽尔管乐五重奏和德国莱法州莱茵交响乐团、音乐山庄铜管乐团、蒙大鲍尔市音乐中学艺术代表团等先后到福建演出。2003年，福州师范附属第一小学、乌山小学和群众路小学与塔斯马尼亚州学校联合举办小学生绘画作品交流活动，中方选送100幅作品在塔州学校展出，塔州选送400多幅作品在福州学校展出。

此外，福建师大与冲绳学者共同研究历史、音乐、文学、民俗等，至2005年已出版4部学术专著、3部档案资料、2部论文集，举办7次福建—冲绳国际学术会议。

在体育方面，福建省和日本长崎县、冲绳县联合组织6个代表队参加中日友好城市乒乓球友谊赛。日本冲绳县空手道协会数十次组团到福建省寻找日本空手道的“鼻祖”，确认了福州谢崇祥（中国鸣鹤拳宗师）是日本空手道那霸手之祖东恩纳宽量的师傅，并在省体育中心内立了一块碑，纪念祖师，与中方商定每隔五年举办庆典活动。2005年，中日武术同行在永春县举办武术表演大会。

表 3－2　1999—2005 年福建省与澳大利亚塔斯马尼亚州友好交往一览表

年份	日　期	活　动　简　况
1999	8 月 2—4 日	澳大利亚塔斯马尼亚州林业厅长艾文·罗利一行 2 人访问福建，与福建林业部门商谈林业技术交流、合资办厂及林产品贸易等事宜
	10 月 8—14 日	塔中友协会长约翰逊教授访问福建
	10 月 28 日至 11 月 2 日	塔斯马尼亚州卫生及公共服务部部长珠迪·杰克逊一行 7 人访问福建
	11 月 8—12 日	塔斯马尼亚州州长吉姆·培根一行 20 人访问福建，出席在福州市举办塔斯马尼亚木材之窗展览会等
2000	2 月	副省长汪毅夫率福建省经贸代表团一行 7 人访问塔斯马尼亚州
	11 月 12—16 日	中国（福州）国际木材林产品交易会在福州举办，塔斯马尼亚州森林与林产工业委员会首席执行官佰德率团参加
2001	2 月	省海洋与渔业局代表团访问塔斯马尼亚州，商谈引进自动化控制深水大网箱等项目
	3 月 20—21 日	塔斯马尼亚大学副校长一行 3 人访问福建
	4 月 12—17 日	塔斯马尼亚州政府发展部助理总经理一行 2 人访问福建
	9 月 10—14 日	塔斯马尼亚州州长吉姆·培根一行 10 人访问福建，参加友城结好 20 周年庆祝活动
2002	9 月	福建省新闻代表团访问塔斯马尼亚州，制作纪录片《你好，塔斯马尼亚》电视片
	11 月至 2003 年 12 月	塔斯马尼亚州共派出五批林业技术人员，共 20 人次访问福建
2003	9 月 7—12 日	塔斯马尼亚州代表团出席第七届中国国际投资贸易洽谈会和中国国际友城合作论坛
	10 月 4—13 日	塔中友协会长约翰逊教授访问福建，出席省政府授予其福建省“荣誉公民”称号仪式
	10 月	福州小学与塔斯马尼亚州学校联合举办小学生绘画作品交流活动
2004	10 月 24—28 日	塔斯马尼亚州副州长大卫·里威廉率代表团出席福建省国际友好城市大会
2005	3 月 10—13 日	塔斯马尼亚州鲍鱼协会主席邓·里格一行 9 人访问福建，举办鲍鱼出口说明会

表 3－3　**1999—2005 年福建省与日本长崎县友好交往一览表**

年份	日　期	活　动　简　况
1999	1 月 27—28 日	日本自治体国际化协会北京办事处主任助理中仁正访问福州，就派遣专家、协助缔结友城等事宜进行协商
	3 月 9—11 日	长崎县商工劳动课副课长藤泉一行 3 人访问福建，商谈赴日研修生回国后建立联系网络有关事宜
	3 月 10—17 日	长崎县果树试验场场长西野敏腾、农业技术科长北村觉一行 4 人访问福建农业科学院，双方签订第 4 次农林科技交流备忘录
	3 月 15—17 日	长崎县健康长寿大学代表团一行 44 人访问福建，与省老年大学、厦门市老年大学结为友好学校关系
	4 月 16—17 日	长崎县驻上海办事处副主任大串近太郎一行 3 人访问福建
	9 月 8—11 日	日本工会总联合会长崎县联合会副会长上谷繁之一行 8 人访问福建，与省总工会进行交流
	11 月 1—4 日	长崎县经贸代表团参加在福州举办的第 12 次福建—长崎经贸混委会
	11 月 3—4 日	长崎县知事金子原二郎率政府代表团一行 77 人访问福建
2000	3 月 6—9 日	省长助理、省外办主任李庆洲一行 4 人访问长崎县
	5 月 22—29 日	省妇儿工委办主任黄伟瑶参加全国妇联组团访问日本长崎县
	8 月 8—10 日	长崎县企划部理事一濑修治一行 3 人访问福建，与省计委等部门交流
	9 月 7—12 日	副省长贾锡太率团访问长崎县
	10 月 24—25 日	省经贸代表团参加在长崎县举办的第 13 次经贸混委会会议
	11 月 5—8 日	省总工会副主席彭群芳率代表团访问日本，与日本工会总联合会长崎县联合会进行交流
	11 月 14—16 日	长崎县议会议长林义博率议会代表团一行 10 人访问福建
	11 月 18—21 日	长崎县立大学教授长谷川恒一行 6 人访问福建，与省环保局、省社科院等就环保与社会问题进行交流
	12 月 1—13 日	省人大常委会副主任王建双率福建省人大代表团访问长崎
	12 月 8—18 日	长崎大学工学部教授冈林隆到福州大学讲学，福州大学聘其为客座教授
	12 月 12—15 日	长崎大学工学部教授山田英二到福州大学讲学，福州大学聘其为客座教授
	12 月 20—22 日	长崎县教育代表团一行 6 人访问福建
	12 月 26—28 日	长崎县国际课参事土井正隆率长崎县青少年代表团一行 23 人访问福建

续表 3—3

年份	日期	活动简况
2001	2月	省长习近平率福建省政府代表团访问日本长崎县
	3月26—31日	长崎大学经济学部教授井手启二夫妇一行访问福州大学，并做当代日本经济学术报告
	3月	福建老年大学访问团一行6人访问长崎县，与健康长寿大学的师生进行友好交流
	4月16—18日	长崎县驻上海办事处副主任山下一行3人访问福建
	5月14—15日	长崎县鱼市场株式会社社长吉田孝一行5人访问福建，就福建省冰鲜鱼、活鱼输入长崎及长崎接受福建省经贸、水产研修生等事宜进行协商
	9月11—14日	日本工会总联合会长崎县联合会事务局长有川胜率代表团一行6人访问福建，与省总工会开展交流活动
	9月12—13日	长崎县经贸代表团参加在福州举行的第14次福建—长崎经贸混委会会议
	10月	省人大常委会副主任童万亨率福建省人大代表团访问日本，会见长崎县议会议长加藤宽治、长崎县知事金子原二郎
	12月20—25日	长崎大学石丸和枝一行5人访问福州大学，就开展中日文远程教育等事宜进行商谈
	12月25—27日	长崎县青少年代表团一行19人访问福州
2002	1月8日—11日	长崎县水产部参事监本田直久率水产考察团一行5人访问福建，就栽培渔业和管理型渔业等问题与省海洋渔业局交流
	2月19—21日	长崎县渡边造船厂常务董事渡边贡治一行3人访问福州
	3月24—28日	长崎窑业技术中心高级研究员武内浩一到福州大学材料学院讲学
	4月2—5日	长崎县前知事高田勇一行4人访问福建
	6月24—27日	长崎县国际交流课副课长一行2人访问福建
	7月15—18日	长崎县知事金子原二郎、议长加藤宽治率友好代表团一行265人访问福建，参加两省县缔结友好关系20周年纪念活动
	7月	省农科院一行4人赴长崎进行蔬菜、果树等方面的技术交流
	8月2—7日	长崎县等与福建省结好的6对友城30名中学生乒乓球选手与福建省组成的混合队参加中日友城中学生乒乓球大会
	8月	省京剧团赴长崎等县巡回演出20多场
	9月8—12日	长崎县代表团参加第六届中国国际投资贸易洽谈会和国际友城展

续表 3－3

年份	日　期	活　动　简　况
2002	9 月	省水产研究所研究员卢振彬参加在长崎县召开的日中韩水产研究交流会，发表《东海南部海域资源开发潜力与管理》一文
	9 月	省新闻代表团访问长崎县，制作《你好，长崎》纪录片，福建电视台与日本 NHK 长崎县支局建立友好合作关系
	10 月 29—30 日	省经贸代表团参加在长崎县举办的第 15 次福建—长崎经贸混委会会议
	11 月	副省长汪毅夫率省政府代表团访问日本长崎县
	12 月 12—14 日	长崎县立大学副校长川原纪美雄一行 7 人访问福州大学
2003	3 月 5—7 日	长崎县水产实验场研究员高见生雄访问福建，举办水产增养殖讲座
	4 月 1—3 日	长崎县立大学代表团一行 5 人访问福建
	8 月	福州大学与长崎大学签署学术交流协议，实施教师互访、学生交换项目。长崎县中里武彦、秦真寿美到福州大学外国语学院从事日语教学工作
	9 月 7—12 日	长崎县代表团参加第七届中国国际投资贸易洽谈会和中国国际友城合作论坛
	11 月 5—7 日	长崎县经贸代表团参加在福州举办的第 16 次福建—长崎经贸混委会会议
	11 月 11—13 日	长崎县立大学稻永一郎教授一行 4 人访问厦门
2004	3 月 23—28 日	长崎县农林实验场场长东一洋一行 4 人访问福建，洽谈新一轮林业、农业科技合作事宜
	9 月 7—12 日	长崎县代表团参加第八届中国国际投资贸易洽谈会和中国国际友城合作论坛
	10 月 24—28 日	长崎县副知事田中裕司率代表团出席福建省国际友好城市大会
	1—12 月	福州大学与长崎大学签署学术交流协议，实施教师互访、学生交换项目。长崎县中里武彦、秦真寿美到福州大学外国语学院从事日本语教学工作，举办两届日语演讲比赛

续表 3—3

年份	日　期	活　动　简　况
2005	1月8—11日	长崎县水产部次长志岐富美雄一行5人访问福建，双方签署《福建省海洋与渔业局与长崎县水产部关于2005年渔业交流备忘录》
	2月24—26日	长崎县观光联盟土井口章博一行2人访问福州、厦门
	5月22—27日	长崎大学水产学部专家橘胜康教授一行4人访问福建，到省水产研究所讲学
	6月24—27日	长崎县农林试验场研究员久林高市一行3人访问福建，探讨农林合作事宜
	8月	“福建省中学生修学旅行夏令营”一行16人访问长崎县
	9月6—10日	长崎县观光联盟代表团一行3人参加第九届中国国际投资贸易洽谈会
	9月7—11日	长崎县代表团参加第九届中国国际投资贸易洽谈会和中国国际友城合作论坛
	10月20—21日	长崎县立大学副校长木村门一行访问福建
	11月	省民营企业家代表团一行28人访问长崎

表3—4　**1999—2005年省船舶公司下属造船厂引进长崎造船专家一览表**

年份	日　期	工作地点	专　家
1999	2月14日至3月14日	马尾、厦门、东南造船厂	长崎县大岛造船所　稻井秀穗
	4月19—30日	厦门造船厂	长崎县大岛造船所　稻井秀穗
	5月16—25日	厦门造船厂	长崎县大岛造船所　稻井秀穗
	6月21日至7月2日	厦门造船厂	长崎县大岛造船所　稻井秀穗
	7月18—31日	厦门造船厂	长崎县大岛造船所　稻井秀穗
	8月18日至9月11日	厦门造船厂	长崎县大岛造船所　稻井秀穗
	9月16日至12月23日	厦门造船厂	长崎县大岛造船所　稻井秀穗
	10月20—27日	厦门造船厂	长崎县大岛造船所　稻井秀穗
	11月2—28日	厦门造船厂	长崎县大岛造船所　稻井秀穗
	12月5—23日	厦门造船厂	长崎县大岛造船所　稻井秀穗
2000	1月5—29日	厦门造船厂	长崎县大岛造船所　稻井秀穗
	2月11—26日	厦门造船厂	长崎县大岛造船所　稻井秀穗
	2月11日至8月10日	厦门造船厂	三菱重工长崎造船所　松尾光
	3月3—25日	厦门造船厂	长崎县大岛造船所　稻井秀穗

续表 3—4

年份	日　期	工作地点	专　　家
2002	2 月 1 日至 5 月 3 日	厦门造船厂	三菱重工长崎造船所　松尾光
	11 月 11 日至 12 月 26 日	厦门造船厂	三菱重工长崎造船所　松尾光
2003	11 月 28 日至 2004 年 1 月 16 日	厦门船舶重工公司	三菱重工长崎造船所　内川宏明
	11 月 28 日至 2004 年 2 月 27 日	厦门船舶重工公司	三菱重工长崎造船所　松尾光
2004	2 月 16 日至 3 月 15 日	厦门船舶重工公司	三菱重工长崎造船所　松浦孝
	2 月 16 日至 3 月 15 日	厦门船舶重工公司	三菱重工长崎造船所　中岛坚三郎
	2 月 16 日至 4 月 16 日	厦门船舶重工公司	三菱重工长崎造船所　内川宏明
	5 月 20 日至 6 月 19 日	厦门船舶重工公司	三菱重工长崎造船所　中岛坚三郎
	5 月 20 日至 7 月 17 日	厦门船舶重工公司	三菱重工长崎造船所　内川宏明
	8 月 27 日至 9 月 17 日	厦门船舶重工公司	三菱重工长崎造船所　内川宏明
	12 月 3—28 日	厦门船舶重工公司	三菱重工长崎造船所　内川宏明
	9 月 24 日至 2005 年 1 月 28 日	厦门船舶重工公司马尾造船厂	三菱重工长崎造船所　松尾光
2005	2 月 28 日至 4 月 22 日	厦门船舶重工公司	三菱重工长崎造船所　内川宏明
	6 月 14 日至 7 月 27 日	厦门船舶重工公司	三菱重工长崎造船所　内川宏明
	9 月 13 日至 11 月 3 日	厦门船舶重工公司	三菱重工长崎造船所　内川宏明
	12 月 12 日至 2006 年 1 月 27 日	厦门船舶重工公司	三菱重工长崎造船所　内川宏明

表 3—5　**1999—2005 年福建省与美国俄勒冈州友好交往一览表**

年份	日　期	活　动　简　况
1999	7 月 24—28 日	俄勒冈州亚洲事务委员会主席皮特·梁一行 2 人访问福建
	10 月 25—27 日	俄勒冈州亚洲事务委员会主席皮特·梁一行 4 人访问福建
	10 月 26 日至 11 月 2 日	俄勒冈州州立图书馆罗伯特到福建图书馆交流
	11 月 5—7 日	俄勒冈州参议员梅叶一行 4 人访问福建
2000	5 月 19—21 日	俄勒冈州参议院议长亚当斯一行 28 人访问福建
	6 月 4—9 日	俄勒冈州众议院议员巴巴拉·罗丝率俄勒冈州艾丽尔管乐五重奏团一行 12 人访问福建
	7 月	福建电视台摄制组访问俄勒冈州，制作 4 集电视片《越过大洋的握手》（节目总长 120 分钟）
	9 月 24 日至 11 月 6 日	省图书工作组赴俄勒冈州图书馆交流

续表3—5

年份	日　期	活　动　简　况
2001	2月26日至3月2日	俄勒冈州驻上海商务处业务经理访问福州、厦门
	4月	俄勒冈州专家一行3人到福州人造板厂进行设备安装、调试和试生产
	8月18日至9月29日	俄勒冈州大学图书馆图书部主任凯尔·巴纳杰访问福建
	8月	省图书工作组一行4人访问俄勒冈州
	11月	省政协副主席周厚稳率代表团一行10人访问俄勒冈州
2002	6月1—3日	以俄勒冈州参议院议长金·德弗勒为团长、众议院议长马克·西蒙斯为副团长的俄勒冈州议会暨经贸代表团一行21人访问上海，福建省外事办主任李庆洲率团赴上海会谈
	9月6—12日	俄勒冈州众议员丹尼斯·理查森率团访问福建
2003	5月8—11日	俄勒冈州众议员理查森及中国事务办公室官员访问福建，与福建省环保局负责人签订《合作意向书》
	9月7—12日	俄勒冈州众议员理查森率俄勒冈州环保贸易代表团一行6人，参加第七届中国国际投资贸易洽谈会和中国国际友城合作论坛
	9月10—14日	俄勒冈州环保局代表团访闽，就美方援助福州市红庙岭垃圾综合处理场改造及扩建项目和增强福建省环保监测能力达成合作意向
	10月12日至11月8日	俄勒冈州遗德舒特公共图书馆朱莉·康纳利一行访问福建
	10月	省电视台摄制组一行3人赴俄勒冈州采访
	10月	省图书馆与俄勒冈州图书馆签订为期4年的《俄勒冈州图书馆与福建省图书馆关于霍纳图书馆员交流计划》
2004	10月24—28日	俄勒冈州众议院议员率团出席福建省国际友好城市大会

表3—6　**1999—2005年福建省与比利时列日省友好交往一览表**

年份	日　期	活　动　简　况
1999	6月	省新闻代表团访问列日省，制作8集电视片《从莱茵河到亚得里亚海》（节目总长240分钟）
	10月	副省长朱亚衍率团访问列日省
	10月	副省长曹德淦率团访问列日省
	11月14—17日	比利时瓦隆大区经济团一行3人访问福州、厦门
	11月	省长助理、省外事办主任李庆洲一行5人访问列日省
2000	1月27日至2月10日	列日省技校师生3人到福建学习烹饪技术
2002	9月8—12日	列日省代表团参加第六届中国国际投资贸易洽谈会
2003	9月7—12日	列日省代表团参加第七届中国国际投资贸易洽谈会和中国国际友城合作论坛
2004	10月24—28日	列日省常务议员乔治·皮尔率代表团出席福建省国际友好城市大会

表 3－7　**1999—2005 年福建省与德国莱法州友好交往一览表**

年份	日　期	活　动　简　况
1999	3 月 20 日至 4 月 1 日	泉州木偶剧团一行 6 人赴莱法州参加庆典活动
	3 月 29—31 日	莱法州莱茵交响乐团一行 86 人访问福建，进行友好演出
	3 月	副省长汪毅夫率福建省友好代表团一行访问莱法州
	6 月	省新闻代表团访问莱法州，制作 8 集纪录片《从莱茵河到亚得里亚海》，并与德国电视西南三台建立友好合作关系
	9 月 5—18 日	莱法州基金会会长汉斯特一行 3 人访问福建，为赴德归国留学生举办短期经济管理培训班
	10 月 23—24 日	莱法州州长贝克率代表团一行 22 人访问福州
	10 月	省总工会主席詹毅率代表团访问莱法州，与德国工会联合会莱法州分会建立友好工会关系
	11 月	省长助理、省外事办主任李庆洲一行 5 人访问莱法州
2000	4 月 7—9 日	德国工会联合会莱法州分会一行 5 人访问福建
	10 月 2—6 日	莱法州议会副议长彼得·舒勒率德国音乐山庄铜管乐团一行 17 人访问福建
	10 月 18—21 日	莱法州环境部克劳缔亚·马缔妮部长一行 4 人访问福建，双方就开展环保合作和交流达成协议
2001	8 月 30 日至 9 月 6 日	莱法州音乐山庄弦乐四重奏一行 4 人访闽演出
	9 月 9—15 日	莱法州东亚学院院长恩勒特率教育代表团一行 9 人访问福建
2002	3 月 29—31 日	莱法州 PAGM 音乐学校代表团一行 9 人访问福建
	3 月	莱法州蒙大鲍尔市音乐中学艺术代表团一行 9 人到福建交流、演出
	4 月 5—8 日	德国工会联合会莱法州分会代表团一行 5 人访问福建
	6 月	省外经贸厅和莱法州经济部签署《成立经贸合作混委会协议》
	9 月	省环保代表团一行 7 人访问莱法州，参加第一届莱法州—福建省环境与发展学术研讨会，共同签署《中国福建省与德国莱法州环境保护合作宣言》
	9 月 2—5 日	莱法州州务卿兼音乐山庄基金理事长罗兰特率音乐山庄弦乐四重奏一行 6 人访问福建并演出
	9 月 8—12 日	莱法州代表团参加第六届中国国际投资贸易洽谈会
	10 月	省工会代表团一行 5 人访问莱法州，与德国工会联合会莱法州分会主席穆夏特座谈交流

续表 3—7

年份	日　期	活　动　简　况
2003	8月	省委常委、统战部长陈营官率福建省友好代表团访问莱法州
	9月5—9日	莱法州经济部国务秘书埃默尔率经贸代表团一行17人访问福建，参加第七届中国国际投资贸易洽谈会和中国国际友城合作论坛
2004	2月	副省长叶双瑜率福建省经贸代表团访问莱法州
	4月21—28日	莱法州友好人士伯利斯伯爵夫妇一行访问福州
	5月	副省长李川率福建省经贸代表团访问莱法州
	9月5—13日	莱法州音乐山庄室内乐团一行13人访问福州
	9月7—12日	莱法州经济部外贸、展会和合作处处长君特·颜泽一行4人访问福建，参加第八届中国国际投资贸易洽谈会和中国国际友城合作论坛
	9月27日至10月1日	德国莱法州记者一行11人到福州采访
	9月29日至10月2日	莱法州州长贝克率州政府代表团一行57人访问福建，出席两省州结好15周年庆祝活动并接受省政府授予的福建省"荣誉公民"称号
	10月3—5日	莱法州蒙塔鲍尔音乐学院艺术代表团一行8人访问福建
	10月16—24日	莱法州音乐山庄一行14人访问福建，进行交流演出
	10月19—22日	莱法州国务卿迈尔一行4人访问福建，商谈合作项目
	12月	福州大学与莱法州福建友好合作促进会签订成立福州大学中德研究院——莱茵普法兹学院协议
2005	1月22—26日	莱法州环境部废物利用和水土保持局局长戈特弗莱德一行23人访问福建，参加福建省—莱法州循环经济环保合作项目专题研讨会
	4月5—8日	莱法州特里尔大学物流管理研究所专家组一行5人访问福建，考察4个循环经济项目，共同编写规划大纲
	4月10—17日	莱法州多纳斯贝格县德中友协代表团一行11人访问厦门、武夷山、龙岩
	4月	省环保局5位项目技术人员赴莱法州进行为期21天的项目规划编写培训及考察
	5月12—15日	莱法州德语专家葡胡佛博士到福州大学筹备设立德语专业
	5月24—26日	莱法州教育部官员霍普芬斯贝格斯一行2人访问福州
	5月25—27日	莱法州凯泽斯劳藤大学格哈得教授一行3人访问福州大学。为土木建筑工程学院和环境与资源学院近200名师生作有关城市规划及环境保护的专题讲座

续表 3—7

年份	日　期	活　动　简　况
2005	6 月 16—18 日	省环保局与莱法州环境部在福州共同召开福建省莱法州循环经济环保合作项目第二次专题研讨对接会，双方签订 13 个合作项目意向书和协议
	9 月 6—10 日	德国莱法州经济部代表团一行 5 人参加第九届中国国际投资贸易洽谈会和中国国际友城合作论坛
	9 月	省环保局关于循环经济合作内容的展板在莱法州环境部展出，省环保局项目组 20 人赴莱法州洽谈
	10 月 10—12 日	莱法州科教部官员、进修学院院长博托普里贝夫妇及德国职业技术教育专家一行访问福州
	11 月 16—28 日	省外事办主任宋克宁一行 5 人访问德国莱法州
	12 月 13—16 日	莱法州环境和林业部国务秘书雅克莉娜·克蕾格和西门子(中国)有限公司高级副总裁麦亚明一行 9 人，出席福建省中德职业培训与发展中心揭牌暨西门子公司捐赠 200 万元设备协议书签字仪式
	12 月	福州大学校长吴敏生访问莱法州，与凯泽斯劳滕大学签订校际友好合作协议
	1999—2005	莱法州及德国其他机构公费接受福建省留学生、进修生共 10 名

表 3—8　**1999—2005 年福建省与法国下诺曼底大区友好交往一览表**

年份	日　期	活　动　简　况
1999	6 月	省新闻代表团访问下诺曼底大区，制作 8 集电视片《从莱茵河到亚得里亚海》
2000	6 月	省委书记陈明义率福建省经贸代表团访问下诺曼底大区
2002	9 月 8—12 日	下诺曼底大区代表团参加第六届中国国际投资贸易洽谈会
2003	9 月 7—12 日	下诺曼底大区代表团参加第七届中国国际投资贸易洽谈会和中国国际友城合作论坛
2004	10 月 24—28 日	下诺曼底大区副主席率代表团出席福建省国际友好城市大会

表3—9　**1999—2005年福建省与日本冲绳县友好交往一览表**

年份	日期	活动简况
1999	1月22—24日	冲绳县书作家协会木笔会会长丰平峰云一行31人访问福州，在福州画院举办书画展
	2月23—29日	福建中医学院阮诗玮、黄小宾赴冲绳县开展蛇伤防治学术交流活动
	4月	福建省选派一名中文教师赴冲绳县任教一年
	6月	福建省中学生音乐、艺术交流团一行34人赴冲绳县交流
	7月27—28日	冲绳县知事稻岭惠一一行19人访问福州
	9月	福建省卫生行政考察团一行4人访问冲绳县，参加冲绳县第五届增进健康演讲会
	10月11—12日	冲绳县出纳长比嘉茂政一行5人访问福建
	10月19—23日	福建省代表团访问冲绳县，参加第六届福建省—冲绳县经济研讨会
	11月1—5日	冲绳县中学生音乐交流团一行27人访问福建，与福州一中、泉州南少林武术学校交流、联欢
	11月17—21日	以冲绳县教育委员会委员长翁长良盛为团长的冲绳县中学生音乐艺术交流团一行27人访问福建
2000	2月15日至3月15日	福建省选派2名环保研修生赴冲绳县学习
	3月	泉州南少林武术学校接受冲绳二名中学生学习一年
	8月	冲绳县选派一名日语教师到福建师大任教一年
	9月	福建省冲绳县互换两名高中学生到对方学校学习一年
	11月	省卫生代表团一行4人访问冲绳县，省立医院胡锡衷主任在冲绳县立中部医院发表学术演讲
2001	1月5—8日	冲绳县“中国·琉球文化交流史研究会福建省调查团”一行访问福建
	2月15—18日	冲绳县农林水产部农政经济课课长知念政和一行6人访问福建
	2月18日至3月1日	省长习近平率福建省政府代表团访问冲绳县
	7月1—6日	冲绳县产业振兴公社福州代表处所长仲宗根一行3人访问龙岩、三明
	8月	省友协组织省杂技团一行6人赴冲绳参加亚洲艺术节
	10月	福建省代表团一行19人访问冲绳县，参加第七届福建省—冲绳县经济研讨会
	12月1—15日	泉州海外交通史博物馆馆长王连茂访问冲绳县，参加中国福建省福州、泉州与冲绳的文化、社会的比较研究课题研讨交流活动

续表 3—9

年份	日　期	活　动　简　况
2002	2月1—3日	冲绳县文化环境部文化振兴课具志坚访问福建，考察福州与琉球的文化交流史迹
	2月1—6日	冲绳县商工劳动部部长花城顺孝一行4人访问福建
	2月6—9日	冲绳县大米集团一行3人访问福建
	2月11—14日	冲绳县音乐家玉城秀治访问福建，参加榕城之春音乐会
	2月	省环保局选派2名技术员赴冲绳县研修
	4月1日	冲绳县名护市议员代表团一行10人访问厦门
	5月	常务副省长黄小晶率福建省经贸代表团访问日本，出席在冲绳县举办的福建省—冲绳县结好5周年纪念活动
	8月12—14日	冲绳县知事稻岭惠一、议长伊良皆高吉率冲绳县友好代表团一行65人访问福建，参加两省县结好5周年纪念活动
	9月8—12日	冲绳县代表团参加第六届中国国际投资贸易洽谈会暨国际友城展
	9月	省新闻代表团访问冲绳县，制作纪录片《你好，冲绳》
	11月	冲绳县福祉保健部部长新垣幸子率冲绳县卫生行政考察团一行3人访问福建，中部医院内科主任喜舍场朝和在附一医院作题为“抗菌药疗法的基本研究”的学术报告
	11月	副省长汪毅夫率福建省政府代表团一行6人访问冲绳县
2003	2月21—27日	副省长王美香参加全国妇联中国妇女代表团访问冲绳县，知事稻岭惠一和王美香出席在冲绳县举办的纪念《中日和平友好条约》缔结25周年中日妇女集会
	9月7—12日	冲绳县代表团参加第七届中国国际投资贸易洽谈会和中国国际友城合作论坛
2004	2月2—5日	福州琉球造酒有限公司董事长仲本盛次一行3人访问福州
	3月4—8日	泉州南音代表团一行3人访问冲绳县，参加亚太音乐节
	9月6—8日	日本国立大学教授平良一彦率冲绳县经济交流团一行18人访问福建，参加第八届中国国际投资贸易洽谈会和中国国际友城合作洽谈会
	9月6—11日	冲绳县南四海运部长一行5人访问厦门，参加第八届中国国际投资贸易洽谈会
	9月7—11日	冲绳县产业振兴公社驻福州办事处主任屋宜盛保率冲绳县代表团一行10人参加第八届中国国际投资贸易洽谈会暨国际友城展
	10月24—28日	冲绳县副知事嘉数昇明率代表团出席福建省国际友好城市大会
	11月12—14日	冲绳液化石油株式会社专务董事比嘉行雄率经贸考察团一行8人访问福建

续表 3—9

年份	日　期	活　动　简　况
2005	2月2—4日	冲绳县商工劳动部副部长比嘉为弘一行2人访问福州
	2月21—24日	冲绳县嘉手纳町教育委员会教育长一行3人访问福州、泉州
	3月	中国·福建—琉球交流500年展在冲绳县举办
	6月7—10日	冲绳县刚柔流泊手空手道协会会长渡嘉敷唯贤一行48人访问福建，参加空手道鼻祖纪念碑立碑15周年庆典活动和中国永春—日本冲绳武术表演大会
	9月6—10日	冲绳县观光商工部一行4人访问厦门，参加第九届中国国际投资贸易洽谈会暨国际友城展
	9月7—11日	冲绳县经贸团一行7人参加“9·8”投洽会
	11月22日	冲绳县KS贸易株式会社社长一行访问漳州，洽谈香蕉贸易与新品种推广合作事宜

表 3—10　**1999—2005年福建省与意大利那不勒斯省友好交往一览表**

年份	日　期	活　动　简　况
1999	3月	副省长汪毅夫访问那不勒斯省，会见省长兰贝尔蒂
	6月	省新闻代表团访问那不勒斯省，制作8集纪录片《从莱茵河到亚得里亚海》
	9月7—12日	那不勒斯省代表团参加第三届中国国际投资贸易洽谈会
	11月	副省长张家坤率团访问那不勒斯省
2000	9月7—12日	那不勒斯省经贸代表团参加第四届中国国际投资贸易洽谈会
2001	9月7—12日	那不勒斯省经贸代表团参加第五届中国国际投资贸易洽谈会
2002	9月7—12日	那不勒斯省经贸代表团参加第六届中国国际投资贸易洽谈会和国际友城展
2003	9月7—12日	那不勒斯省经贸代表团参加第七届中国国际投资贸易洽谈会和中国国际友城合作论坛
2004	9月7—12日	那不勒斯省经贸代表团参加第八届中国国际投资贸易洽谈会和国际友城展
	10月24—28日	那不勒斯省经贸代表团出席福建省国际友好城市大会
	11月15—17日	那不勒斯省玉协会会长罗塞娜率企业家考察团一行6人访问福州
2005	9月7—12日	那不勒斯省经贸代表团参加第九届中国国际投资贸易洽谈会和国际友城展

第二节　市（县）级友好城市

一、缔结市（县）级友好城市

1999—2005年，福建省所属的6个设区市及2个县级市，与7个国家的12个城市建立新的友好城市关系，分别是：福州市—澳大利亚新南威尔士州肖尔黑文市、厦门市—澳大利亚昆士兰州马卢奇郡、厦门市—立陶宛考纳斯省考纳斯市、厦门市—墨西哥哈里斯科州瓜达拉哈拉市、厦门市—荷兰南荷兰省祖特梅尔市、泉州市—土耳其梅尔辛省梅尔辛伊尼赛市、漳州市—印度尼西亚南苏门答腊省巨港市、南平市—澳大利亚新南威尔士州奥尔伯里市、龙岩市—澳大利亚新南威尔士州伍龙岗市、石狮市—菲律宾南甘马磷省那牙市、石狮市—澳大利亚南澳洲伦马克帕林加市、武夷山市—美国夏威夷火奴鲁鲁市。

（一）福州市—澳大利亚肖尔黑文市

1. 肖尔黑文市概况

肖尔黑文市位于澳大利亚东南部新南威尔士州，辖有49个镇和村，面积4660平方公里，人口9.13万。新南威尔士森林、国家公园和新南威尔士政府公用地占全市面积的64%。捷维斯湾是重要的自然资源和旅游景区，含海湾和河道在内的海岸线总长约为1000公里。气温夏季16℃～26℃，冬季6℃～16℃，年平均降雨量1143毫米。

肖尔黑文市早年因木材而闻名，为铁路提供枕木，伐木业得到发展，造船业也很兴盛。1852年，瑙拉成为市政府所在地。肖尔黑文市经济以旅游、乳品、畜牧加工、造纸和轻工业、渔业为主，还有农业机械、建筑工程、化工、食品、注塑产品、体育用品、钢铁制品、木材等。2003年旅游业总收入6.6亿澳元，游客数仅次于悉尼。该市有公立小学23所、中学5所，非公立及联合办学的学校若干所。

2. 缔结友好关系

2003年10月15日，肖尔黑文市格雷格·沃森市长率团访问福州，市长练知轩和肖尔黑文市市长格雷格·沃森分别代表两市政府正式签署《福州市与肖尔黑文市建立友好城市关系协议书》。

3. 交流与合作

2000年11月，肖尔黑文市市长率领的市政、经贸、文化、教育考察团一行16人访问福州，参观了马尾经济技术开发区、鼓楼区、晋安区，以及福清市、长乐市和闽清县，并与有关部门签订了7个合作意向书。

2001年8月，市长翁福琳率经贸代表团回访肖尔黑文市，签署两市建立友好城市关系意向书。

2003年10月，肖尔黑文市市长格雷格·沃森率领代表团访问福州，在福州举办肖尔黑文市艺术家作品展，有20多位艺术家及少年儿童的150幅艺术品参展。

2004年10月，肖尔黑文市副市长约翰·安德森率领代表团一行3人访问福州，出席了福建省国际友好城市大会，并与市有关部门进行座谈，参观有关企业，了解福州的社会经济发展情况。

2005年6月，副市长陈奇率友好代表团访问肖尔黑文市，会见了肖尔黑文市政府领导，并就今后两市的交往与合作进行会谈。

2005年9月，肖尔黑文市市长格雷格·沃森率领友好代表团一行25人访问福州，考察了马尾经济技术开发区，访问了市规划局等。

（二）厦门市—澳大利亚马卢奇郡

1. 马卢奇郡概况

澳大利亚昆士兰州马卢奇郡于1890年建市，距昆士兰州首府布里斯班市约100公里。该市取名于一种黑天鹅，面积1157平方公里，人口约11万。日照时间平均7小时，冬天平均温度为20℃，夏天为30℃。

马卢奇郡是澳大利亚旅游胜地——阳光海岸的重要区域中心，交通发达，有高速公路、直达国际航班等。阳光海岸以阳光、海滩著名。零售业、制造业、商业、服务业是马卢奇郡的支柱产业，农产品主要有柑橘、蜜糖、糖、姜、芝士等，是澳大利亚最大的姜和草莓的生产基地，姜产量占世界的一半。全市有356家制造工厂，生产建材、家具、服装、农具等。马卢奇郡的阳光海岸大学于1997年成立，有中学10所、特殊中等学校4所、小学26所。

2. 缔结友好关系

1994年5月，马卢奇郡郡长罗伯特·金致函厦门市长洪永世，表示愿与厦门市结为友城关系。

1995年10月，郡长罗伯特·金率团访问厦门市，厦门市友协和马卢奇郡厦门友城社区委员会分会签署了促进两市交流的协议。

1997年9月，马卢奇郡新任郡长唐·卡利率团参加首届中国国际投资贸易洽谈会。

1998年9月，卡利再次率团来厦，参加第二届中国国际投资贸易洽谈会。

1999年9月，马卢奇郡议员那托利率团参加第三届中国国际投资贸易洽谈会，在厦期间，代表团同市外事办、市教委、市林业局、鹭江大学等开展交流活动，并商定了两市结好的时间和协议书文本。

1999 年 9 月，唐·卡利率团访问厦门期间，市长洪永世与唐·卡利正式签署《厦门市与马卢奇郡建立友好城市关系协议书》，唐·卡利被授予厦门市“荣誉市民”称号。

3. 交流与合作

2000 年，马卢奇郡郡长莱斯·格拉夫率团访问厦门。

2002 年 9 月，马卢奇郡“丛林火鸡”乐队到厦门演出。

2002 年 10 月，厦门小白鹭民间舞蹈团到马卢奇郡演出。

2003 年 11 月，马卢奇郡经济发展、旅游及重点项目部主任莱斯一行 2 人访问厦门。

2004 年 2 月，马卢奇郡经济发展及旅游部主任莱斯·格拉夫一行访问厦门。

2004 年 7 月，厦门市青少年教育友好交流团一行 25 人访问马卢奇郡。

2004 年 9 月，马卢奇郡副郡长特雷沃·汤普森一行 15 人参加“9·8”投洽会。

2004 年 9 月，马卢奇郡郡长乔·那托利率团访问厦门，参加结好 5 周年活动。

2004 年 10 月，马卢奇郡政府官员特里夫妇一行 3 人访问厦门。

2004 年 11 月，马卢奇郡官员莱斯及商人一行 3 人访问厦门。

2005 年 1 月，马卢奇郡友城联络官莱斯一行访问厦门。

2005 年 2 月，马卢奇郡经济部主任格拉夫一行 3 人访问厦门。

2005 年 9 月，马卢奇郡代表团一行 21 人参加“9·8”投洽会。

其间，市长朱亚衍、市政协主席蔡望怀、市委副书记张昌平等分别率团访问马卢奇郡，举办“厦门经济特区情况介绍会”，参加当地举办的奥运会火炬接力仪式等活动。

（三）厦门市—立陶宛考纳斯市

1. 考纳斯市概况

考纳斯市是立陶宛第二大城市和重要铁路枢纽，位于立陶宛中部，距首都维尔纽斯 100 公里，面积 157 平方公里，人口 41.5 万。考纳斯市是立陶宛的教育、文化、卫生中心，拥有立陶宛最大的报纸——《考纳斯日报》，有 9 所高校（全国共有 17 所高校）、16 家医院和诊所、9 个剧院、23 个博物馆、31 个图书馆。工业以轻纺和机器制造业为主，此外还有建材、食品、饮料、化工等。建于 16 世纪的哥特式建筑——市政大楼和收藏了 800 多幅名画的美术馆是主要景点。

2. 缔结友好关系

2000 年 3 月，立陶宛外长访华并顺访厦门市，转达了考纳斯市与厦门市建立友城关系的愿望。

2000 年 10 月，市人大常委会主任李秀记参加全国友协代表团访问立陶宛，与考纳斯市市长签署两市建立友好城市关系意向书。

2001年3月，考纳斯市政府代表团访问厦门，双方签署《厦门市与考纳斯市建立友好城市关系协议书》。

3. 交流与合作

2001年4月，副市长陈维钦率团访问考纳斯市。

2001年5月，厦门市经贸代表团一行访问考纳斯市。

2004年10月，考纳斯市前市长阿斯米斯率团参加“福建省国际友城大会”，并顺访厦门市。

2004年10月，考纳斯市政府代表团一行2人访问厦门。

（四）厦门市一墨西哥瓜达拉哈拉市

1. 瓜达拉哈拉市概况

瓜达拉哈拉市位于墨西哥哈利斯哥州中部，海拔1567米，于1531年建市，是墨西哥中西部商业、金融中心，人口164万。瓜达拉哈拉市是墨西哥的第二大城市，旅游业发达。瓜达拉哈拉市采取了一系列扶持中小企业发展的优惠政策，使该市成为外商投资的热点地区。市政府积极推行免费义务教育、鼓励青年参加各种技能培训班等措施，提高青年的教育和就业水平。

2. 缔结友好关系

2001年9月，瓜达拉哈拉市副市长卡·艾·乌瑞随哈利斯科州政府代表团到厦门参加中国国际投资贸易洽谈会，两市领导人签署了《厦门市与瓜达拉哈拉市友好交流谅解备忘录》。

2002年1月，瓜达拉哈拉市议会通过决议，决定与厦门结好，并致函市长朱亚衍，邀请其前往签署协议。

2002年4月，副市长陈维钦率团访问墨西哥，与瓜达拉哈拉市市长就增进两市交流进行探讨。

2002年5月，瓜达拉哈拉市议员率团访问厦门，双方签订了《厦门市与瓜达拉哈拉市加强友好关系谅解备忘录》。

2002年10月，副市长詹沧洲率团访问瓜达拉哈拉市，参加友城年会。

2003年8月，市委副书记吴凤章率团访问瓜达拉哈拉市，双方正式签署《厦门市与瓜达拉哈拉市建立友好城市关系协议书》。

3. 交流与合作

2003年9月，瓜达拉哈拉市市长费尔南多·吉·马丁内兹率代表团一行27人访问厦门，参加第七届中国国际投资贸易洽谈会，并在中国国际友城合作论坛上发表演讲。两市还签署了加强合作协议书，瓜达拉哈拉市驻厦门商务处正式对外挂牌。

2003 年 10 月，瓜达拉哈拉市政府代表团一行 4 人访问厦门。

2004 年 9 月，瓜达拉哈拉市经济发展局局长莫尹斯・高伯格・帕拉斯丁率市政府代表团一行 12 人参加中国国际投资贸易洽谈会。

2004 年 10 月，瓜达拉哈拉市议员维罗尼卡・卡丹纳斯・巴里奥斯应邀率团到福州、厦门参加福建省国际友城大会。

（五）厦门市一荷兰祖特梅尔市

1. 祖特梅尔市概况

荷兰祖特梅尔市距首都阿姆斯特丹机场仅 45 公里，面积 37 平方公里，人口约 15 万。该市的工业园、商业金融中心、市政文化中心等拥有先进完善的基础设施、便捷的交通、便利的生活条件，有企业约 3000 家，主要工业有乳制品、食品、化纤、汽车底盘、五金、制药、电子等。

2. 缔结友好关系

2001 年 10 月，在荷兰驻广州总领馆的推动下，荷兰祖特梅尔市市长范留文率团访问厦门，市长朱亚衍与范留文签订《厦门市与祖特梅尔市友好交流谅解备忘录》。

2002 年 4 月，市长朱亚衍率团回访祖特梅尔市，双方签订了《厦门市与祖特梅尔市经贸文化交流备忘录》。

2003 年 10 月，范留文率团访问厦门，与市长张昌平就推动两市的友好关系交换了意见。

2004 年 10 月，市政协主席陈修茂率团访问祖特梅尔市，共同签署了《厦门市与祖特梅尔市结好意向书》。

2004 年 11 月，祖特梅尔市市长威尔在荷兰驻广州总领事冯丹瑞的陪同下率团访问厦门，会见了副市长詹沧洲，并就两市正式结好等事宜进行协商。

2005 年 7 月，市委副书记吴凤章率团访问祖特梅尔市，与威尔共同签署了《厦门市与祖特梅尔市建立友好城市关系协议书》。

3. 交流与合作

2003 年 10 月，祖特梅尔市政府代表团一行 6 人访问厦门。

2004 年 5 月，祖特梅尔市艺术家代表团一行 3 人访问厦门。

2004 年 11 月，祖特梅尔市政府代表团一行 18 人访问厦门。

2005 年 5 月，祖特梅尔市艺术家阿德里安・瑞斯访问厦门。

2005 年 9 月，祖特梅尔市国际经济事务部主任汉斯・梅尔率经贸代表团一行 15 人访问厦门。

2005 年 9 月，祖特梅尔市代表团一行 18 人参加中国国际投资贸易洽谈会。

（六）泉州市—土耳其梅尔辛伊尼赛市

1. 梅尔辛伊尼赛市概况

梅尔辛伊尼赛市位于土耳其共和国东南部地中海沿岸，交通条件便利。该市是梅尔辛大市所属的3个城市中区域最大，经济、文化最活跃的一个城市，是土耳其最重要的商贸港口、旅游胜地和出口商品集散中心之一，也是其他外国商家开拓土耳其及中东、西非、北非、俄罗斯、欧盟各国市场较理想的中转地之一。

2. 缔结友好关系

2002年4月，梅尔辛伊尼赛市市长奥兹古尔率代表团一行13人访问泉州，双方签署《泉州市与梅尔辛伊尼赛市建立友好城市关系协议书》。

3. 交流与合作

2000年3月，泽科尔里亚·奥兹古尔率代表团一行5人访问泉州，参加第三届石狮市海峡两岸纺织服装博览会开幕式，考察泉州及石狮市有代表性的民营企业。

2002年4月，梅尔辛伊尼赛市代表团访问泉州期间，双方达成了一些合作意向。泉州市五矿公司与梅尔辛伊尼赛市MEFA建筑公司签署合同，由五矿公司向梅尔辛伊尼赛市出口石材等。

2002年12月，华侨大学与梅尔辛大学就两校开展友好交流及华侨大学帮助梅尔辛大学成立中文系等有关事宜达成初步意向。

2004年10月，梅尔辛伊尼赛市市长易卜拉欣·简克一行6人访问泉州。

（七）漳州市—印度尼西亚巨港市

1. 巨港市概况

巨港市是印度尼西亚南苏门答腊省首府，是印尼的历史文化古城、第四大商业城市。巨港市又名“巴邻旁”，地处苏门答腊岛东南部穆西河出海口，平均海拔仅2米，面积400多平方公里，人口约150万，华裔占总人口的20%。7世纪时，巨港是室里佛逝王朝的都城，名胜古迹有大清真寺、苏丹陵和水月宫等。

巨港市是苏门答腊最大的港口城市，水陆交通的枢纽，铁路、公路与岛内各地相连。港区主要码头最大可停靠1.8万载重吨的船舶，大船锚地水深达16米。港口距机场约12公里。

巨港市的工业主要有石油、天然气、煤炭、化肥、纺织等大型企业，手工业和商贸业发达，是苏门答腊南部的贸易中心。农业以种养殖为主，盛产棕榈果、咖啡、橡胶、家畜和水产品。主要出口产品为原油、成品油、煤炭、茶叶、橡胶、咖啡及胡椒等，进口有纺织品、汽车、机械及日用品等。

2. 缔结友好关系

2002年2月，巨港市市长艾迪·桑达纳·布特拉率代表团一行41人访问漳州，双方签署漳州—巨港建立友好城市关系意向书。

2002年9月，市长郑道溪率漳州市代表团访问巨港市，双方正式签署《漳州市与巨港市建立友好城市关系协议书》。

3. 交流与合作

2004年3月，漳州为巨港11名武术运动员进行为期半年的训练，回国后，在2004年9月的印尼第16届全运会上获得一金二银的好成绩。

2003年9月，艾迪·桑达纳·布特拉一行35人访问漳州。

2004年3月，巨港市代表团9人访问漳州。

2004年5月，巨港市体委主任巴哈鲁丁一行3人访问漳州。

2004年8月，巨港—漳州友协代表团一行2人访问福州、漳州。

2004年10月，巨港市2位专家到漳州市指导安装巨港民俗屋。

2004年10月，艾迪·桑达纳·布特拉一行33人参加福建省国际友城大会。

2004年10月，艾迪·桑达纳·布特拉率代表团访问漳州，参加在花博园举行的“印尼巨港市民俗屋”落成仪式。该民俗屋是具有南苏门答腊岛建筑风格的锥脚木屋，由巨港市政府赠送给漳州市。

2005年1月，市人大常委会张阿禽主任率漳州市代表团访问巨港市。艾迪主持召开漳州科能公司“预付费电表管理系统”现场演示会，印尼国家电业局官员及各界代表共120多人出席。代表团参加了印尼巨港漳属同乡会成立大会暨第一届理事会就职典礼，来自中国香港、新加坡、印尼南苏门答腊省各县市的漳属乡亲共1000多人参加了庆典活动，漳州市代表团等来宾向印尼遭受地震海啸灾区捐款1.26亿印尼盾。

2005年5月，巨港市漳属同乡会代表团23人访问漳州。

（八）南平市—澳大利亚奥尔伯里市

1. 奥尔伯里市概况

奥尔伯里市位于澳大利亚东南部，坐落于墨累河上，属新南威尔士州，平均海拔165米，四季气候特征明显，年平均气温16.3℃，年平均降雨量710毫米。全市面积3.1万平方公里，人口43万。

奥尔伯里市是澳大利亚内陆人口最多的城市，该市食品加工业十分发达，是全国葡萄酒产地之一。种畜基因、环境保护、病理医学等方面的研究和应用在澳大利亚居领先地位，有澳大利亚最先进的牛、羊胚胎移植技术。制造业、零售业、教育、卫生和职业服务业为主要行业。旅游业也十分发达，年游客总数140万人次。

2. 缔结友好关系

2003年7月，南平市二届人大常委会第十四次会议通过《关于批准南平市与澳大利亚奥尔伯里市建立友好城市关系的决议》。

2003年9月6日，代市长陈桦与澳大利亚奥尔伯里市市长帕特丽莎·戈德在南平正式签署《南平市与奥尔伯里市建立友好城市关系协议书》。

3. 交流与合作

2003年9月，福建长富乳业集团股份有限公司与澳大利亚种畜基因公司签订了从澳大利亚引进优质奶牛胚胎项目的合同。

2003年11月，南平市代表团出席新南威尔士州地方政府协会年度会议，并考察了当地医疗和教育设施。

2004年1月，澳大利亚种畜基因公司总裁访问南平，考察乳制品行业、医院和学校等。

2004年3月，市林业代表团访问奥尔伯里市，出席在奥市举办的2004年澳大利亚木材大会。

2004年5月，奥尔伯里市政府对外合作局局长海瑟·泰勒和水资源管理专家戴瑞·麦克乔治访问南平，参加第七届武夷山国际旅游投资洽谈会暨南平市海外交流协会成立大会，双方在文化、教育、卫生、体育、环保、水利等方面达成了多个合作意向。

2004年10月，以奥尔伯里市市长福劳恩费尔德为团长、副市长肯温·波特为副团长的代表团一行访问福建，参加福建省国际友城大会活动。

（九）龙岩市—澳大利亚伍龙岗市

1. 伍龙岗市概况

伍龙岗市是澳大利亚第八大城市，也是新南威尔士州工业中心之一。该市位于悉尼以南80公里，东部濒临太平洋，依山傍海，面积640平方公里，人口18万。主要支柱产业有采煤、钢铁和铜矿冶炼、环保、旅游、电讯等。南半球最大的钢铁公司必和必拓公司、澳洲三大炼铜公司之一的肯布拉港铜冶炼厂位于该市。第二次世界大战后，伍龙岗市经济开始发展，大量输入以欧洲人为主的海外移民，有来自80多个国家的移民居住该市。伍龙岗大学是一所综合性大学，学生1万多人，其中中国留学生1200多人。

2. 缔结友好关系

2000年4月，市长袁荣祥、市委副书记邓保南率团访问伍龙岗市，与该市市长乔治·哈里森签署了缔结友好城市关系意向书。

2000年11月，乔治·哈里森率团访问龙岩市，双方正式签署《龙岩市与伍龙岗市建立友好城市关系协议书》。

3. 交流与合作

1999 年 1 月，市人大秘书长王澍珍率企业代表团访问伍龙岗市。

2000 年 9 月，伍龙岗市接受龙岩市环保设计院工程师陈健到水土资源管理局培训一年。

2000 年 11 月，乔治·哈里森率代表团一行 10 人访问龙岩市，参加在龙岩市举办的第 16 届世界客属恳亲大会，双方在环保与城建方面签署了合作意向书。

2001 年 12 月，市委书记张燮飞率团访问伍龙岗市，就两市政府代表团定期互访，青少年、政府公务员和企业人士交流与培训等达成共识，并签署了备忘录。

2001 年 12 月，龙岩市青年画家刘新才在伍龙岗市美术馆举办画展。

2002 年 3 月，澳大利亚建筑公司合同部经理、伍龙岗市民戴尔·克拉克一行 2 人到龙岩市考察城建和建筑业。

2002 年，福建龙净环保有限公司聘请伍龙岗市大学工程学院潘仁湖、易江林两名教师，负责空气除尘技术和气力输送系统的技术改造。

2003 年 4 月，副市长卢泉昌参加全国友协代表团访问伍龙岗市。

2004 年 4 月，市外侨办主任邱玉燕参加省友城访问团访问伍龙岗市。

2004 年 10 月，伍龙岗市副市长基瑞尔·乔诺夫斯基率政府代表团一行 7 人访问龙岩市。

2005 年 5 月，市委常委、常务副市长江棣章率团访问伍龙岗市。

2005 年 9 月，伍龙岗市市长亚历山大·达令率经贸代表团一行 8 人访问厦门，市委书记刘赐贵、代市长雷春美会见了代表团。

（十）石狮市—菲律宾那牙市

1. 那牙市概况

那牙市位于菲律宾吕宋岛东南毕克尔半岛的中部，离首都马尼拉市 377 公里，离宿务市 380 公里。那牙市是菲律宾南甘马磷省的主要城市，是该地区的商业和文化中心，也是毕克尔地区的教育中心。人口约 14 万。

那牙市交通、通讯、食品和饮料等工业比较发达，1988 年以来，一些大公司选择那牙市作为总部所在地，许多跨国公司和本国企业在那牙市从事房地产开发，是菲律宾经济发展速度最快的地区之一。

2. 缔结友好关系

1999 年 7 月，菲律宾那牙市市长罗戈一行 8 人，在菲华各界联合会主席、菲华石狮市各乡联合会名誉会长蔡友铁的陪同下访问石狮市，与石狮市签订两市结为友好城市意向书。罗戈宣布，那牙市政府全票通过一项决议，将那牙市最古老、最有名的伟士榄街改名为“石狮街”，以表达那牙市对与石狮市结好的诚意。

2000 年 3 月，市委书记、市长郑栋梁率团访问那牙市，双方正式签署了《石狮市与那牙市建立友好城市关系协议书》。

3. 交流与合作

2004 年 10 月，那牙市市长林炳智率团参加福建省国际友城大会后访问石狮市，并回祖籍地晋江寻根谒祖。

（十一）石狮市—澳大利亚伦马克·帕林加市

1. 伦马克·帕林加市概况

伦马克·帕林加市位于澳大利亚南澳大利亚州墨累河流域，距南澳州首府阿德莱德市 258 公里，是澳大利亚最古老的灌溉定居点。1996 年 7 月，伦马克与相邻的帕林加合并成立伦马克·帕林加市。该市面积 920.9 平方公里，人口约 1 万。伦马克·帕林加市是澳大利亚葡萄酒、柑橘类水果产地和休闲旅游度假胜地。

2. 缔结友好关系

2000 年，通过从事水果贸易的华侨牵线搭桥，伦马克·帕林加市与石狮市开始交往。

2005 年 10 月，市长高云程和伦马克·帕林加市市长罗德尼·托马斯在石狮市正式签署《石狮市与伦马克·帕林加市建立友好城市关系协议书》，双方领导人还在石狮市公务大厦前的人民广场种下“中澳友谊树”。

3. 交流与合作

2000 年 4 月，罗德尼·托马斯率团访问石狮市。

2000 年 10 月，市人大常委会主任吴彦南、副市长庄金平率团回访伦马克·帕林加市，并参加南澳大利亚区域经济潜力及其对全国经济的影响 2000 论坛。

2004 年 10 月，伦马克·帕林加市副市长杰克·帕帕尼吉奥率团参加福建省国际友好城市大会后访问石狮市。

（十二）武夷山市—美国火奴鲁鲁市

1. 火奴鲁鲁市概况

火奴鲁鲁市，也称檀香山，是美国夏威夷州的首府，位于瓦胡岛的东南岸，依山傍海。火努鲁鲁是夏威夷语，意为避风港湾。总面积 1544 平方公里，市区面积 217 平方公里，人口 36.5 万，约占全州总人口的 80%。

全市人口的 15%为军事人员及其家属，有相当数量的人员服务于各军事设施。火奴鲁鲁人口中，除波利尼西亚后裔外，还有日本、中国、菲律宾、朝鲜、西班牙等国移民，而以亚洲后裔居多，混血人种占 1/4 以上。火奴鲁鲁市是夏威夷州政治、文化、金融、军事、教育和旅游中心。

2. 缔结友好关系

2005 年 7 月 12 日，双方领导在火奴鲁鲁市正式签署《武夷山市与火奴鲁鲁市建立友好城市关系协议书》。

表 3－11　**1999—2005 年福建省基层单位与国外学校（电视台）结好一览表**

中方	外方	结好时间
福建电视台	日本琉球电视台	1998
福建老年大学	日本长崎县健康长寿大学	1999－3－3
厦门老年大学	日本长崎县健康长寿大学	1999－3－11
福州华南实验学校	美国俄勒冈州雅思布鲁克私立学校	2001－4－28
晋江市季延中学	美国加州阳光坡中学	2001－6－18
福州外国语学校	日本那霸市立上山中学	2002－6－21
福建工贸学校	加拿大维多利亚威利斯 S. J. 继续教育学校	2002－7－25
福州第一中学	加拿大 Mount Douglas Senior Secondar 学校	2004－1－5
泉州一中	加拿大维多利亚 Lambrick Park Secondary 学校	2004－4－6
厦门理工学院	日本佐世保工业高等专门学校	2004－10－13

表 3－12　**1999—2005 年厦门市国际友好港一览表**

中方	外方	结好时间
厦门港	美国巴尔的摩港	2002－3－1
	德国杜伊斯堡港	2004－4－29
	乌克兰伊利乔夫斯克港	2005－1－26
	西班牙拉斯帕尔马斯港	2005－3－25
	马来西亚槟城港	2005－5－30
	荷兰阿姆斯特丹港	2005－5－31
	比利时泽布吕赫港	2005－6－1

二、友好城市交往活动

（一）福州市

1. 日本长崎市

2000 年 10 月，长崎市市长伊藤一长率长崎市政府代表团一行 35 人访问福州，参加两市建立友好城市关系 20 周年庆祝活动。

2000年10月，市长翁福琳率团赴日本长崎市访问，参加两市结好20周年庆祝活动。

2001年12月，长崎市青少年代表团一行19人访问福州。

2002年2月，长崎市海外研修团一行12人访问福州。

2002年2月，长崎市渡边造船厂常务董事渡边贡治一行3人访问福州。

2002年8月，长崎市青少年世界见面访问团一行23人访问福州。

2003年2月，长崎市职员研修团江头光男一行访问福州。

2003年10月，长崎市水产部部长永池健次郎一行6人访问福州。

2003年10月，长崎市水道局阿比留勋弥一行3人访问福州。

2003年10月，长崎市青年骨干海外研修团一行6人访问福州。

2004年3月，长崎市立博物馆馆长原田博二一行2人访问福州。

2004年10月，市长伊藤一长率长崎市政府经贸代表团一行26人访问福州，参加福建省国际友城大会，在大会上发表了以“增强友城合作”为主题的演讲。

2005年1月，长崎市勤劳者服务中心常务理事川上正德一行6人访问福州。

2005年2月，长崎市政府青年骨干研修团一行4人访问福州。

2005年3月，长崎市向福州市无偿赠送8只野生鲍鱼亲体和12个海胆亲体。

2005年4月，长崎市观光部国际课课长山下稚寿一行6人访问福州。

2005年10月，市政府举办福州市与长崎市缔结友好城市关系25周年纪念开幕仪式暨“长崎日”活动，举办两市交流成果和反映长崎市风土人情、人民生活、城市建设、名胜古迹的图片展及“长崎市旅游说明会”。

2. 日本那霸市

2000年10月，市长翁福琳一行7人访问那霸市，9日，那霸市市长翁长雄志授予翁福琳“那霸市国际亲善荣誉市民”称号。

2001年11月，市人大常委会副主任吴金俤率团访问那霸市。

2001年11月，那霸市长翁长雄志和议长永山盛子率那霸市“纪念友好城市缔结20周年”访问团一行159人访问福州市，参加庆祝活动。市长练知轩与翁长雄志共同签署《面向二十一世纪，加快友好城市发展意向书》。

2002年8月，那霸市教育长仲田美加子率少儿交流团一行24人访问福州。

2004年10月，那霸市少儿访问团一行19人访问福州。

2004年10月，那霸市副市长当铭芳二率那霸市代表团一行22人访问福建，参加福建省国际友城大会。

2004年10月，那霸市企业家仲本盛次一行3人访问福州。

2005年1月，市长翁长雄志率团访问福州，并出席福州市政府授予他福州市“荣誉市民”称号仪式。

3. 美国塔科马市

1999年6月，市委常委、福清市委书记宋克宁率福清市经贸代表团一行5人访问塔科马市。

2000年5月，塔科马市代表团一行48人访问福州，参加国际龙舟邀请赛，出席海峡科技成果交易会，参观闽侯龙舟制造厂、马尾港等。

2001年9月，市长翁福琳率代表团访问塔科马市，参加塔科马海事节及龙舟比赛。

2004年10月，塔科马市世贸中心总裁乌德比一行2人访问福州，参加福建省国际友城大会。

4. 巴西坎皮纳斯市

2002年3月，市长翁福琳率经贸代表团一行4人，访问巴西坎皮纳斯市，举办招商说明会，并与坎皮纳斯市市长科斯塔·桑托斯商定该市组团参加当年福州国际招商月事宜。

2002年9月，科斯塔·桑托斯不幸遇袭身亡，翁福琳发去慰问电表示哀悼。

5. 其　他

2002年5月，俄罗斯圣彼得堡市库罗特区区长别戈洛夫·亚历山大·德米特里耶维奇率代表团一行7人访问福州，出席海交会开幕式，参加第四届市长论坛，参观考察福兴投资区、寿山石交易中心、金山工业区、南方建材市场等。21日，双方签署《福州市晋安区与圣彼得堡市库罗特区建立友好合作区协议书》。

2002年8月，韩国京畿道平泽市市长金善基率代表团一行6人访问福州，两市市长签订《建立友好交流关系协议书》。

2002年9月，两市市长签署《福州市与乌克兰敖德萨市建立友好交流关系协议书》。

2003年3月，市长练知轩与圭亚那乔治敦市市长汉密尔顿·格林签署《福州市与乔治敦市建立友好交流关系协议书》。

2004年10月，印尼三宝垄市市长外事顾问什拉米特·拉依德代表市长率代表团访问福州，双方签署《福州市与三宝垄市建立友好城市关系意向书》。

（二）厦门市

1. 英国加的夫市

1999年9月，市领导率政府代表团在参加英国曼彻斯特市举办的中英地方政府合作研讨会后，顺访加的夫市，双方就加强交流与合作进行了探讨。

2002年9月，市人大常委会副主任林明鑫率友好代表团一行6人访问加的夫市。

2003年2月，加的夫市优维克大学校长一行2人访问厦门。

2003年11月，加的夫大学副校长欧敦教授一行2人访问厦门。

2004年9月，加的夫市于立博士率大学代表团一行5人参加“9·8”投洽会。

2004年10月，加的夫大学国际部官员一行2人访问厦门

2004年10月，市政协主席陈修茂率政府代表团访问加的夫市。

2. 日本佐世保市

（1）人员互访

2002年3月，厦门爱乐乐团赴日本佐世保市演出。

2002年4月，市长朱亚衍率团访问佐世保市，参加该市建市100周年庆典活动。

2002年12月，佐世保工业高等专门学校校长根本实访问厦门。

2003年2月，佐世保市政府商工劳动课一行6人访问厦门。

2003年11月，佐世保市市长光武显率政府代表团一行5人访问厦门，出席厦门市人民政府授予他和佐世保市—厦门市青少年交流协会会长竹末义登厦门市“荣誉市民”称号仪式。

2003年11月，佐世保市技术研修生考察团一行5人访问厦门。

2004年8月，佐世保市稻永教授一行3人访问厦门。

2004年9月，佐世保市雅集团董事长岛田哲彦一行4人访问厦门。

2004年9月，佐世保市政府官员一行2人访问厦门。

2004年10月，佐世保市市民代表团181人乘包机访问厦门。

2005年8月，佐世保市研修生考察团一行4人访问厦门。

2005年10月，佐世保市工业高专师生一行7人访问厦门。

2005年12月，佐世保市工业高专教师一行2人访问厦门。

（2）交流合作

两市多次分别在对方城市联合举办情况介绍会和经贸交流研讨会，佐世保市多次组团参加中国国际投资贸易洽谈会。在文化、教育、体育交流方面，两市教育界和高校就教育和校际合作多次开展探讨和交流，文化体育界多次举办书画、摄影交流展和青少年游泳、篮球、足球、乒乓球等友谊赛。佐世保市数次组团参加厦门国际友好城市艺术节和厦门友好城市电视艺术周，厦门市先后三次派出少年宫代表团赴佐世保市参加童谣节，“小白鹭”民族歌舞团和爱乐乐团赴佐世保市公演，获得好评。

（3）重要活动

2002年4月，在日本佐世保市建市100周年之际，厦门爱乐乐团随市政府代表团赴日本进行友好访问，在日本神户、佐世保、新潟等地进行了3场交响乐演出。这是爱乐乐团建团以来首次出国公演，被国家文化部纳入纪念中日邦交正常化30周年——中国文化年活动的一项重要内容。

2004 年 10 月，佐世保市市长光武显、议长野田郁雄率领由 181 人组成的代表团，访问厦门，参加两市结好 20 周年庆祝活动。代表团分为政府、议会、经贸、美术、教育、市民等七个分团与厦门市对口部门开展交流，两市联合举办联欢晚会、书画交流展活动，并分别举行了《厦门市理工学院与佐世保市工业高等专科学校交流合作协议书》《关于日本佐世保市派遣旅游专业人员来厦门工作交流备忘录》签字仪式。

3. 菲律宾宿务市

（1）人员互访

宿务市前后两任市长加西亚、奥斯梅纳多次率团到厦门参加中国国际投资贸易洽谈会。市长洪永世、市政协主席蔡望怀等 8 位市领导分别应邀率团访问宿务市，开展交流、经贸洽谈或参加当地的"圣婴节"等活动。

2004 年 10 月，宿务市政府代表团访问厦门。

2005 年 9 月，宿务市代表团一行 9 人参加中国国际投资贸易洽谈会。

（2）重要活动

2004 年 11 月，市委副书记吴凤章率团访问菲律宾，参加厦门市与宿务市联合举办的友城结好 20 周年庆祝活动。在宿务期间，厦门代表团举办了厦门投资环境说明会、中国国际投资贸易洽谈会推介会和厦门经济特区建设成就图片展，参观了宿务市流浪儿童收养所，并赠送中英文双语儿童书籍等。

2005 年 6 月，为庆祝中菲建交 30 周年，菲律宾驻厦门总领馆与厦门市外事办、市文化局合作，在厦门市举办菲律宾画家作品展、中菲关系图片展、菲律宾国家舞蹈团文艺演出等一系列以展现菲律宾艺术、文化为主题的庆祝活动。活动期间，共展出 4 位在国内及全球享有盛誉的菲律宾著名画家近 30 幅作品，以图片、歌舞等艺术形式再现了中菲建交 30 周年来的历程和两国在各个领域交流合作所取得的成果。

4. 美国巴尔的摩市

1999 年 7 月，巴尔的摩市市长施莫克率团访问厦门，推动双方重启交流，回国后，巴尔的摩市重新将 8 月 13 日命名为"厦门姐妹城市日"。

1999 年，巴尔的摩市医疗代表团访问厦门。

1999 年，为庆祝巴尔的摩市建市二百周年，厦门市向巴尔的摩市赠送了石板、纪念币等纪念品。

2003 年 11 月，巴尔的摩—厦门协会主席、华商会主席杨子明一行 3 人访问厦门。

2004 年 2 月，巴尔的摩市华商会主席杨子明一行访问厦门。

2004 年 9 月，巴尔的摩市 ATEC 控股公司总裁率代表团一行 30 人参加中国国际投资贸易洽谈会。

5. 新西兰惠灵顿市

（1）人员互访

惠灵顿市市长凯莉分别于2000年、2003年率团访问厦门，参加中国国际投资贸易洽谈会，商讨友城交流计划。市长洪永世、朱亚衍，市人大常委会主任李秀记等6位市领导先后率团访问惠灵顿市，就深化经贸、文化、教育、旅游合作和中国花园等项目开展磋商，参加当地举办的“亚洲节”等活动。

2001年2月，省长习近平率政府代表团访问新西兰，在惠灵顿市会见了市长马克·布朗斯基等政府官员及经贸界知名人士，考察了新西兰航空公司和惠灵顿的市政设施。

2002年9月，厦门“小白鹭”民间舞团30人赴新西兰惠灵顿市，参加惠灵顿市举办的“厦门日”活动。

2002年10月，市政协主席蔡望怀率团访问新西兰，参加在惠灵顿市举办的“厦门日”活动。

2003年3月，惠灵顿市友人本·罗依访问厦门。

2003年11月，惠灵顿—厦门商会主席本·罗依访问厦门，参加首届国际旅游节，与厦门建发国旅商谈旅游合作事宜。

2004年9月，惠灵顿市经济发展署副首席执行官克莱斯特率商务代表团一行5人参加中国国际投资贸易洽谈会。

2005年1月，惠灵顿市哈伯德网际协议有限公司董事一行3人访问厦门。

（2）重要活动

2001年3月23日至4月2日，市文联副主席、省著名青年油画家徐里一行2人访问新西兰惠灵顿市，举办“惠灵顿—厦门油画展”活动。惠灵顿市政府为画展举行了开幕式和剪彩仪式，中国驻新西兰大使陈明明出席开幕式并发表了讲话。出席开幕式的还有执政党国会议员玛丽安·霍伯斯、华裔国会议员黄徐毓芳、惠灵顿市议员玛丽·沃尔南及当地侨界、艺术家、友好人士共50多人。画展期间，新西兰电视台第一频道亚洲专栏、惠灵顿主要报纸《领土邮报》和《惠灵顿晚报》及中文电台“亚洲的通道”等主流媒体都对画展进行了特别报道。

2002年10月，为庆祝中国和新西兰建交30周年和厦门—惠灵顿结好15周年，市政协主席蔡望怀率厦门友好代表团一行58人访问惠灵顿市，双方联合在惠灵顿市举办“厦门日”活动。内容有：开幕式、专场文艺演出、百年厦门摄影展、经贸洽谈会、厨艺表演、媒体座谈等。

6. 马来西亚槟城市

（1）人员互访

槟城首席部长许子根先后4次率团访问厦门，参加中国国际投资贸易洽谈会和第二届世界同安人联谊会等活动。槟城行政议员丁福南、槟厦友好协会会长江真诚也分别多次率团访问厦门，参加福建省国际友好城市大会、考察厦门的环保和市政建设等。市长张昌平、市人大常委会副主任王榕等5位市领导分别访问槟城。

2002年12月，槟城市政局体育理事会代表团一行7人访问厦门。

2003年3月，槟城体育代表团一行4人访问厦门。

2003年9月，槟城代表团一行18人访问厦门。

2004年2月，槟厦友协主席一行6人访问厦门。

2004年4月，槟厦友协代表团一行3人参加厦门“台交会”。

2004年9月，槟城首席部长一行33人参加“9·8”投洽会。

2004年9月，槟城文化舞蹈团一行12人参加“9·8”投洽会。

2004年9月，槟城中华总商会会长祝友成一行25人参加“9·8”投洽会。

2004年9月，槟城行政议员杜乾焕率教育代表团一行13人参加“9·8”投洽会。

2004年10月，槟城代表团一行8人访问厦门。

2005年3月，槟城槟厦友好协会秘书长访问厦门。

2005年5月，槟城旅游推介代表团一行9人访问厦门。

2005年5月，槟城港口代表团一行10人访问厦门。

2005年9月，槟城代表团一行42人参加“9·8”投洽会。

(2) 经贸、文化、体育领域交往

2003年，厦门与槟城之间开辟了直达航线。

2005年，厦门港与槟城港结为友好港口。

2000年和2004年，厦门“小白鹭”民族舞团两次赴槟城演出。

2003年和2004年，槟城派出选手参加厦门国际马拉松赛，并多次邀请厦门市的游泳、乒乓球教练赴槟城执教。

(3) 重要活动

1999年，厦门市政府授予槟城首席部长许子根和行政议员江真诚厦门市“荣誉市民”称号。

2002年10月，槟城—厦门友好协会会长江真诚率领由15位音乐教师组成的马来西亚音乐游学团访问厦门。游学团参观了爱乐乐团、鼓浪屿钢琴博物馆等，与厦门大学音乐系、厦门市青少年宫教师进行交流，并观看了在厦门举办的第四届柴可夫斯基国际青少年音乐比赛。

2003年12月，市委副书记吴凤章率由119人组成的代表团访问马来西亚，参加槟城举办的庆祝两市结好十周年“厦门周”活动。在槟城期间，双方共同举办了两市结好十周年庆典、槟城同安金厦公会成立80周年、厦航开通直达槟城航班首航仪式、厦门投资环境和旅游推介会等系列活动。厦门爱乐乐团分别在槟城和吉隆坡举办了“华夏之韵”中国交响乐晚会，由两国著名音乐家联袂指挥，演奏了琵琶协奏曲《梁祝》、交响乐小品《小河淌水》等曲目。

（三）漳州市

日本谏早市

2004年10月，谏早市副市长岛宏行一行10人访问漳州、福州，参加福建省国际友城大会。

2005年2月，谏早市愿能良一教授访问漳州。

2005年11月，谏早市代表团一行3人参加漳州地改市20周年、第七届海峡两岸花卉博览会活动。

（四）泉州市

1. 日本浦添市

1999年2月，以副市长吉长胜盛为团长、议长棚原宏为副团长的浦添市代表团一行13人访问泉州市，参加首届泉州旅游节系列活动。

2000年2月，以市长宫城健一为团长、议长奥本道夫为副团长的日本浦添市代表团一行13人访问泉州市，参加第二届泉州旅游节系列活动。

2000年10月，宫城健一、奥本道夫率政府代表团一行124人对泉州市进行友好访问。两市领导人在西湖公园植树纪念，在浦添市博物馆与泉州市海交馆举行互赠展品仪式，浦添市大鼓艺术家表演了鼓乐节目。此外，代表团还参加了泉州国际木偶节的系列活动。

2001年4月，浦添市文化考察团访问泉州，双方就2005年在浦添市举行“泉州文物展”及文物选定等具体事宜进行商谈，并考察“海上丝绸之路”古迹。

2001年5月，浦添市教育代表团一行6人访问泉州。

2003年10月，浦添市长仪间光男、议长川上宰夫率政府代表团一行37人访问泉州，参加泉州—浦添结好15周年庆祝活动。

2004年4月，浦添市文化部长安里进率文化考察团一行11人访问泉州，与市文化局、文物局、海交馆商谈在浦添市举办“中国·福建—琉球交流500年展”具体事宜。

2004年8月，浦添市教育长大盛永意率少年友好交流团访问泉州，参观了鲤城区实验小学和培元中学，两市少年还同台演出并一起植树纪念。

2004年10月，浦添市教育委员会文化部长安里进一行访问泉州。

2004年10月，仪间光男率浦添市代表团一行17人，在参加福建省国际友好城市大会之后访问泉州，出席了“中国·福建—琉球交流500年展”签字仪式。

2004 年 11 月，浦添市液化石油株式会社专务董事比嘉行雄一行 8 人访问泉州。

2005 年 2 月，浦添市文化代表团一行 3 人访问泉州。

2005 年 3—5 月，由泉州市和浦添市联合举办的“中国·福建—琉球交流 500 年展”在浦添市美术馆举办。副市长洪泽生率代表团一行 5 人参加了文物展开幕式。

2005 年 8 月，市政协副主席林玉莲率少年儿童友好交流团一行 21 人访问浦添市，与浦添市小学师生及当地的牧港儿童会进行交流。

2005 年 9 月，为纪念泉州市和浦添市结好 15 周年及浦添市建市 35 周年、浦添市美术馆建馆 15 周年、琉球放送株式会社成立 50 周年，泉州市政府领导率团访问浦添市。

2. 德国诺伊施塔特市

2000 年 10 月，诺伊施塔特市市长尔根·魏乐率代表团一行 10 人访问泉州，出席两市结好五周年纪念大会，在西湖公园植树纪念，参观泉州市摄影家陈世哲在海交馆举办的“一个泉州人眼中的诺市”——诺市风情摄影展。

2004 年 11 月，诺伊施塔特市百杯酒农合作社代表团在泉州市举办德国葡萄酒品尝会。

2005 年 4 月，诺伊施塔特市长汉斯·盖奥格·瑞夫勒率政府、议会代表团一行 11 人访问泉州，代表团赴晋江、石狮、安溪、崇武参观安踏集团、恒安集团、三力机车有限公司、石狮服装城、盖奇服装厂、茶叶公园、茶都、铁藤工艺品厂及崇武古城等。

3. 美国蒙特利公园市

2004 年 10 月，蒙特利公园市蒙泉友协会长陈文赞一行 8 人访问泉州。

2004 年 11 月，市长伍国庆率蒙特利公园市代表团一行 4 人访问泉州。

2005 年 3 月，蒙特利公园市举办泉州市元宵彩灯嘉年华，泉州市赠送 400 多盏花灯，展现了中国传统文化。

2005 年 8 月，陈文赞一行 3 人访问泉州，商洽经贸合作事宜。

（五）三明市

1. 美国兰辛市

1999 年 7 月，兰辛市市长大卫·荷里斯特率代表团访问三明，两市签署了《互派教师和学生及开展经贸合作项目备忘录》。

2004 年 9 月，市长张健率代表团访问兰辛市，双方同意建立政府、议会之间的互访机制，定期或不定期组织政府、商贸、教育、科技代表团互访以推进友好交往，加强两市在各个领域的合作与交流。

2. 匈牙利布达佩斯市十五区

2005 年，三明市与匈牙利布达佩斯市十五区签署了《建立友好城市关系意向书》。双方商定，共同促进两市人民之间友好交往和经贸往来，开展科技、文化、教育、卫生、体育等领域的交流与合作，为今后两市建立友好城市关系共同努力。

（六）莆田市

2003年，菲律宾卡兰巴市市长来函，希望尽快与莆田市建立友好城市关系。市长詹毅邀请卡兰巴市市长访问莆田，商谈建立友好城市关系的具体事宜。

2004年4月，詹毅率政府代表团一行5人访问巴西、阿根廷，与阿根廷比拉市政府洽谈两市建立友好城市关系的有关事宜。

2005年2月，莆田市举办中国·莆田秀屿国家级木材贸易加工示范区招商会，美国阿拉斯加州州长办公室官员和安克雷奇市驻华贸易代表王英弟访问莆田。王英弟表示，安克雷奇市希望两市领导人开展互访，促进友好交往。

2005年2月，乌拉圭黑河省省长兼弗赖本托斯市市长弗朗西斯科·森图里翁率代表团一行8人访问莆田，与莆田市签订《建立友好城市关系意向书》。

2005年6月，美国人巴克纳带来美国阿肯色州贝茨维尔市市长乔·拜尔德致莆田市市长的信，表示愿意与莆田市建立友城关系。

2005年8月，市委书记袁锦贵率代表团访问美国安克雷奇市，重点考察了林业资源，并与该市政府就开展林业项目合作事宜进行洽谈，双方签订了《建立友好城市关系意向书》。

2005年9月，土耳其乔尔陆市市长阿尔坦·鄂尔辛率代表团一行5人访问莆田，双方签订了《建立友好城市关系意向书》。

2005年11月，经德国华人华侨联合会副主席兼（德国）中国文化经贸服务中心总经理张金龙牵线，莆田市外事侨务办公室与德国摩菲尔登·瓦尔道夫市政府进行接触，该市表示愿与莆田市缔结友好城市关系。

2005年11月，美国贝茨维尔市议会通过决议决定与莆田市发展友好关系。

（七）龙岩市

1. 法国普松西市

2001年，经旅法福建同乡会副会长付柏俊牵线，市长袁荣祥率团访问普松西市，双方就开展交往与合作的有关事宜进行会谈，签署了《建立友好城市关系备忘录》。

2005年5月，普松西市长潘来希率团访问龙岩市，双方一致同意推动经济、文化和企业界人士的互访，促进各个领域的交流与合作。

2005年11月，市政协副主席苏振旺率交通代表团访问普松西市，考察高速公路及交通工程建设项目等。

2. 新西兰马尔博勒地区

1999年4月，在马尔博勒地区议员巴桑蒂推荐下，新西兰巴姆士公司负责人雷恩·桑仁兰和凡恩·哈里斯访问龙岩，考察林业及林业加工企业，与市林委签订林业合作意向书。

2000年7月，龙岩市造纸实业公司负责人访问马尔博勒地区，与巴姆士公司达成供材意向，由该公司代表龙岩市造纸公司在新西兰采购木材并发货，首次供应量为2万吨。

2001年12月，市委书记张燮飞访问马尔博勒地区，双方探讨了建立友好城市关系的有关事宜。

2002年5月，巴姆士公司负责人桑仁兰和哈里斯再次访问龙岩，与市林业局就马尾松树种的改良、试种优质速生树种及技术交流和人员培训达成备忘录。

2002年7月，桑仁兰夫妇访问龙岩师专和华侨职业中专，就市友协提出的为两校聘请外籍英文教师事宜进行磋商。

（八）宁德市

1. 俄罗斯莫斯科卡希拉区

2000年9月，卡希拉区第一副区长安德列率团访问宁德市和福鼎市，与福鼎市签署了《建立友好城市关系备忘录》。

2002年5月，副市长陈允萍赴俄罗斯参加中俄城市市政和地区合作圆桌会晤期间，访问了卡希拉区，与该区领导人探讨开展经贸合作的具体事宜。

2004年8月，市委副书记张立先一行5人访问卡希拉区。

2. 马来西亚诗巫市

2004年4月，由马来西亚诗巫市议员、诗巫古田公会会长钱本统主席牵线搭桥，市长陈荣凯率经贸代表团访问诗巫市，与诗巫市议会署理主席吴春祥签署了《建立友好城市关系意向书》，马来西亚政府房屋与地方政府部副部长刘会州出席签字仪式。

诗巫企业家、马来西亚常青集团董事长张晓卿，中央冷藏控股有限公司集团张仕国等先后组团访问宁德，就船舶修造、化工、港口合作、物流配送项目进行深入的考察和洽谈，达成合作意向。

2004年，诗巫古田公会成立75周年，宁德市代表团参加。

2004年，宁德市协助诗巫市筹建古田纪念公园，由古田县文化部门帮助规划设计，县政府为公园题词，并赠送一块巨型景观石及公园纪念门、古田县食用菌、水果等土特产模型。

2005年6月，诗巫福州垦场一百周年纪念楼落成典礼，宁德市代表团参加。

古田县玉田中学、屏南县华侨中学连续七年与诗巫国立中学、诗巫公教中学等学校开展交流。同时，宁德市还不定期举办华裔青少年夏（冬）令营活动，通过家庭对接、与当地青少年交流联谊，增进了宁德与诗巫两市青少年的相互了解和友谊。

第四章 人才交流与援助

第一节 引进外国专家

1999—2005 年，福建省引进的国外人才分为两大类，一类是从事经济领域工作的专家，称为“外国经济专家”，另一类是从事经济领域以外工作的专家，称为“外国文教专家”。2004 年 9 月前，外国经济专家由省人事厅为主管理，外国文教专家由省外事办牵头管理。

2004 年 9 月，省人事厅、外事办、公安厅、教育厅联合发出《关于转发国家外专局〈外国专家来华工作许可办理规定〉等文件的通知》，决定福建省人事厅外国专家局作为福建省外国专家归口管理部门，负责“外国专家来华工作许可”“介绍外国文教专家来华工作的境外组织资格认可”的实施工作，负责“聘请外国专家单位资格认可”“组织派遣团组和人员赴境外培训机构资格认定”的受理和初审工作。省教育厅负责本系统单位申请“外国专家来华工作许可”的受理工作，省外事办负责审发“被授权单位签证通知表”等工作。

一、外国经济专家

1999—2005 年，福建省争取到国家外国专家局立项引进外国经济专家项目 1223 个，资助经费 2667 万元，引进外国经济专家近 1500 名。其中，长期工作专家占 66%，涉及工业、农业、高新技术产业、金融、保险等领域。德国生物专家沈功恰，新西兰螨类专家张智强，日本造船专家稻井秀穗、渡边和夫，农业专家中山忠治，花卉专家林直实等与福建省科技人员长期合作，开展了无公害生物农药研制、以螨治螨生物防治技术应用、船舶舾装设计、红壤山地综合开发和鲜切花栽培技术改良等领域的研发工作，提高了福建省相关产品在国际市场的竞争力，部分产品技术达到国际领先水平。七年间，福建省共有 6 名外国经济专家获国家“友谊奖”，26 名获福建省“友谊奖”。

（一）农业方面

20世纪80年代初，聘请日本水稻专家藤原长作和原正市，引进水稻旱育稀植技术。福建省农技人员在原正市指导的基础上，对水稻旱育稀植技术进一步消化、提高，开发出旱育抛秧等新技术，帮助农民提高了粮食产量和质量，下降了成本。

以螨治螨是省农科院植保所与新西兰昆虫研究中心张智强教授合作开发的生物防治技术，并探索出一条实现捕食螨工厂化生产的路子，填补了福建省生物防治方面的空白。该技术成果在南方五省区果园推广面积达18.5万亩次、毛竹林推广达15万亩次，创造经济与生态效益1亿多元。

（二）林业方面

明溪县是野生南方红豆杉树种的主要产区。红豆杉是国家一级保护树种，是生产高效抗癌药物紫杉醇的主要原料，其野生资源贫乏，国家严禁砍伐。紫杉醇在国际市场上供不应求，价格高昂。1999年以来，明溪县多次聘请芬兰、美国、新西兰的林业专家前来指导，经过与当地林业技术人员的共同努力，红豆杉扦插育苗成活率由原来的10%提高到90%，人工扦插成活红豆杉幼苗130多万株，2005年建成红豆杉工业原料林基地5万亩，解决了紫杉醇生产原料供应问题，实现销售收入1.4亿元。2000年，国家林业局将南方红豆杉资源开发与利用项目列为全国森林经营示范县建设项目；2003年列为福建省重点建设项目。

（三）渔业方面

漳州市聘请日本鲍鱼养殖专家，指导东山、漳浦、诏安、云霄等地开展鲍鱼养殖及鲍鱼病害的防治工作，促进了漳州水产养殖业的发展。

（四）工业方面

2004年，福人木业有限公司引进美国、德国专家和先进的生产技术，公司新产品一次试产成功，经济效益获同行业评比第一名。省船舶工业集团公司引进日本先进的造船技术，提高了马尾造船厂、厦门造船厂、东南造船厂造船技术水平和生产作业效率。

2005年，省重点建设项目平潭澳风电场和漳浦六鳌风力发电场、国家级农业产业化龙头企业龙岩森宝实业有限公司和福建农凯畜牧实业有限公司及新大陆环保科技有限公司、福日配件有限公司及省农科院等引进了急需的外国专家。福建富士通通信软件有限公司引进日本、美国、以色列、印度软件专家，解决了“IP用户交换机软件出口研发”“3G无线网络核心控制器研发”等关键技术，提高了公司软件产品的竞争力。福州抗菌素厂引进外国专家后，解决了技改项目论证、产品进入国际市场等问题。

二、外国文教专家

1999年以来，福建省引进外国文教专家工作持续发展，具备聘请外国文教专家资格的单位和聘请外专人数逐年增加。截至2005年12月，经过资格认定，具备聘请外国文教专家的资格单位共97家；全省共聘请外国文教专家、学者和外籍教师3101名。

七年间，福建省共有3名外国文教专家获国家“友谊奖”，16名获福建省“友谊奖”。

省外事办、省教育厅、省公安厅等主管部门根据各自的职能，分工负责审核外国文教专家聘请资格，办理各类外国专家邀请函，签发《聘请外国专家确认件》和“外国专家证”，为外国专家办理居住证，变更和延长签证，对有资格聘请单位进行年审，以及协调处理涉及外专的事件等工作。

省外事办和福州、厦门市外事办每年分别举办国庆招待会，邀请在两地工作的外国专家和其他外国人士参加。2002年圣诞节前，省外事办和福州鳄鱼公园联合举办圣诞迎新联欢会，在榕的130多名外国专家、外籍教师和留学生参加了活动。此外，还邀请外国专家出席新年音乐会等文娱活动、参加设区市举办的节庆活动和专项考察活动等。

2000年，随着机构改革的全面铺开，各主管部门及具备聘请资格单位的管理机构和业务人员都有较大的变动。针对新手多、业务不熟以及聘请外国专家难的现状，省外事办着手建立专办员制度，并于2002年4月在福州召开了由52家聘请资格单位负责人及经办人员参加的全省外国文教专家管理工作会议，同时举办培训班，对聘请单位经办人员进行培训。会后，发放“外国专家工作专办员证”，推动外专工作规范化管理。同时，省外事办赴广州、上海，访问各国总领事馆，请其协助推荐本国外国专家等。

表4—1　**1999—2005年福建省聘请外国文教专家统计表**

单位：人

年　份	1999	2000	2001	2002	2003	2004	2005
长期文教专家、外籍教师	244	119	140	252	320	346	500
短期文教专家、外籍教师	—	—	200	500	480	—	—

省级聘请外国文教专家单位的资格单位认可工作由省外事办牵头，会同省教育厅、公安厅，按相关聘请外国文教专家的资格条件进行评估、审查后，报国家外国专家局审批。设区市级单位的资格单位认可工作由设区市外事办牵头，会同教育局、公安局评估、审查，报省外事办、省教育厅、省公安厅审核后报国家外国专家局审批。截至2005年

底，经国家外国专家局批准，福建省共有97所学校（单位）获得聘请外国文教专家资格认可。

表4—2　　1999—2005年福建省聘请外国文教专家资格单位一览表

序号	单位名称	资格认可书编号
1	福州大学	A1—3501001
2	福建广播电视大学	A2—3501006
3	福建经济学校	A2—3502001
4	福建中医学院	A1—3501003
5	福州一中	A2—3503001
6	福建医科大学	A1—3501002
7	福建省体工大队体操技巧训练中心	A2—3570001
8	福建省侨兴轻工学校	A2—3512002
9	福建海峡国际学院	A2—3521002
10	福建工程学院	A2—3502012
11	福建农林大学	A1—3501004
12	福建师范大学	A1—3501005
13	福建对外经济贸易职业技术学院	A2—3502002
14	福建新闽出国留学预备学校	A2—3530001
15	福建卫生学校	A2—3502009
16	福建人民出版社	A2—3540001
17	福建信息职业技术学院	A2—3502016
18	福建华南女子职业学院	A1—3511002
19	福州教育学院	A1—3501009
20	福州英华职业学院	A2—3511001
21	福州华南儿童优教研究所	A2—3530002
22	闽江学院	A1—3501010
23	福州三中	A2—3503002
24	福州十六中	A2—3503008
25	福州私立阳光国际学校	A2—3513003
26	福州旅游职业中专学校	A2—3502007
27	福州私立树德学校	A2—3513002
28	福州高级中学	A2—3503009

续表 4—2

序号	单位名称	资格认可书编号
29	福州财政金融职业中专学校	A2—3502005
30	福州阳光外语培训学校	A2—3513006
31	福州外国语学校	A2—3503012
32	福州约克外语培训学校	A2—3513008
33	福州私立黎明学校	A2—3513010
34	福清龙华职业中专学校	A2—3502010
35	福清西山文武学校	A2—3513011
36	福州职业技术学院	A2—3502019
37	福州三中金山校区	A2—3503018
38	福州金山小学	A2—3504002
39	福州和声培训学校	A2—3513013
40	福州展望外语培训学校	A2—3513014
41	福州步步高英语电脑培训学校	A2—3513015
42	福州博一外语培训学校	A2—3513016
43	福州英华英语学校	A2—3513017
44	长乐市私立夏威英语学校	A2—3513018
45	厦门大学	A1—3501021
46	厦门鹭江职业大学	A1—3501013
47	厦门广播电视大学	A1—3501014
48	厦门教育学院	A1—3501026
49	集美大学	A1—3501027
50	厦门旅游职业学校	A2—3502003
51	厦门第一中学	A2—3503003
52	厦门第二中学	A2—3503004
53	厦门外国语学校	A2—3503005
54	厦门双十中学	A2—3503006
55	厦门英才中学	A2—3513004
56	厦门国际学校	A2—3523001
57	厦门岷厦国际学校	A2—3523002
58	厦门集美中学	A2—3503010
59	WECL 厦门英语学院	A2—3511003
60	厦门华厦职业学院	A2—3513009

续表 4—2

序号	单位名称	资格认可书编号
61	华侨大学	A1—3501016
62	仰恩大学	A1—3521001
63	泉州师范学院	A2—3501018
64	黎明职业大学	A2—3501017
65	泉州纺织服装职业学院	A2—3513001
66	泉州第一中学	A2—3503013
67	泉州第七中学	A2—3503014
68	泉州电力学校	A2—3502015
69	永春师范学校	A2—3502020
70	泉州外国语中学	A2—3513019
71	泉州南少林武术学校	A2—3513005
72	泉州时代语言培训学校	A2—3513012
73	南平师范高等专科学校	A2—3501020
74	南平市第八中学	A2—3503016
75	邵武市实验小学	A2—3504001
76	武夷山第一中学	A2—3503007
77	漳州师范学院	A2—3501015
78	漳州职业技术学院	A2—3501028
79	漳州第二职业中专学校	A2—3502014
80	漳州第八中学	A2—3503015
81	龙岩学院	A2—3501025
82	闽西职业技术学院	A2—3501029
83	龙岩市第一中学	A2—3503011
84	三明学院	A2—3501022
85	福建省立医院	A2—3560001
86	福建金融职业技术学院	A2—3501007
87	莆田学院	A2—3501019
88	宁德师范高等专科学校	A2—3501024
89	霞浦职业中专学校	A2—3502021
90	福建教育学院	A1—3501008
91	福建省商贸学校	A2—3502017
92	福建省第二体育大队	A2—3570002

续表4—2

序号	单位名称	资格认可书编号
93	福建交通职业技术学院	A2—3502011
94	福建工贸学校	A2—3502008
95	福建理工学校	A2—3502013
96	永安市第一中学	A2—3503017
97	福建省福鼎市茂华中学	A2—3513020

三、评选表彰友谊奖

为表彰在改革开放和现代化建设中做出贡献的外国专家和国外友好人士，1991年国家外国专家局恢复设立国家“友谊奖”，省政府办公厅也于1998年9月下发《关于设立福建省“友谊奖”的暂行规定》，设立福建省“友谊奖”。

国家“友谊奖”是中国政府授予在华工作外国专家的国家级最高奖项，每年评选一次，由各省、部委推荐，国家外专局负责组织评选，获奖者赴北京参加颁奖仪式，由国家领导人授奖，并出席在京举办的国庆活动。1993—2005年，福建省推荐的来自9个国家的16位专家获此荣誉。

福建省曾于1992年、1994年两次评选出34名“省部级外国专家奖”获奖者，并由省领导颁奖。1998年9月《关于设立福建省“友谊奖”的暂行规定》出台后，其评选、表彰工作由省外事办负责组织实施，候选人经省评审委员会（省外事办、省外经贸厅、省经贸委、省教育厅、省人事厅组成）评审后，报省政府审定。省“友谊奖”每两年评选、表彰一次，每次10位左右。国家“友谊奖”候选人应在获得福建省“友谊奖”的外国专家和国外友好人士中产生，并经过省评审委员会上报省政府审定后，由省外事办向国家外国专家局推荐。

（一）福建省“友谊奖”颁奖仪式

1999年9月29日，省政府举办首届福建省“友谊奖”颁奖仪式，副省长曹德淦代表省政府向荣获1999年度福建省“友谊奖”的15位外国专家颁发了奖章和荣誉证书。此届福建省“友谊奖”候选人由全省各地各有关部门推荐，共38位外国经济、文教专家，经由省外事办、省人事厅、省经贸委、省教委、省外经贸委等单位组成的福建省“友谊奖”评审委员会评审，遴选出15位上报省政府批准。获奖的外国专家中，有的为净化福州的空气做出了突出贡献；有的为福建造船业打翻身仗做出重要贡献；有的为发展福建省及我国南方地区的林业发挥了重要作用；有的为改善投资环境、提高国际地位做出了积极贡献；有的为中外合作工程按期保质投产，顾全大局、悉心指导；有的为提高福建省师资队伍的素质倾注了心血。他们对中国有深厚的感情，其中6位专家曾分别获取国家、省、市级其他荣誉称号。省船舶工业集团公司技术顾问、日本专家稻井秀穗1999年同时荣获国家“友谊奖”和福建省“友谊奖”，应国家外专局的邀请，到北京参加国家外专局举办的授奖仪式，并出席国庆50周年庆典活动。

2001年12月，第二届福建省“友谊奖”颁奖仪式在福州市举行，副省长汪毅夫代表福建省政府向10位“友谊奖”获得者颁奖。

2003年9月，第三届福建省“友谊奖”颁奖仪式在福州市举行，副省长王美香代表福建省政府向8位“友谊奖”获得者颁奖。

2005年9月，第四届福建省“友谊奖”颁奖仪式在福州市举行，副省长王美香代表福建省政府向9位“友谊奖”获得者颁奖。

（二）国家“友谊奖”获得者事迹

1. 潘威廉

美国籍，博士。1987年到厦门大学任教后，在他的指导下，厦大工商管理教育中心成为国家教委MBA硕士点。他曾先后在美国和中国的多家报纸杂志发表赞扬中国改革开放的文章，批驳西方舆论对中国禁毒、入世和国防等问题的无端指责与攻击。1989年，出资摄制了反映厦门政局稳定、人心思安、生产发展的录像片。1992年，他向厦门市“希望工程”捐献2400元人民币资助西藏失学儿童。随后，又决定每年向龙岩山区教育部门捐赠6000元人民币，帮助孤儿完成学业，同年获省政府“优秀外国专家”称号。1993年获国家“友谊奖”。

2. 渡边和夫

日本籍，日本大阪造船株式会社船体结构专家。受聘省船舶工业公司，指导马尾造船厂和厦门造船厂船体设计工作。渡边和夫工作勤奋，向中方设计人员传授自己所掌握的技术，从日本带来大批有关资料供中方人员学习参考，还联系日本有关造船设计单位，培训省船舶工业公司派出的船舶设计人员，提高福建船舶工业的设计与制造水平，为福建建造大型集装箱货轮做出贡献。1994年获国家“友谊奖”。

3. 李明治

澳大利亚籍，前香港联合集团有限公司董事局主席，福光基金会荣誉理事长。为支持福建省培养外向型经济管理人才，1988年5月，李明治向省政府捐资2000万港元，创办了福光基金会。1993年，他再次捐资1100万港元，资助兴建福光国际经济培训中心，为福建省引进智力、培养人才做出贡献。1996年获国家“友谊奖”。

4. 林少明

新加坡籍，新加坡国立眼科中心医学主任，国际知名眼科专家。1992 年受聘厦门开元区眼科医院，负责传授在国内、国际都属于先进水平的显微手术操作、白内障摘除、人工晶体植入、玻璃体切割等技术，提高了该医院医疗技术水平。1993 年，林少明与开元区政府签订《建立厦门眼科中心的协议书》，为第一期工程捐款 20 万美元，第二期捐款 30 万美元。为开元区眼科医院从一个眼科小医院，发展成为具有现代化设备的厦门眼科中心做出贡献。1996 年获国家“友谊奖”。

5. 塚本幸司

日本籍，中日合资企业福州榕东活动房有限公司董事长，福建省富闽基金会基金捐赠人、董事长。塚本幸司热心培养福建省人才，1993 年，个人捐资 5 亿日元，成立富闽基金会，作为福建省各级领导干部海外培训基金；2003 年，再次捐资成立第二富闽基金会，用于资助家庭经济困难的学生完成学业。1997 年获国家“友谊奖”。

6. 沈功恰

德国籍，德国波恩大学生物系主任。1992 年与省农科院生物技术中心合作研究，受聘任福建省农科院生物中心顾问。他帮助省农科院争取到德国国家自然基金 3 万欧元，支持福建省生物技术研发；争取到波恩大学研究生奖学金名额，培养省农科院博士后一名，接受省农科院访问学者 4 人次；从德国引进优质生物农药 BT 菌株 20 株，与省农科院生物中心共同研制出具有自主知识产权的新一代生物农药 BTA，投入应用，创产值 200 多万元；引进柑橘害虫蚜小蜂人工繁殖技术，有效地控制柑橘和茉莉花粉虱的危害。1998 年获国家“友谊奖”。

7. 翁建汉

新加坡籍，技术专家。应聘到厦门 ABB 开关有限公司担任技术指导工作后，他和员工一起搞技术革新，努力提高产品质量。1994 年，在他的指导下，公司在中国开关行业率先通过了 ISO9001—1994 年版质量管理体系认证；1996 年又获国家环保局环境管理体系审核中心颁发的中国第 001 号 ISO14001 环境管理体系认证证书；1998 年成为全国首家获得联合国中国国家清洁生产中心认定的“清洁生产企业”，同年获国家“友谊奖”。

8. 稻井秀穗

日本籍，日本大阪造船株式会社船舶制造专家。1985—1987 年和 1995—1999 年，稻井秀穗受聘福建省船舶工业公司，负责指导公司下属造船厂的船舶设计、管理、建造工作，提高了福建省造船厂水平。在厦门造船厂万吨集装箱船的制造过程中，稻井秀穗从生产管理到质量控制、从切割精度到焊接质量等方面，提出了许多切实可行的改进措施，使厦门造船厂在不到三年的时间里，实现了造船吨位和技术等级等方面的升级换代。1999 年获国家“友谊奖”。

9. 山崎康嗣

日本籍，日本桥梁专家。1995年，作为厦门海沧大桥施工专家，为大桥的初步设计、施工图纸的设计审核及施工监理和技术要求等提供咨询和指导。山崎康嗣将日本和世界上的先进桥梁技术带到中国，为建设厦门海沧大桥做出贡献。1999年获国家“友谊奖”。

10. 陈炳杰

新加坡籍，飞机工程专家，厦门太古飞机工程有限公司董事长。1992年，在陈炳杰的努力下，香港飞机工程公司与厦门合作成立厦门太古飞机工程有限公司，翻开了中国大陆航空史上维修大型客机的一页。陈炳杰还致力于客机改货机的技术工作，并协助厦门市的招商引资，先后介绍外国航空界的人士到厦门考察，促成几家航空维修企业在厦门航空工业区落户，为中国民用飞机维修业的发展做出贡献。2000年获国家“友谊奖”。

11. 吴美德

菲律宾籍，1993年在厦门创办第一所国际学校——岷厦国际学校，培养了300多名在厦门工作的外籍人员子女，为厦门市引进外资改善投资软环境和提高厦门市的知名度做出了贡献。2002年获国家“友谊奖”。

12. 布莱恩·赫治

加拿大籍，落基山（福州）药业有限公司董事长。作为原加拿大不列颠哥伦比亚省农业部部长，他运用自己的资源为福建省和福州市的经贸代表团赴加拿大招商引资制定计划，向加拿大新闻媒体和各种机构介绍福建省和福州市的投资环境和优惠政策，推动加拿大政府及加拿大各省国际贸易厅将福建省列入经贸交流对象。在他的推介下，加拿大著名的跨国公司、大财团如兰万灵公司等与福建省签订了永泰县界竹口水电站建设、闽侯县大目溪水电站扩建、福州市轻轨铁路建设和福州市三环路建设等项目的合作意向书。2003年获国家“友谊奖”。

13. 安达直史

日本籍，日本数码成像设备专家，夏新电子股份有限公司通信事业部副总经理，负责PHS产品的开发设计和生产。在他的指导下，夏新公司成功地将直板式手机产品产业化，继而主导开发设计了折叠式手机A06。该手机在RF与基带一体化设计方面有新的突破，促使产品小型化，整机性能得到很大的提高，增强了产品的竞争力。2003年，夏新小灵通玄冰A06以其独特风格迅速赢得市场；2004年，夏新又推出首款内置天线小灵通A02，使夏新公司的产品在小灵通品牌中稳居国内第三位。2004年获国家“友谊奖”。

14. 施舟人

法国籍，欧洲著名汉学家。2001年受聘任福州大学，任人文社会科学学院名誉院长。

施舟人在学校致力教书育人，还将其一生收藏的珍贵中文典籍与艺术品，以及英、法、德、希腊、拉丁等西文书籍共1万多册全部运到福州，创办了以系统收藏西文文史哲艺术类典籍为宗旨的福州大学“西观藏书楼”“福州大学世界文明研究中心”，用以指导学生。美、法、荷、英等国驻华使领馆官员和西方知名学者都前来参观、交流。2004年获国家“友谊奖”。

15. 和马克

英国籍，传媒专家。2000年5月至2004年担任厦门电视台《英语新闻》节目语言顾问。四年里，和马克致力指导厦门电视台的英文节目制作、市政府外宣资料和外宣专题片英文文稿的修改，还对电视台《英语新闻》节目的工作人员、市政府部门的翻译人员进行培训，为宣传厦门、为厦门市培养对外宣传人才做出贡献。2004年获国家“友谊奖”。

16. 林直实

日本籍，花卉专家。从1993年起，先后多次作为花卉专家到福州、宁德、漳州等地指导花卉栽培，为当地的花农和技术人员举办讲座，受训人数达数百人次。他根据日本市场对菊花的特殊要求，提供技术参数，增加了菊花的花型和花色，提高了当地菊花在日本市场的竞争力。他还引进日本新品种，为福建省花卉产品进入国际市场做出贡献。2005年获国家“友谊奖”。

（三）福建省“友谊奖”获得者事迹

1. 1999年第一届友谊奖

（1）陈炳杰

新加坡籍，中外合资企业——厦门太古飞机工程有限公司董事长。该公司在厦门总投资1.17亿美元，公司的创立填补了中国不能维修大型民航客机的空白。1998年公司赢利200多万美元，纳税2000多万元人民币，被评为“98年度全国外商投资出口先进企业”“厦门市纳税大户”。

（2）布莱恩·赫治

加拿大籍，落基山（福州）药业有限公司董事长，曾获加拿大联邦政府颁发的“蓝钥匙”国际友好奖。1996年，投资30万美元，引进加拿大西洋参和天然蜂蜜的深加工技术，开发出20余种新产品。协助福州市招商引资，为创办“福州市外国人服务中心”做出贡献。

（3）塚本幸司

日本籍，自1988年6月起任福州榕东活动房有限公司董事长，为培养福建省人才做出贡献。

（4）森正昭

日本籍，1986年开始，推动开展日本长崎市与福州市业余无线电爱好者交流。在他的指导下，福州市此项业余体育运动得到迅速发展。1987年，福州市在全世界业余电台竞赛中获亚洲第一名，1989—1991年，获全国业余电台竞赛四项奖，1995年与日本500个城市建立业余电台通讯联络网。

（5）郑乾本

新加坡籍，1989年开始为BP公司投资中国进行市场调研。1994年，在他的推动下，BP公司在福州市成立首家合资企业，总投资2.3亿元人民币，建成具有国际先进技术水准的30万吨液化石油气基地，年产值2亿元人民币，为提高市民生活、改善环境做出贡献。

（6）稻井秀穗

日本籍，从1985年起，多次受聘担任福建省船舶工业集团公司技术顾问，为马尾和厦门两个造船厂打翻身仗、建造万吨级船舶、产品打入国际市场做出贡献。

（7）克里斯汀·博格曼

德国籍，在担任华能福州电厂第二期工程外方总代表期间，悉心指导，为保证工程按期保质投产做出贡献。

（8）坂上幸雄

日本籍，1994—1998年，任中日技术合作福建省林业技术开发计划项目日本专家组组长，在林业科研、技术开发、科研人才培养及基地建设等方面做了大量工作，为福建省及我国南方地区的林业建设和科技进步做出贡献。

（9）威格斯多福

德国籍，1991年，任莆田金匙啤酒有限公司生产总经理，为引进和消化德国啤酒酿造技术、创造莆田贝克啤酒品牌做出贡献。

（10）中山忠治

日本籍，长崎县农业专家。1985年向建阳市赠送670株日本巨峰葡萄苗，此后连续5年到福建进行技术指导，为福建省推广栽培巨峰葡萄做出贡献。2005年，全省栽培巨峰葡萄4000多公顷，年产量6万多吨，年产值2亿元人民币。1997年，他向建阳市传授柑橘高接换种技术，为当地柑橘品种结构调整提供了新途径。

（11）沈功恰

德国籍，为福建省培养农业科技人才、与省农科院生物技术中心共同研发生物技术做出贡献。

（12）潘威廉

美国籍，1987年到厦大任教，1992年5月获在华永久居留权，1993年获国家“友谊奖”，1994 年获省政府“优秀外国专家”称号。

（13）英健

美国籍，1988 年到厦门大学新闻传播系任教，承担多门课程的教学任务。她工作认真负责，教学方法独到，做到因材施教。在业务上和其他同事团结协作，共同提高教学质量。

（14）葛凯伦

美国籍，1987 年、1988 年两次访问福建师大后，致力于推动美国南俄勒冈大学与福建师大的交流与合作。1990—1993 年，争取到美国新闻总署提供经费 7.5 万美元，促成福建师大与南俄勒冈大学互派 12 名教师项目。1995 年，促成福建师大与南俄勒冈大学签订友好合作交流备忘录，由美方继续派教师到师大任教。至 2005 年，她坚持每年自费到福建师大工作四五个月，进行学术交流活动，为福建省与俄勒冈州的教育交流做出贡献。

（15）吴美德

菲律宾籍，厦门岷厦国际学校校长，致力于培养在厦工作的外籍人员子女，为改善厦门市引进外资软环境和提高厦门市的国际知名度做出贡献。

2. 2001 年第二届友谊奖

（1）吴振声

美国籍，美国建东银行董事长。多年来，吴振声为厦门市推荐、选送长期外国专家 102 人，短期外国专家 80 多人，为他们支付旅费 149 万元人民币；为解决外国专家的住宿困难，购买了三套住房，还对每位到厦门任教外国专家一次性资助 500 美元。为厦门市教师进修学院捐赠图书和教学设备 7 万多元，还多次出资邀请厦门市教育界人士赴美国考察，为厦门市教育事业的发展做出贡献。

（2）中山鹤

日本籍，长崎县农业专家。中山鹤与丈夫中山忠治一道向南平市无偿赠送巨峰葡萄种苗，并帮助当地农民建立巨峰葡萄优良品种繁殖基地。向南平市无偿赠送二十多个不同品种的柑橘种苗，为该市果树品种改良做出贡献。其中潭甜橘柚经多年试验证明是耐寒、抗病、质优的经济作物。1999 年底，她又无偿赠送樱花种苗 2000 余株，并帮助建立樱花种苗培育基地。1999 年 12 月，建阳市授予中山鹤教授“荣誉市民”的称号。

（3）林直实

日本籍，日本花卉专家。从 1993 年开始指导福建花农栽培花卉，引进优良品种，为福建花卉出口做出贡献。

（4）刘宇平

美国籍，美国波音公司的飞机结构专家，1995 年担任常驻厦航的高级技术支援代表。

在厦航工作6年里，他致力于推广波音先进的技术和管理经验，加强厦航机务维修的规范化、标准化工作，提高了厦航飞机损伤评估技术水平，缩短了飞机维修时间，确保飞机按时投入运营，为此每年可节约1000多万元的工时费。

（5）巴齐斯

意大利籍，设备专家。负责三明化工责任有限公司引进的三聚氰胺工程的设备安装、调试及投料试生产工作。巴齐斯严格要求、严把质量关，在他的现场指挥和技术指导下，设备安装等工作按时完成，为公司三聚氰胺工程尽快产生效益做出贡献。

（6）马克·辛格勒

芬兰籍，造纸技术专家、开机总工程师。南平纸业公司技改工程在他的指导下，新引进的五号纸机不但顺利出纸，还在原有标准上提速，创造了45克/平方米的低定量彩色胶印新闻纸，填补了国内空白。美国维美德公司授予五号纸机“亚洲第一车速”的称号。

（7）艾德华·海尔

爱尔兰籍，作为利用世行贷款的国家重点建设项目漳州—诏安高速公路外方专家组组长，他负责评估、制定设计质量监督程序、制定人力资源开发计划、培训监理工程师等工作。艾德华严格把关、指导，同时根据福建地区公路建设具有软基地段多的特点，运用自己的经验，提出许多建设性建议，并做好世行代表和业主之间的沟通联系工作，为该项目的顺利完工和业主获得世行评价做出贡献。

（8）贝茨·里韦特

美国籍，博士。1992—2001年，先后8次作为志愿者到华南女子学院任教。虽然年过70，但她承担的《心理学》《儿童教育》《英语听说》等教学课程很受学生欢迎。华南女子学院的外国专家楼设备简陋，贝茨利用假期回美国的机会，筹集数万元请人装修；当她发现华南女院缺乏英文原版教材时，自费购买并收集有关书本、录像带、录音带等从美国寄到学校；当了解到华南女院急需外国教师时，自费在美国报纸杂志上刊登广告，上网介绍华南女院。

（9）麦克·卡瓦纳

英国籍，1997年到南平师专任教，担任英语口语、英文写作、英美概况、英语教学法等多门课程的老师，负责学生毕业论文的指导工作。他还和其他教师共同编写教材，发表多篇教学科研论文，参与中学骨干英语教师的培训工作。几年来，英语系学生的成绩有了明显的提高。他承担的《英语教育专业微格教学应用研究》课题获南平师专2000年度优秀教学成果二等奖，对促进闽北山区英语教育水平起到积极作用。

（10）格雷格·麦康

澳大利亚籍，1998年到英华职业学院任教，负责英语口语、阅读等课程的教学工作。

麦康克服自身多种疾病带来的困难，主动承担英语演讲比赛的组织、评判工作，参加各种学术讲座。当得知学校急需外国教师时，他与澳大利亚有关方面联系，为学校推荐人才。此外，他还推动福州市与澳大利亚肖尔黑文市的友好交流与合作，多次出面邀请澳大利亚专家到校交流。

3. 2003年第三届友谊奖

（1）比基塔·波格曼

瑞典籍，教授。1998年以来，在波格曼的努力下，先后从瑞典国家工业和技术研究委员会、国际开发署、瑞典国家科学基金会、瑞典林业和农业研究基金会争取资金550万瑞典克朗（约为550万元人民币），支持福建4个合作研究项目。2002年，与省科技厅共同申请获得SIDA和VR的联合资助，并得到省政府配套资金约100万元，用于建立合作研究的试验平台等。此外，瑞典有关方面接受福建科技人员10人次到瑞典培训、进修、合作研究；先后无偿向科技人员传授技术，提供STRR—PCR、16SrRNA—RFLP、ITS—RFLP、16SrDNA—PCR—DGGE等仪器及有产业化前景的优良蓝细菌菌株等。

（2）陈健

加拿大籍，专家。2000年9月，福建新大陆环保科技有限公司成立，陈健任总经理兼总工程师，这是中国第一家从事以现代紫外线C波段为核心技术的空气及水消毒产业化公司。在他的领导下，研制出具有自主知识产权的八大系列、具市场潜力的新产品，其中许多属世界前沿技术，具有国际领先水平。福建新大陆环保科技有限公司因此被国家科技部定为《国家科技成果重点推广计划》中“大型紫外线C波段消毒系统产业化”项目的技术依托单位。

（3）西口克吉

日本籍，日本京都磊石株式会社社长。1991年与漳州两家企业合资成立漳州磊石实业有限公司。西口克吉引进日本先进的经营管理体制和技术设备，根据日本、韩国的市场需求，开发研制多种适销新产品，促进企业产品出口稳定增长。2001年，西口克吉设立“西口扶困助学基金”，本金30万元，并从企业每年赢利中拿出部分追加，用于资助漳州市辖区内品学兼优的贫困高中应届毕业生。

（4）施德·海曼

德国籍，2001年被聘为省外经贸厅厅长助理。在任期间，他利用曾在欧盟工作的人脉关系，推介福建，促进福建与欧盟特别是德国之间的经贸往来；协助联系欧盟专家，争取项目，帮助福建省开展WTO知识等相关培训工作；协助“数字福建”项目建设，帮助福建相关信息走向世界；参与开展对口支援工作，为福建省对口扶贫单位——宁夏开展脱贫工作提建议、办实事；从福建实际出发，借鉴德国为中小企业服务工作的做法和经验，协助指导成立福建外经贸中小企业服务中心等。

（5）施舟人

法国籍，欧洲著名汉学家。他在福州大学创建“福州大学世界文明研究中心”和“西观藏书楼”，开设文史方面的选修课等，为提高福州大学知名度做出贡献。

（6）伊尼卡·顾蒙逊

荷兰籍，职业艺术家。1999年11月，伊尼卡在厦门大学艺术学院正式创建“中国欧洲艺术中心”，出资300多万元，举办了许多场中欧文化与艺术交流的学术活动，增进中欧的相互了解。作为厦门市政府城市规划顾问，她对思明区旧城改造提出规划建议，并邀请欧洲建筑师、城市规划师、艺术家到厦大中国欧洲艺术中心举办“城市与文化——厦门厦港旧区改造设计方案展览”，为思明区旧城改造做出贡献。

（7）安·卡瓦纳

英国籍，1997年在南平师范高等专科学校外语系任教，承担英美文学、英美概况、口语、综合英语等课程的教学任务。她以严谨的治学态度、深厚的专业知识言传身教，为闽北地区培养了600余名中小学外语教师和外语专业人才，提高了学校外语系的整体教学质量，也提升了南平师范高等专科学校的社会知名度。

（8）简·菲利浦

美国哈佛大学心理学系主任、教授。从1987年开始她前后10次作为志愿者到福建华南女子学院实用英语专业任教，是学院实用英语专业《听力与口语》课程的主要教师。她运用自己丰富的教学经验，为学生听说技能的快速提高做出贡献。菲利浦关心学院工作，学院需要聘请外教时，她发动国内亲朋好友，为学院解决师资问题。

4. 2005年第四届“友谊奖”

（1）马克·沃克

美国籍，博士，美国西尔旺食品集团工程师。在沃克的支持和指导下，省轻工业研究所通过引进、消化美国蘑菇工厂化制种的先进技术，把原有的蘑菇站制种车间的玻璃瓶生产工艺改造为塑料薄膜透气袋生产工艺，降低生产成本20%；在宁德、柘荣建立蘑菇反季节栽培基地6.6万平方米，年生产期达10个月；在晋江建立2万平方米的蘑菇中试生产基地，在闽清建立1万平方米的蘑菇和珍稀食用菌周年栽培示范基地。在他的协助下，省轻工研究所还获得美方赠送的各类蘑菇菌株200多株，并建立了双孢蘑菇的基因组文库和cDNA文库，带动全省蘑菇生产向产业化发展。

（2）沙乔治

意大利籍，工程师，受聘省南方路面机械有限公司，负责沥青混凝土搅拌设备更新换代和技术指导工作。在他的协助下，2002年，南方路面机械公司第一个推出240T振动电机式沥青振动筛，结束了中国从国外购买沥青全套设备的历史。随着高速公路建设全面铺开，因路面返修而产生的废料堆积如山，急需沥青再生设备进行废料再利用。沙乔治与公司设计人员经过几个月的艰苦奋战，于2004年1月研制成功第一台沥青再生设备，填补了国内空白。

（3）宫重恒登

日本籍，1993年4月担任泉州华兴石业有限公司总经理。宫重恒登引进日本先进的管理模式，分批选派公司骨干人员赴日本培训，培养人才，为企业建立了一支业务素质高、技术力量强的骨干队伍。他守法经营，在公司成立工会，规范用工制度，1997年、2000年、2002年，公司被评为全国外商投资双优企业。

（4）陈明珠

菲律宾籍，1997年任联合新潮手套（漳浦）有限公司总经理。在她的领导下，公司多次被漳浦县政府授予“出口创汇大户”“出口超500万美元企业”称号。她热心公益事业，公司被漳浦县政府授予“关心下一代扶贫助学先进单位”和“无偿献血先进单位”称号。

（5）黄晋之

美国籍，美国麻省大学教授，2002年受聘福建农林大学食品科学院。由他主持的“拟定腐竹产品质量标准及高品质腐竹的安全生产方法研究”“太平洋牡蛎基因标志的筛选与蛎肉深加工的研制”和“烤鳗脉冲强光杀菌技术与设备”研究项目获省教育厅、科技厅的资助。此外，他还参与蔬菜、水果汁加工配方研制、功能食品赋味产品开发等项目的研究，引入国外多项合作项目并争取到国外赠送一套香肠加工生产线。

（6）黄天中

美国籍，美国加州阿姆斯壮大学、库克大学教授。2002年，黄天中任华侨大学董事会董事、工商管理学院博士生导师后，向学校捐赠2992册英文版法学书籍，价值149.6万元人民币；为组建中美国际法研究所，资助8万元人民币，举办中美体育法国际研讨会，扩大影响；为推广华文教育事业，促成华侨大学与美国库克大学、肯尼迪大学签订境外合作办学协议；在美国加州旧金山海湾开办“华侨大学美国中文学院”，成为第一所由美国州政府认可的中国非营利教育机构。

（7）凯·格里姆斯

美国籍，1998—2005年，先后5次到福建华南女子学院任教。后三次作为志愿者，自费来华支持中国的教育事业。在她的指导下，学生的外语水平和教师的教学水平都有很大提高。

（8）郑若宜

新西兰籍，莆田学院英语教师。她将国外全新的教学理念带入学校，提高了学生的成绩，也提高了外语系老师的教学水平。她还经常用自己不多的工资资助经济困难的学生，受到全校师生好评。

（9）罗伯特·祖德

澳大利亚籍，从1999年开始在集美大学工商管理学院、航海学院、航海职业教育学院及职业技术学院任教。他发挥自己当过远洋船长的特长，利用课余时间录制航海专业英语口语教程，并联系有关单位，为学生提供社会实践的场地和机会；假期里，他谢绝其他单位的高薪聘请，为学校青年教师开设口语培训班，为培养师资队伍尽心尽力。

第二节　海外培训和互派留学生

一、海外培训

1999—2005年，福建省共获国家立项资助出国（境）项目134个，培训各种人才1987人次。1990—2005年，福光基金会举办了70多期境外培训班，受训人数达2000多人次；与境外大学合作，培养紧缺的经济管理人才，已有336人取得MBA证书。

表4—3　**1999—2005年福建省出国（境）培训项目一览表**

年　份	国家立项资助出国（境）培训项目（个）	培　训人　数（人次）	资助国外培训经费（万元）	机械制造工业管理人员赴港培训（人次）	护士赴新加坡顶岗培训（人次）	单位公派出国留学（人次）	国家公派出国留学（人次）
1999	18	253	100	12	1	62	6
2000	12	111	150	—	—	56	3
2001	8	101	150	—	—	59	7
2002	22	185	200	2	5	108	5
2003	7	67	—	—	—	22	3
2004	34	664	100	—	—	—	—
2005	33	606	105	16	—	—	—

二、派出留学生

1981—2005年，省外事办通过国际友好城市、友好协会等渠道，由对方全额资助，共选派248人到国外留学、进修。其中日本长崎县118人、冲绳县68人、佐贺县11人、冈山县1人、真冈市3人、美国俄勒冈州7人、德国莱法州10人、英国28人，法国下诺曼底大区、澳大利亚塔斯马尼亚州各1人。此外，选派83名技术工人分三批到日本真冈市进修一至二年。富闽基金会选派156名党政干部、省人事厅选派331人赴海外留学。省船舶工业公司由对方全额资助，选派17批156人到日本大阪造船所和长崎林谦造船所研修。

（一）省外办派出留学生及主要科技成果

1. 谢福鑫

建阳市农办调研员、高级农艺师

1984年从日本引进巨峰葡萄在建阳试种成功后在闽北山区全面推广，为山区农民创业致富开辟了一个重要渠道，取得社会和经济效益。

1986—1999年，“我国亚热带草山草坡种草养蓄综合配套技术”项目获农业部科技进步二等奖；“山地果园覆盖改土保水示范推广”项目获南平地区行署科技兴农二等奖；“新垦红壤培肥研究”项目获建阳市科技进步一等奖。

发表学术论文5篇，交流学术论文10余篇。

2. 王升玉

福建省汽车运输总公司高级工程师

1983—1995年，在汽车技术应用研究、新技术应用研究和新产品开发方面获六项科学技术成果奖。其中，福建省和交通部科学技术成果奖2项，省交通厅科技成果奖4项。

在全国性的自然科学期刊上发表论文20余篇，著有《汽车维修数据手册》一书。

3. 严正凛

集美大学水产学院教授

成功开发日本对虾人工越冬及育苗的研究技术，填补了国内空白。

“杂色鲍三倍体的诱导和培育”项目获漳州市科技进步二等奖。

在全国性的自然科学期刊上发表论文数十篇。

4. 范少辉

中国林业科学院林业研究所研究员

1989年，获中国林业学会首届青年科技奖。

1990年，获中国科协第二届青年科技奖、国家教委科技进步二等奖。

1992年，获国家科技进步三等奖。

在全国性的自然科学期刊上发表论文40余篇。

5. 洪立钦

福州市科协高级农艺师

1992年，“利用4号菌提高草滋产量”项目获省科技进步三等奖。

1993年，“864菌株的分离鉴定及在三菇上应用研究”项目通过省级专家鉴定，属国内首创。

1994年，“864菌株的分离鉴定及在菇类栽培上应用”获联合国TIPS中国国家分部发明创新科技之星奖。

1994年，“应用农N菌剂生产草菇的方法”获国家专利。

在全国性的自然科学期刊上发表论文18篇，其中2篇被联合国粮农组织录用。

6. 丛　澜

福建省环保局副局长、高级工程师

1993年，“三明市区大气环境影响预测及污染防治对策优化方案研究”课题获福建省科技进步二等奖。

1992年，“WM－1双通道双向测风仪及数据处理系统的研究”课题获省环保科技进步二等奖。

1994年，论文“山地河谷地形的三明大气扩散参数”获省科协第三届自然科学优秀学术论文三等奖。

1992年，论文“WM－1双通道双向测风仪及数据处理系统的总体设计”获《福建环境》杂志优秀论文奖。

7. 郑智莺

宁德地区科协主席

1985年，主持福建省大黄鱼人工繁殖技术研究课题，在全国首次突破大黄鱼半人工繁苗技术难题，培育出全长为21.9毫米的大黄鱼仔幼鱼7343尾，其成果处于国内领先地位。

1987年，对海区捕获的大黄鱼进行保活、驯化、培育试验研究，成果为全国首创。

8. 陈石榕

福建省农业厅高级农艺师

1984—1987年，从事巨峰葡萄栽培技术的推广，并发表多篇有关葡萄的论文。

9. 熊舒霞

福建省船舶工业公司工程师

翻译了几十万字的日本造船管理资料，协助日本造船专家指导、提高福建省船舶制造技术。

10. 吴成业

福建省水产研究所研究员

1987—1999 年，先后主持了“虾头综合利用研究”等多个项目，已通过鉴定或技术推广。

在各种刊物上发表了 10 余篇学术论文。

11. 马　平

福建省水产厅高级工程师

1993 年，承担的“真鲷人工繁殖研究”课题获省科技进步二等奖。

12. 彭大文

福州大学教授

1989—2005 年，在全国性的自然科学期刊上发表《悬索桥加劲箱梁截面的优化分析》《悬索桥加劲钢本行架截面的优化分析》《福州市商业城人行天桥设计构思》《边缘效应对索网结构的风格影响分析》《福建江口针拉桥的设计构思》《边缘效应对索网结构劲力特性研究与试验》等几十篇论文。

参加设计了多座大中型桥梁。

13. 黄　显

福建医学院附属协和医院主管药师

1990—2005 年，设计并完成了“甲硝唑血中浓度的紫外测定法”课题。

与其他医师合作完成“哌唑嗪治疗原发性高血压 93 例临床观察”课题。

著有《血管疾病的临床研究》一书。

14. 周鸿桥

泉州市农委高级工程师

1991—1999 年，开展网箱养殖石斑鱼技术指导，使泉州市石斑鱼养殖从 1991 年的 10 余个网箱发展到 800 多个。

指导吊养近江牡蛎养殖，使泉州市近海牡蛎由 1991 年 30 多万串发展到 500 多万串。

15. 张子平

龙岩市农业局局长、高级农艺师

1991—1999 年，在国内外学术刊物上发表论文多篇。

16. 王珍贵

福州大昌盛饲料有限公司高级工程师

1992—1999 年，参加研究的“三都湾鱼虾放流增殖开发研究”项目获部级二等奖。

17. 许永安

福建省水产研究所研究员

1994 年，参加研究的“罗非鱼鱼糜生产模拟蟹肉”课题通过鉴定。

在国内学术刊物上发表论文多篇。

18. 黄邦辉

漳州市科协副主席

1994 年，承担的“奈果保鲜”和“奈果优质栽培试验”课题研究达到省内领先水平。

在省级刊物上发表论文 3 篇。

19. 林方喜

省农科院地热研究所研究员

1993—1999 年，参加福建省菊花切花生产基地的技术指导，为菊花外销日本等地做出了贡献。

20. 黄俊山

福建中医药研究院院长、教授、博导

1993—2005 年，在全国性的自然科学期刊上发表论文 69 篇、省级刊物上发表 13 篇。译文 23 篇，译著 1 册，译文总字数超过 15 万字。

主持完成的课题有：高血压病患者血中胰岛素、C 肽水平与中医辨证分型的关系；从血中 FT3、FT4、T、E2、CO 探讨寒证热证的本质；元通胶囊治疗血管性痴呆的疗效及机理探讨（获 2004 年度福州市科技进步二等奖、2009 年中华中医药学会科学技术进步三等奖）；补肾健脾养血活血法治疗脑血管性痴呆的临床系统观察；补肾健脾养血活血组方多元研究〔获 2005 年中国中西医结合学会科学技术三等奖（第六完成人）〕；老照片唤醒疗法对老年期痴呆患者记忆改善的作用；软脉灵口服液治疗血管性痴呆的系列研究。

21. 叶乃兴

福建省农科院茶叶研究所研究员

1993—1999 年，省重点课题“茗奇乌龙茶品种选育及配套做青工艺与生化变化的研究”通过省级成果鉴定；《应用灰色系统理论综合评估乌龙茶品种》一文获省茶叶学会第三届青年学术研讨会优秀论文二等奖；参加选育的乌龙茶新品种悦茗香、黄奇、朝阳通过鉴定，成为省级茶树优良品种。

在国内学术刊物上发表论文 7 篇。

表 4—4　**1981—2005 年省外事办选派赴日本长崎县留学、进修、国际交流人员一览表**

年度	姓名	性别	单位	学习内容	学习时间	学习单位
1981	卢豪魁	男	省水产研究所	海水养殖	1981.7—1982.3	县水产试验场增养殖研究所
1981	张友鹏	男	集美水产学校	海水养殖	1981.7—1982.6	县水产试验场增养殖研究所
1983	黄建才	男	福建汽车修理厂	汽车维修	1983.4—1984.3	佐世保实业高等学校、县交通局中央修造厂
1983	王升玉	男	省汽车运输公司	汽车维修	1983.4—1984.3	佐世保实业高等学校、县交通局中央修造厂
1983	陈石榕	男	省农业厅经济作物所	果树	1983.4—1984.3	县果树试验场、县农业经营大学
1983	谢福鑫	男	建阳农业委员会	果树	1983.4—1984.3	县果树试验场、县农业经营大学
1984	熊舒霞	女	省船舶公司	船舶建造	1984.7—1985.3	长崎林谦造船厂
1984	郑智莺	男	宁德地区水产局	海水养殖	1984.5—1985.3	县水产试验场增养殖研究所
1984	严正凛	男	东山县水产研究所	水产	1984.5—1985.3	县水产试验场增养殖研究所
1984	李　达	男	省外事办	经贸	1984.7—1985.4	县贸易协会
1985	魏瑞演	男	福建省建筑工程学校	建筑	1985.4—1986.3	长崎大学建筑学部
1985	李积权	男	福建省建筑工程学校	建筑	1985.4—1986.3	长崎大学建筑学部
1985	洪立钦	男	省农业科学院土肥所	香菇栽培	1985.7—1986.3	县综合农林试验场
1985	李巧云	女	省外事办	计算机软件	1985.7—1986.3	县政府
1986	吴成业	男	省水产研究所	水产加工	1986.7—1987.3	长崎大学水产部
1986	范少辉	男	福建林学院	林业	1986.7—1987.3	县综合农林试验场
1987	马　平	男	省水产厅养殖处	水产	1987.7—1988.3	县水产试场增养殖研究所
1987	赵　玲	女	省情报研究所	果树	1987.7—1988.3	县果树试验场

续表 4—4

年度	姓名	性别	单位	学习内容	学习时间	学习单位
1988	郑有国	男	省社科院	经济	1988.4—1989.3	长崎大学经济部
	黄朝阳	男	省体改委	经济	1988.4—1989.3	长崎大学经济部
	罗冠升	男	省外事办	经贸	1988.7—1989.3	县政府
	彭大文	男	福州大学	桥梁	1988.7—1989.3	长崎大学工学部
	李天奇	男	南平地区农委	林业	1988.7—1989.3	县农林试验场
1989	黎　明	男	省外事办	经济	1989.4—1990.3	长崎大学经济部
	黄　显	男	省协和医院	药学	1989.4—1990.3	长崎大学医学部
	石应玲	女	省林业厅	林业	1989.7—1990.3	县农林试验场
	张子平	男	龙岩地区农委	农业	1989.7—1990.3	县农林试验场
1990	陈　双	女	省化工研究所	化学	1990.4—1991.3	长崎大学化学部
	吴云辉	男	集美水产学院	水产	1990.4—1991.3	长崎大学水产部
	丛　澜	女	省环保厅	环保	1990.7—1991.3	县环保研究所
	王珍贵	男	宁德地区水产局	水产	1990.7—1991.3	长崎水产试验场
1991	黄小岗	男	省电子振兴办	电脑软件	1991.5—1992.5	长崎大学电子工学部
	计　华	男	省体委	日语	1991.5—1992.4	长崎大学教养学部
	黄俊山	男	协和医院	老年医学	1991.7—1992.3	县大村国立病院
	许永安	男	省水产研究所	水产	1991.7—1992.3	长崎大学水产系
	陈　颖	女	省计算机公司	电脑软件	1991.10—1992.10	长崎软件中心
1992	翁树野	男	省实达电脑公司	电脑软件	1991.10—1992.10	长崎软件中心
	连奇焱	男	龙岩拖拉机厂	机械	1992.4—1993.3	长崎大学工学部
	刘晓群	男	南平建筑公司	建筑	1992.4—1993.3	长崎大学建筑学部
	戴金山	男	省计委	经济规划	1992.5—1993.3	县经济部企画课
	陈建生	男	三明市农委	水稻栽培	1992.7 1993.3	县农林试验场
	宋观建	男	屏南县科委	生物工程	1992.7—1993.3	县农林试验场
1993	陈　硕	男	福州大学	机械	1993.4—1994.3	长崎大学工学部
	陈　霞	女	省安全厅	日语	1993.4—1994.3	长崎活水女子大学
	潘　定	男	省经济研究中心	电脑软件	1993.1—1994.1	长崎软件中心
	陈　涛	男	省公安厅	电脑软件	1993.1—1994.1	长崎软件中心
	陈东荣	男	省计委	经济规划	1993.5—1994.3	县政府
	郑　勇	男	省医学院附属第一医院	医学	1993.7—1994.3	县大村国立病院
	林熙峰	男	省经委	汽车维修	1993.7—1994.3	长崎汽车维修中心

续表 4—4

年度	姓名	性别	单位	学习内容	学习时间	学习单位
1994	林秀钦	女	省中行	金融	1994.4—1995.3	长崎大学
	何登岗	男	省中行	金融	1994.4—1995.3	长崎大学
	陈 杨	男	省中行	电脑	1994.4—1995.3	长崎电脑软件中心
	江良荣	男	福州海关	电脑	1994.4—1995.3	长崎电脑软件中心
	王冬生	男	省计委投资处	经济	1994.6—1995.3	县企画部
	林俊德	男	三明市建委规划科	建筑	1994.7—1995.3	县土木建筑课
	陈宗微	男	漳州市农校	农业	1994.7—1995.3	八江农艺株式会社
1995	孔速婷	女	厦门市外事办	日语	1995.4—1996.3	长崎活水女子大学
	黄 娟	女	福州市科技园区洪山管理处	建筑设计	1995.8—1996.3	县建筑课
	陈捍平	男	省工行计算中心	计算机软件	1995.8—1996.3	长崎十八银行
	谢正岩	男	漳州国际经济技术合作公司	贸易	1995.6—1996.6	县贸易公社
	曾 强	男	省工艺品进出口司	贸易	1995.6—1996.6	县贸易公社
1996	詹世河	男	南平市农业局	农业	1996.7—1997.3	县农业试验区
	阮 源	女	省中行	金融	1996.7—1997.3	长崎亲和银行
	余 军	男	省计委	经济规划	1996.9—1996.12	县企画部企画课
	石建平	男	省计委	经济规划	1996.9—1996.12	县企画部地域政策课
	金 涛	男	省外经贸委	贸易	1996.10—1997.1	县商工劳动政策课
	方 氢	女	省粮油进出口公司	贸易	1996.6—1997.5	县贸易公社
	叶立军	男	泉州五矿公司	贸易	1996.6—1997.5	县贸易公社
1997	张徒吉	男	厦门市外事办	国际交流员	1997.4—1998.3	佐世保市政府
	廖成喜	男	宁德地区农业局	果树栽培	1997.7—1998.3	县果树试验场
	唐为崇	男	省经济特区办	经济管理	1997.7—1998.3	县商工劳动政策课
	曾健伟	男	泉州五矿公司	外贸	1997.8—1998.3	县贸易公社
	杨永曾	男	龙岩外贸总公司	外贸	1997.8—1998.3	县贸易公社
	吴任平	男	省轻工业研究所	实业技术	1997.10—1998.1	县实业技术中心
1998	丁一芸	女	福鼎市外经贸委	经济	1998.7—1999.3	县贸易公社
	吴立弟	女	建阳市小湖镇党委	经济	1998.7—1999.3	县农协
	崔和平	男	省茶叶进出口公司	外贸	1998.5—1998.12	县商工劳动部
	陈红岩	男	省土畜产厦门进出口公司	外贸	1998.5—1999.12	县商工劳动部
	叶飞文	男	省计委	经济规划	1998.8—1998.11	县企画部
	康 涛	男	厦门计委综合处	经济规划	1998.8—1999.11	县企画部
	李庐峰	男	省水产厅	水产	1998.10—1999.1	县综合水产试验场

续表 4—4

年度	姓名	性别	单位	学习内容	学习时间	学习单位
1999	丁秀琳	女	省东海经贸服务有限公司	贸易	1999.1—1999.3	县贸易振兴公社
	蔡国喜	男	宁德地区卫生防疫站	卫生保健	1999.7—2000.3	西彼保健所
	陈捷平	男	龙岩市外事办	国际交流	1999.7—2000.3	县国际交流课
	吴咏梅	女	三明市轻纺工艺进出口公司	经济贸易	1999.4—1999.9	县商工劳动部
	郑　良	男	武夷山市外办	国际交流员	1999.4—2000.3	佐世保市政府
	陈丽华	女	莆田市对外贸易局	经济贸易	1999.4—1999.9	县商工劳动部
	蔡　芹	男	福州市环保局	环保	1999.5—2000.3	长崎市政府
2000	黄　瑞	男	省集美水产学校	水产	2000.1.5—3.29	县综合水产试验场
	郭　琳	女	厦门市外事办	国际交流员	2000.4—2001.4	佐世保市政府
	林敏榕	女	省外事办	新闻媒体	2000.8—2001.3	长崎电视台
	杨丽燕	女	南平市外事办	外贸	2000.8—2001.3	县贸易公社
	杨海宴	男	省粮油进出口公司	外贸	2000.9—2001.3	县贸易公社
	阮海斌	男	省茶叶进出口公司	外贸	2000.9—2001.3	县贸易公社
2001	高　镝	女	厦门大学外文学院	国际交流员	2001.4—2002.3	佐世保市政府
	左　江	男	福州大学外国语学院	国际交流员	2001.4—2002.3	北有马町政府
	高　峰	男	省农业厅	蔬菜栽培	2001.8—2002.3	县综合农林试验场
	郑仁华	男	省林业厅	树林栽培	2001.8—2002.3	县综合农林试验场
	王东铭	男	省粮油进出口公司	外贸	2001.9—2002.3	县贸易公社
	吴金英	男	泉州五矿公司	外贸	2001.9—2002.3	县贸易公社
2002	黄　健	男	福州市蔬菜研究所	养殖	2002.1—2002.3	县综合水产试验场
	陈文杰	男	福州市外事办	国际交流员	2002.4—2003.3	北有马町政府
	陈　津	男	福州市环保局	环保	2002.5—2003.3	长崎大学
	王冬梅	女	三明市外事办	电脑	2002.8—2003.3	县政府
	黎　莉	女	三明市党校	教育	2002.9—2003.3	县政府
	郑承昱	男	三明市外经贸局	外贸	2002.10—2003.3	县政府
2003	林伟文	男	厦门市外事办	国际交流员	2003.4—2004.3	佐世保市政府
	苏莉莉	女	福建师范大学外国语学院	国际交流员	2003.4—2004.3	北有马町政府
	周　玫	女	福州市防疫站	卫生防疫	2003.8—2004.3	大村国立病院
	马云飞	男	龙岩师专	教学	2003.8—2004.3	长崎语言学校
	陈　华	女	福建对外贸易学校	外贸	2003.10—2004.3	县政府
	沈仁标	男	南平松溪县经贸局	外贸	2003.10—2004.3	县政府

续表 4—4

年度	姓名	性别	单位	学习内容	学习时间	学习单位
2004	陈春泓	女	厦门市外事办	国际交流员	2004.4—2005.3	佐世保市政府
	章志峰	男	武夷山市外事办	国际交流员	2004.4—2005.4	北有马町政府
2005	吴敏玲	女	漳州师院	语言	2005.4—2006.3	长崎大学
	林少骏	男	福州大学	国际交流员	2005.4—2006.3	北有马町政府
	戎　芬	女	厦门市外事办	国际交流员	2005.4—2006.3	佐世保市政府
	邱建华	男	省农业厅	农业	2005.9—2005.12	县农林试验场

表 4—5　**1989—2005 年省外事办选派赴日本冲绳县留学、进修、国际交流人员一览表**

年度	姓名	性别	单位	学习内容	学习时间	学习单位
1989	张　萍	女	福州市外事办	行政	1989.10—1990.3	那霸市和平振兴会
1992	罗冠升	男	省外事办	国际交流员	1992.4—1993.3	县政府
1993	游晓东	男	福州市外事办	国际交流员	1993.4—1994.3	县政府
1994	林敏榕	女	省外事办	国际交流员	1994.4—1995.3	县政府
	陈　琅	男	省立医院	医学	1994.11—1995.4	县立中部医院
	张小燕	女	省妇幼保健院	医学	1994.11—1995.4	县立中部医院
1995	余秋萍	女	福建师范大学外语系	日语	1995.3—1996.3	琉球大学
1996	尚锦杰	女	厦门市外事办	国际交流员	1996.3—1997.3	县政府
	杨春凤	男	莆田市外事办	日语	1996.4—1997.3	琉球大学
	沈宝红	女	省中医学院	日语	1996.4—1997.3	琉球大学
	何韶军	男	省工商人事处	金融	1996.7—1997.3	海邦银行
	王　星	男	南平市外事办	旅游	1996.7—1996.12	县政府
	韩　勇	男	省电视台	摄影	1996.7—1997.3	县政府
	张振香	女	省附一医院	护理	1996.9—1997.2	县立中部医院
	吴航洲	女	省协和医院	护理	1996.9—1997.2	县立中部医院
1997	陈　萍	女	福州海关	日语	1997.4—1998.3	琉球大学
	林　昱	女	省工商银行	日语	1997.4—1998.3	琉球大学
	张　萍	女	福州市外事办	国际交流员	1997.4—1998.3	县政府
	刘文榕	男	农岩地区农科所	农业	1997.7—1997.12	县农业试验场
	章志峰	男	武夷山市外事办	农业	1997.8—1998.12	县农业工会
	林　娟	女	省立医院	护士	1997.8—1998.1	县立中部医院
	蔡丽明	女	省附一医院	护士	1997.8—1998.1	县立中部医院

续表 4—5

年度	姓名	性别	单位	学习内容	学习时间	学习单位
1998	郭运孝	男	省科委	食品管理	1998.3.30—4.17	县工业试验场
	潘超然	男	省轻工业研究所	食品分析	1998.3.30—5.14	县工业试验场
	庄海峻	男	省中福	财经	1998.4—1999.3	琉球大学
	陈俊文	男	三明市梅列区地税局	经济	1998.4—1999.3	琉球大学
	王丽明	女	省立医院	急救	1998.7—1999.3	县立中部医院
	李朝霞	女	福州聋哑学校	残疾儿教育	1998.7—1999.3	县聋哑学校
	张臻颖	女	协和医院	护士	1998.8—1999.1	县立中部医院
	金　爽	女	省立医院	护士	1998.8—1999.1	县立中部医院
	戴艺民	男	省农科院	农业	1998.9—1999.2	县政府
	官丽屏	女	福州西湖大酒店	酒店管理	1998.12—1999.3	酒店
	陈　云	男	福州外贸中心酒店	酒店管理	1998.12—1999.3	酒店
1999	刘怡情	男	省环保科研所	环境保护	1999.1—1999.2	县福利保健部
	陈　弘	女	省环保科研所	环境保护	1999.1—1999.2	县福利保健部
	曾庆民	男	省水产研究所	水产养殖	1999.2—1999.6	县农林水产部
	郑景生	男	省农科院	水稻栽培	1999.4—2000.3	琉球大学
	倪可羡	女	省农业厅	农业管理	1999.8—2000.3	县政府
	阮升恒	女	福州屏西幼儿园	幼儿教育	1999.8—2000.3	那霸市教育委员会
	罗凤来	男	省农业厅	农业技术	1999.8—2000.1	县农业试验场
	李占卫	男	省外事办	国际交流员	1999.4—2000.3	县政府
	林冰心	女	省协和医院	护士	1999.8—2000.1	县立中部医院
	陈超丽	女	医学院附属第一医院	护士	1999.8—2000.1	县立中部医院
2000	魏文飞	男	省环境监测中心站	环境大气	2000.1.15—3.20	县文化环境部
	许玉东	男	省环境保护设计院	水质专业	2000.1.15—3.20	县文化环境部
	吴春珠	女	省农科院	水稻栽培	2000.4—2001.3	琉球大学
	何心娜	女	乡镇企业进出口公司	日语	2000.4—2001.3	琉球大学
	郭惠珍	女	华侨大学	国际交流员	2000.4—2001.3	县政府
	洪荣标	男	三明市外事办	外贸	2000.8—2001.3	县政府
	胡慈斌	男	宁德地区农业局	畜医	2000.8—2001.3	县家畜卫生试验场
2001	陈锦凤	女	漳州市医院	医学	2001.4—2002.3	琉球大学
	吴用样	男	三明市第一医院	医学	2001.4—2002.3	琉球大学
	姚鹏峰	男	福州市环保局	环保	2001.5—2002.3	琉球大学
	朱震豪	男	省卫生厅	急救	2001.9—2002.3	县立中部医院
	刘怡靖	男	省环保局	环保	2001.9—2002.3	县卫生环境研究所

续表 4－5

年度	姓名	性别	单位	学习内容	学习时间	学习单位
2002	朱耀明	男	省环境放射性监理站	环保	2002.2—2002.3	县环境政策课
	陈　征	男	省废物管理中心	环保	2002.2—2002.3	县环境政策课
	陈　桦	男	省工商管理局	日语	2002.4—2003.3	琉球大学
	张　琳	男	三明市农科所	日语	2002.4—2003.3	琉球大学
	吴建华	男	南平市外事办	外贸	2002.10—2003.3	县国际交流课、旅游局
	章丽峰	男	福建中医学院	日语	2003.3—2004.3	琉球大学
	顾国欣	女	武夷山二中	日语	2002.7—2004.3	琉球大学
2003	罗丽光	女	宁德市旅游局	旅游	2003.3—2004.3	县旅游局
	何　琴	女	闽江学院	国际交流员	2003.4—2004.3	县政府
2004	黄　竟	男	省文化厅	文化	2004.4—2005.3	琉球大学
	林启福	男	省信息产业厅	信息	2004.4—2005.3	琉球大学
	潘　辉	男	省林科院生态环境研究所	国际交流员	2004.4—2005.4	县文化环境部
2005	戴玉金	男	龙岩学院	国际交流员	2005.4—2006.3	那霸市总务部市民和平交流室

表 4－6　**1989—1994 年省外事办选派赴日本佐贺县、冈山县、真冈市留学、进修人员一览表**

年度	姓名	性别	单位	学习内容	学习时间	学习单位
1989	周鸿侨	男	泉州市农委农科教办	水产	1989.7—1990.3	佐贺县水务局
1990	林小燕	女	南平地区农业局	果树栽培	1990.8—1991.3	佐贺县果树试验场
	邹　宇	男	龙岩地区农业局水广站	水稻	1990.8—1991.3	佐贺县农业试验场
1991	黄邦辉	男	古田县鹤塘镇政府	果树栽培	1991.8—1992.3	佐贺县果树试验场
	林方喜	男	省农科院	花卉	1991.8—1992.3	佐贺花卉试验场
1992	叶乃兴	男	省农科院茶叶研究所	茶树栽培	1992.8—1993.3	佐贺县茶叶试验场
	李　达	男	省外事办	经济	1992.7—1992.12	真冈市商工会议所
1993	陈相龙	男	省外国机构服务中心	经济	1993.1—1993.4	真冈市商工会议所
	叶小枫	男	省外事办	经济	1993.8—1994.5	真冈市商工会议所
	余秋生	男	漳州市外事办	国际交流员	1993.3—1994.3	冈山县国际交流课
	许上福	男	福建日报社	新闻	1993.9—1994.2	佐贺新闻
	王惠珍	女	省第二人民医院	妇科	1993.8—1994.2	佐贺县立医院妇产科
1994	刘瑞清	男	莆田市科技开发中心	果树栽培	1994.7—1995.3	佐贺县上场营农中心
	王景堂	男	龙岩市农业局	病虫害防治	1994.7—1995.3	佐贺县果树试验场
	潘伟彬	男	龙岩闽西大学	果树栽培	1994.7—1995.3	佐贺县果树试验场

表 4－7　**1984—1991 年省外事办选派赴美国俄勒冈州留学、进修人员一览表**

年度	姓名	性别	单位	学习内容	学习时间	学习单位
1984	任自瑜	男	省外事办	经济管理	1984.1—1985.11	波特兰州立大学
	郎加林	男	省外事办	经济管理	1984.8—1985.9	波特兰州立大学
1985	雷启石	男	省外事办	经济管理	1985.8—1986.9	俄波特兰州立大学
	黄建华	男	省外事办	经济管理	1985.8—1986.9	波特兰州立大学
	许卓松	男	省外事办	经济管理	1985.8—1986.9	波特兰州立大学
1991	鲁同安	男	福建师范大学	美国文学	1991.12—1992.12	俄勒冈州立大学
	罗　旋	女	省科委	美国文学	1991.12—1992.12	俄勒冈州立大学

表 4－8　**1989—2004 年省外事办选派赴德国莱法州留学、进修人员一览表**

年度	姓名	单位	学习内容	学习时间	学习单位
1989	吴建榕	闽东电机集团公司	管理	1989.8—1990.10	莱法州公司
	卢连波	联润自动化技术与设备有限公司	计算机软件	1989.8—1990.10	莱法州公司
	王有文	福州第二化工厂	化工	1989.8—1990.10	巴斯夫公司
1991	王　林	福州大学	工业数学	1991.8—1993.8	凯泽斯劳滕大学
	蓝北辉	福州大学	工业数学	1991.8—1993.8	凯泽斯劳滕大学
	姚鲁豫	福州大学	工业数学	1991.8—1993.8	凯泽斯劳滕大学
1992	关琰珠	省环保局	环保	1992.11—1994.3	州环境部
1994	张益民	省经贸委	企业管理	1994.1—1995.3	州经济部
	徐　芳	省测绘局	测绘	1994.1—1995.3	科布伦茨公司
2004	陈国全	省外事办	欧洲公共管理	2004.9—2006.9	路德维希堡和凯尔公共管理大学

表 4－9　**1984—1997 年省船舶公司赴日进修生一览表**

年度	名单	学习内容	学习时间	学习单位
1984	1 人	船舶建造工艺	1984.7—1985.3	长崎林谦造船所
1985	7 人	造船技术	1985.5—1985.6	大阪造船所
1985	20 人	造船技术	1985.7—1985.8	大阪造船所
1985	21 人	造船工艺技术	1985.8—1985.9	大阪造船所
1985	17 人	造船工艺技术	1985.11—1985.12	大阪造船所
1986	9 人	造船工艺技术	1986.6—1986.8	大阪造船所

续表 4—9

年度	名单	学习内容	学习时间	学习单位
1990	11 人	高效焊接技术	1990.11—1991.11	长崎大岛造船所
1991	18 人	高效焊接技术	1991.9.—1992.2	长崎大岛造船所
1991	5 人	生产管理	1991.10—1991.11	长崎大岛造船所
1993	1 人	船体生产设计	1993.9—1993.10	长崎大岛造船
1993	10 人	造船工艺技术	1993.11—1993.12	长崎大岛造船所
1994	1 人	CAD 辅助船舶设计	1994.11—1995.7	长崎富士通丸洲系统工程公司
1995	8 人	舾装安装工艺	1995.2—1996.2	长崎大岛造船所
1995	8 人	船体建造工艺	1995.10—1995.10	长崎大岛造船所
1996	5 人	造船技术	1996.11—1996.12	长崎大岛造船所
1997	8 人	设备	1997.7—1997.7	长崎大岛造船所
1997	6 人	生产管理成本	1997.7—1997.7	臼杵造船所

表 4—10　**1990—2005 年省外事办选派赴英国留学人员一览表**

年度	姓名	性别	单位	专业、学位	学习时间	学校
1990	汪小武	男	福建投资企业公司	工商管理硕士	1990—1991	格拉斯哥大学
	黄志中	男	厦门建发集团有限公司	工商管理结业证书	1990—1991	伯明翰大学
1991	杨　辉	男	福建省教育厅	教育管理硕士	1991—1992	曼彻斯特大学
	龚家帆	男	福州市人事局	人力资源管理硕士	1991—1992	威斯敏斯特大学
	张　红	女	省外事办	国际关系硕士	1991—1992	华威大学
1993	赵 榕	女	省电信有限公司	工商管理硕士	1993—1994	沃尔沃汉普藤大学
	张学江	男	中保财险保险有限公司福建分公司	保险	1993—1994	格拉斯哥大学
1993	李　宏	男	福州市外事办	国际关系硕士	1995—1996	基尔大学
	胡建荣	男	省政府发展研究中心	经济	1995—1996	苏塞克斯大学
	黄劭蓉	女	省外事办	国际关系硕士	1995—1996	坎特伯雷大学
1996	苏育群	男	厦门市外事办	工商管理硕士	1996—1997	兰开斯特大学
1997	余　谦	男	福州机场公司	机场规划与理硕士	1997—1998	拉夫堡大学

续表 4－10

年度	姓名	性别	单位	专业、学位	学习时间	学校
1998	李　晔	男	厦门市计委	发展经济学硕士	1998—1999	意斯特安莉尔大学
	涂晓红	女	福建师范大学	教育学硕士	1998—1999	雷丁大学
2000	陈出新	男	省外事办	国际关系硕士	2000—2001	基尔大学
	陈　枫	男	省公安厅	犯罪学硕士	2000—2001	基尔大学
	傅俊希	男	厦门市外事办	工商管理硕士	2000—2001	巴斯大学
2001	张　权	男	厦门市外事办	工商管理硕士	2001—2002	加的夫大学
	张茂盛	男	省公安厅	公共管理	2001—2002	约克大学
2002	陈信健	男	省财政厅	地区经济硕士	2002—2003	伦敦经济政治科技学校
2003	黄　峰	男	厦门市外事办	公共管理和政策硕士	2003—2004	约克大学
	王　忆	女	省外经贸厅	工商管理硕士	2003—2004	加的夫大学
	叶炳坤	男	厦门市中级人民法院	国际商务法硕士	2003—2004	莱斯特大学
	张新周	男	福州市公安局	犯罪学硕士	2003—2004	伦敦经济政治科技学校
2004	江庆生	男	厦门市外事办	管理学硕士	2004—2005	伦敦经济政治科技学校
	夏维淳	男	省人大办公厅	工商管理硕士	2004—2005	伦敦帝国学院
2005	潘春晖	男	—	经济学硕士	2005—2006	曼彻斯特大学
	张斌娜	女	厦门市外商投资局	经济学硕士	2005—2006	伦敦大学

表 4－11　**1991—2005 年省外事办选派赴法国、澳大利亚留学、进修人员一览表**

年度	姓名	单位	学习内容	学习时间	学习单位
1991	刘生明	省外事办	法语	1991.9－2001.8	法国下诺曼底大区冈城大学
2002	黎林	省外事办	经济	2002.6－12	澳大利亚塔州政府

表4—12　　1999—2005年富闽基金会选派赴国外留学进修人员一览表

年度	姓名	单位	留学院校及攻读专业
1999	卢承圣	省委宣传部	英国德蒙特福大学工商管理硕士学位
	张文铨	南平市延平区委	美国波特兰州立大学经济管理硕士学位
	周世举	省科委	美国耶鲁大学环境科学与管理硕士学位
	黄国辉	厦门航空公司	美国道林学院工商管理硕士学位
	魏重德	省旅游公司	英国德蒙特福大学工商管理硕士学位
	谢东红	省政府开放办	英国德蒙特福大学工商管理硕士学位
	江忠欣	省人事厅	英国德蒙特福大学工商管理硕士学位
	鲁同安	福建师大	英国伯明翰大学工商管理硕士学位
	王光玉	省林业厅	美国马瑞尔赫斯特大学工商管理硕士学位
	徐建成	省水产进出口公司	日本早稻田大学世界经济硕士学位
2000	江国河	龙岩新罗区委	日本山梨学院大学公共政策管理硕士学位
	林俊德	三明市城乡规划局	日本山梨学院大学公共政策管理硕士学位
	郑李亭	省经贸委	美国波特兰州立大学工商管理硕士学位
	洪本祝	厦门市驻港办	英国德蒙特福大学工商管理硕士学位
	于仲佳	省编委	英国德蒙特福大学工商管理硕士学位
	袁同斌	厦门市规划管理局副局长	英国伯明翰大学工商管理硕士学位
	杨香勤	省外事办	英国剑桥大学访问学者
	黄爱民	福建医科大学	美国德克萨斯大学休斯敦医学中心访问学者
	张木清	福建农林大学	美国佛罗里达大学农作物所访问学者
	翁国星	省立医院	美国杜克大学医学中心访问学者
	张　俐	福建中医学院	美国杜克大学医学中心访问学者
	陈　锋	省农业厅	澳大利亚塔斯马尼亚大学环保所访问学者
	李玉林	福州大学	美国伊利诺伊大学环保研究中心访问学者
2001	魏克良	省土地局	英国利物浦大学城市规划硕士学位
	陈烈平	省卫生厅	英国利物浦大学卫生政策与管理硕士学位
	王学雄	光泽县政府	英国舍菲尔德大学城市与区域规划硕士学位
	王玉宝	莆田市经贸委	美国德克萨斯州南卫理大学应用经济学硕士学位
	赵晓波	厦门市建筑设计院	美国德克萨斯州南卫理大学应用经济学硕士学位
	陈　宁	福州市环保局	美国威斯康星大学环境政策与管理硕士学位
	吕　刚	泉州市丰泽区政府	美国加州州立大学行政管理硕士学位
	邓　阳	南平市二轻联社	美国德克萨斯州南卫理大学应用经济学硕士学位

续表 4—12

年度	姓名	单位	留学院校及攻读专业
2001	陈其春	屏南县委	新加坡南洋理工大学管理经济学硕士学位
	曾祥辉	三明市梅列区委	新加坡南洋理工大学管理经济学硕士学位
	吴先昌	龙岩市环保局	新加坡南洋理工大学管理经济学硕士学位
	吴乐进	中福公司	新加坡南洋理工大学管理经济学硕士学位
2002	杨立勇	福建医科大学	美国德克萨斯大学西南医学中心访问学者
	徐　平	省人大常委会	美国菲尔力迪金森大学公共行政管理
	阮诗玮	省卫生厅	美国菲尔力迪金森大学公共行政管理
	楚燕丽	省外事办	美国南加州大学政策与发展专业博士生
	吴国盛	省对外贸易经济合作厅	美国康奈尔大学经济系国际贸易博士后
	徐正国	省体育局	美国新南汉普郡大学组织领导学硕士学位
	余建辉	福建农林大学	美国德克萨斯州农工大学林业经济专业访问学者
	黄子杰	福建医科大学	美国南加州大学公共行政管理
2003	何炎坤	漳州市政府办公室	美国雪城大学公共管理硕士学位
	黄亚惠	顺昌县政府	美国雪城大学公共管理硕士学位
	刘先义	省中心检验所	美国雪城大学公共管理硕士学位
	李　宏	福州市外事办	美国雪城大学公共管理硕士学位
	苏孝道	漳州市政府办公室	英国伯明翰大学农村发展硕士学位
	黄章基	南平市经贸委	英国伦敦城市大学金融管理
	游建胜	省科技厅	英国伯明翰大学工商管理
	郭　强	宁德市建设局	新加坡南洋理工大学经济管理
	黄邦辉	漳州市科协	日本大学工商管理硕士学位
	邹　宇	龙岩市农业局	日本大学工商管理硕士学位
	李珊珊	漳州市政协	日本大学工商管理硕士学位
	林先鑫	省政府驻京办	新加坡南洋理工大学公共管理硕士学位
	郑志勇	松溪县委	日本山梨学院公共政策专业
2004	叶　敏	福州市监察局	英国鲁顿大学工商管理硕士学位
	戴志望	厦门市委宣传部	英国鲁顿大学工商管理硕士学位
	吴巧平	厦门日报社	英国鲁顿大学工商管理硕士学位

续表 4—12

年度	姓名	单位	留学院校及攻读专业
2004	沈庆法	厦门市农民负担监督办	英国鲁顿大学工商管理硕士学位
	陈　星	省人大常委会	英国鲁顿大学工商管理硕士学位
	邓佳文	省委政法委	澳大利亚国立大学国际管理硕士学位
	王　昆	省国土资源厅	英国鲁顿大学工商管理硕士学位
	周伟栋	省地质环境监测中心	澳大利亚国立大学国际管理硕士学位
	王瑞炼	华闽(集团)有限公司	澳大利亚国立大学国际管理硕士学位
	崔继军	建阳市政府	日本大学工商管理硕士学位
	张子平	龙岩市科技局	日本大学工商管理硕士学位
2005	肖友梅	省委办公厅	美国科罗拉多大学公共管理
	林　星	省建设厅	英国鲁顿大学工商管理硕士学位
	陈炳贤	省交通厅	美国雪城大学公共管理文学硕士学位
	卞宏达	省水利厅	英国鲁顿大学工商管理硕士学位
	林圣魁	省卫生厅	美国雪城大学公共管理硕士学位
	袁国胜	省林业厅	美国雪城大学公共管理硕士学位
	丘勇才	厦门市思明区统计局	新加坡南洋理工大学公共管理硕士学位
	张慧德	漳州市对外贸易经济合作局	美国科罗拉多大学公共管理
	王雅秋	漳州市龙文区政府	英国鲁顿大学工商管理硕士学位
	陈晓东	龙岩市卫生局	美国雪城大学公共管理硕士学位
	黄敏皓	霞浦县委	英国鲁顿大学工商管理硕士学位

三、接受外国留学生

1999—2005年，福建省各大学共接受长短期外国留学生9128人，其中省外事办公费接受日本长崎县、冲绳县政府选派留学生共10人。

表 4—13　**1999—2005年福建省接受外国留学生一览表**

年度	1999	2000	2001	2002	2003	2004	2005
人数	738	736	800	1200	1500	2000	2154

表 4—14　**1987—2005 年省外事办接受日本长崎县、冲绳县留学生一览表**

姓名	性别	单位	学习时间	学习单位
土井口章博	男	长崎县谏早税务所	1987.9—1988.7	福州大学
迫头直树	男	长崎县谏早税务所	1991.9—1992.7	福州大学
大坪辰也	男	长崎县对马支厅	1993.9—1994.7	福建师范大学
山口宁	男	长崎县总务部税务课	1995.8—1996.7	福建师范大学
崛江浩德	男	长崎县国际交流课	1997.9—1998.7	福建师范大学
松岛胜久	男	长崎县	1999.9—2000.7	福建师范大学
谷村重则	男	长崎县	2003.9—2004.7	福建师范大学
田中千里	女	长崎县	2005.9—2007.7	福建师范大学
宫城和香子	女	冲绳县	2007.9—2008.7	福建师范大学
岛袋聪志	男	冲绳县	2009.9—2010.7	福建师范大学

第三节　援　助

一、国外援助

（一）日本利民工程无偿援助

“利民工程无偿援助”是日本政府根据“政府开发援助大纲”对外实施的一项小规模无偿援助，主要用于资助发展中国家农村，尤其是贫困地区中小学、医院、社会福利院和再就业培训中心建设，环境整治等公共项目。每个项目援助资金在 1000 万日元以内，当地政府提供配套资金，日本驻华使领馆负责受理项目申请、审批工作。省外事办负责推荐报送项目和监管项目实施工作。

1999—2005 年，在省外事办争取并牵头协调、把关下，全省共接受日本利民工程无偿援助 22 个，总金额达 787.812 万元人民币。

表 4—15　**1999—2005 年福建省接受日本利民工程援助项目一览表**

单位：元

时间	受援单位	项目	金额
1999	松溪县医院	重建门诊大楼	550000
	诏安县官陂镇卫生院	购买医疗设备	300000

续表 4—15

时间	受援单位	项目	金额
2000	泰宁县生殖保健中心	购买医疗设备	250000
	沙县梨树乡	兴建饮水工程	300000
	浦城县万安乡卫生院	重建医疗大楼	350000
	福安县畲族乡	兴建小学教学楼	585000
	寿宁县武曲镇南岸村	兴建饮水工程	250000
	连城县医院	购买医疗设备	250000
2001	大田县济阳乡	兴建饮水工程	350000
	宁德漳湾镇连家船民	兴建饮水工程	390000
	南平市皮肤病防治院	医院改建	400000
	建阳市书坊乡	自来水引水工程	300000
	长汀县残疾人康复中心	培训器材	400000
	华安县第二中学	教学楼改造	300000
2004	大田县桃源镇东坂村	兴建饮水工程	300000
	永定县湖坑镇六联村	兴建饮水工程	335800
	延平区巨口乡横坑村	兴建饮水工程	350000
2005	上杭县中医院	购置医疗器材	400000
	周宁县纯池卫生院	购置医疗器材	317320
	明溪县石珩中心小学	兴建教学楼	400000
	宁化县泉上镇黄新村	兴建饮水工程	400000
	德化县杨梅乡云溪村	兴建饮水工程	400000

（二）外国使领馆小额援助

1999—2005年，省外事办共争取到德国、荷兰驻广州总领馆小额援助项目7个，总金额29.5万元人民币。

表 4—16　**1999—2005年福建省接受德国驻广州总领馆援助项目一览表**

时间	受援单位	项目	援助资金
1999	沙县残疾人康复中心	康复理疗设备	1.5万马克(约60882元人民币)
2000	莆田县华亭镇樟林小学	建筑材料	1.5万马克(约60882元人民币)
2001	永泰县梧桐镇坂埕小学	购置课桌椅、粉刷校舍等	1.5万马克(约53130元人民币)
2003	大田县济阳乡德仁村	小型饮水工程	7500欧元(约25130元人民币)
2004	永泰岐峰小学	购买教学设备	7500欧元(约25130元人民币)

表 4—17　**1999—2005 年福建省接受荷兰驻广州总领馆援助项目一览表**

时间	受援单位	项目	援助资金
2001	寿宁县平溪乡柯洋村	自来水工程	28100 元人民币
2002	周宁县浦源镇西坑村	自来水工程	42000 元人民币

（三）富闽基金会资助

富闽基金会由日本友人塚本幸司个人捐赠 5 亿日元，于 1993 年 11 月 8 日在福州注册登记成立。基金会专门从事资助福建省年轻干部到国外留学和进修，由省委组织部主管。常务副省长王建双任基金会信托人，省外事办主任任自瑜任第一届理事会理事长。2000 年 1 月，省委组织部常务副部长刘贤儒任理事长。

从 1995 年开始，富闽基金会通过组织推荐、考试考核等程序，共选派 13 批留学人员和 8 批访问学者共 156 名到包括美国耶鲁大学、康奈尔大学、加州大学、南加州大学、雪城大学、科罗拉多大学，英国剑桥大学、伯明翰大学，澳大利亚国立大学，加拿大哥伦比亚大学，日本早稻田大学、日本大学，新加坡国立大学、南洋理工大学等国际著名学府留学、进修。至 2005 年，学成回国人员中，有 1 位被外交部选拔任命为驻外大使，18 位被提拔为厅级领导干部，4 位被提拔为县（市、区）主要领导，23 位被提拔为正处级干部，其他绝大多数已成为各地、各单位的骨干。

此外，基金会还与英国外交部签订志奋领奖学金合作项目，双方共同出资培养福建省后备领导干部。

（四）富闽第二基金会（教育基金会）资助

富闽第二基金会（教育基金会）由日本友人塚本幸司捐资创建，以其投资榕东活动房股份有限公司的 550 万股权作为资金，用于资助家庭经济困难、品学兼优的学生完成中学、大学学业，成为有用人才。

2003 年 12 月，富闽第二基金会在召开的富闽基金会成立十周年庆典大会上，正式宣告成立。信托人王建双、理事长刘贤儒、常务副理事长林瑞昌，代省长卢展工为基金会授牌。富闽第二基金会由省委组织部主管，省教育厅具体运作。

2003 年，富闽第二基金会开展资助工作，截至 2005 年底，共资助 3 批来自 8 个县的 204 名学生。其中大学生 28 名，高中生 55 名，初中生 121 名，共拨付资助款 72.55 万元。

二、对外援助

（一）派出医疗队项目

1999—2005 年，福建省卫生厅共向博茨瓦纳派援外医疗队 3 批 124 人次。

表4－18　**1999—2005年福建省外派博茨瓦纳医疗队一览表**

单位：人

队　别	始派时间	回国时间	人次
第九批	1999年7月	2002年7月	36
第十批	2002年7月	2005年8月	42
第十一批	2005年12月	—	46

1999年7月至2002年7月，派出的第九批医疗队在博茨瓦纳共完成门诊90298人次，施行各种手术8262台次，出具放射科报告89379份。护士完成各种基础护理132582人次，参加手术12124台次，同时成功实施了一些新技术、新疗法。

眼科医生在博茨瓦纳实施了首例超声乳化白内障手术、氩激光治疗糖尿病视网膜病变、人工晶体植入术和激光治疗复发性白内障等新技术、新疗法。郑文医生被选为博茨瓦纳防盲委员会委员，他与耳鼻喉科钟国发医生合作实施了泪囊鼻腔吻合术；泌尿科江纬医生实施了首例保留尿道平台Ⅰ期尿道下裂改良成形术；放射科成功开创了CT扫描诊断等。在弗朗西斯敦进行服务的医疗队外科熊舒原医师实施了首例先天性巨乳缩小术；麻醉科医生张世华、朱自勇使用了该院他国医生无法开展的神经阻滞术进行麻醉。

2002年7月至2005年8月，派出的第十批医疗队在博茨瓦纳共诊治门诊和住院病人262213人次，实施各种手术14315台次。

医疗队外科医生在首都医院实施了肝叶切除、肝内肝管小肠吻合术、腹主动脉瘤破裂切除和人工血管植入术、结肠代食道术、膈肌折叠术；泌尿科医生开展了腔内镜检查和手术技术、耻骨后保留尿道前列腺摘除手术；耳鼻喉科实施了功能性鼻内窥镜鼻窦手术和鼻内窥镜下后鼻孔再造术、支撑喉镜下喉部手术、纤维喉镜检查和活检，腮腺和颌下腺肿物切除术和乳突根治术；眼科实施了青光眼小梁切除术、眶内肿瘤摘除术等；在弗朗西斯敦的医疗队点，神经外科实施了硬膜下骨瘤切除术、天幕裂孔区脑膜瘤切除术、侧脑室内胶质瘤切除术、颅骨纤维结构不良增殖症切除＋塑形等多项新技术。

（二）援助菌草栽培技术项目

从20世纪80年代开始，福建省以中国国家援外项目和国际合作项目等形式，先后在巴布亚新几内亚、南非、卢旺达等国建立了菌草技术生产示范基地，并通过举办培训班等方式培养了1000多名农业技术员，将由福建农林大学林占熺研究员发明的菌草技术传播到世界80多个国家和地区。1994年10月，国家外经贸部把菌草技术列为“多边援助”项目；1996年2月，联合国开发计划署把菌草技术列为中国与发展中国家优先合作项目。

1. 援助巴布亚新几内亚栽培

1997年5月，应巴布亚新几内亚（以下简称巴新）东高地省的邀请，省长助理李庆洲率团出访，双方经过协商，决定由福建省在东高地省实施菌草技术重演示范项目。1998 年 9 月，中国政府将菌草技术列为援助巴新项目。2000 年 5 月，省长习近平与东高地省省长拉法纳玛签署《福建省援助东高地省发展菌草、旱稻生产技术项目协议书》。

1997 年 7 月至 1998 年 1 月，福建省派出以福建农林大学研究员林占熺为组长的中国菌草技术专家组一行 6 人，赴巴新从事菌草技术重演示范工作。经双方共同努力，菌草技术演示获得成功。1999 年福建农大再派 2 名技术人员指导栽培各种菇类，至 2005 年已形成批量生产，投放市场，为发展东高地省经济、提高当地人民生活做出贡献。

2. 援助南非栽培

2004 年 7 月，南非夸祖鲁—纳塔尔省农业厅出资从中国获得菌草栽培技术使用权后，专门组织研究、推广人员，从省属 6 个农场拨出专用土地和经费实施该项目。2005 年 3 月，夸祖鲁—纳塔尔省菌草生产基地启动，南非祖鲁王孜维勒悌尼、夸祖鲁—纳塔尔省省长恩德贝勒、中国驻德班总领事张连云等出席启动仪式。该项目在福建农林大学专家的指导下获得成功，为当地农村增加就业、创造财富、消除贫困做出贡献。福建农林大学与南非的菌草技术合作项目，被当地誉为“中国南非合作典范”。

（三）援助旱稻栽培技术项目

1. 援助巴布亚新几内亚

1998 年 7 月，福建农林大学菌草技术专家组在执行菌草技术时，对东高地省能否发展旱稻生产问题进行深入调查，在掌握东高地省气候资料后，认为东高地省具有发展旱稻生产的条件，并进行小面积试验。1998 年 12 月，旱稻试种获得初步成功。2000 年，福建省友好代表团访问东高地省，正式将旱稻栽培技术列为援助东高地项目。2000 年 7 月，旱稻栽培第一期试验获得成功，亩产达 451 公斤。后又开展旱稻再生稻试验，再获成功，亩产达 420 公斤。2001 年 1 月，进行旱稻二次宿根栽培试验再次获得成功，亩产稻谷达 426 公斤。巴新中央电视台等主流媒体都做了大量报道。

2. 援助南非

2004 年 7 月，南非夸祖鲁—纳塔尔省农业厅从中国获得旱稻栽培技术使用权后，在以福建林农林大研究员林占熺为组长的中国专家组的指导下试种成功。

2005 年 3 月，副省长王美香访问南非时，视察了旱稻栽培基地，并与夸祖鲁—纳塔尔省省长签署了《福建省与夸祖鲁—纳塔尔省结为友好省关系备忘录》。同年 11 月、12 月，南非祖鲁王古德维尔·孜维勒悌尼、夸祖鲁—纳塔尔省省长分别访问福建，与福建农林大学续签了在夸祖鲁—纳塔尔省合作开展旱稻栽培项目。

（四）援助加纳“南南合作”项目

2002—2004 年，福建省农业部门派出由农作、水利、畜牧、水产和土肥等专业技术人员组成的17人专家组和技术员，赴加纳执行联合国粮农组织粮食安全特别计划框架下的“南南合作”项目，他们在加纳4个省5个项目点11个自然村开展了农业技术培训和农田水利等基础设施的维护工作，进行水稻、蔬菜田间试验示范，推广农业实用技术，取得成效。其中水稻穴播亩产达525公斤，散播亩产达465公斤，是加纳全国平均水平的3～4倍，得到联合国粮农组织的好评。

（五）几内亚中几农业合作公司项目

2004年5月至2006年7月，省农业厅选派严挺文参加中国援助西非最大农业项目——几内亚科巴农场管理工作，担任中几农业合作公司副总经理兼科巴农场场长。在严挺文的领导下，科巴农场的水稻产量和鸡场饲养能力得到较大提高，水稻单产翻一番，蛋鸡的存栏数、产蛋率、种鸡授精率和出雏率都创建场以来的新高。严挺文受到了几内亚总统的接见，农场所在地的博发市政府向他颁发了“特别贡献奖”。

（六）援外培训项目

2000年10月，来自萨摩亚、斐济、埃及、布隆迪、加纳、津巴布韦、肯尼亚、尼日利亚、乌干达、巴西、匈牙利、巴基斯坦、菲律宾、孟加拉、尼泊尔、斯里兰卡、泰国、土耳其、乌兹别克斯坦、伊朗、越南等21个国家的33位学员在福建接受农业技术培训。

2001年2月，福建农林大学援助巴布亚新几内亚的旱稻生产技术项目获得成功，为当地培训了一批种植旱稻技术人才。

2001年10月，来自埃及、加纳、巴西、厄瓜多尔、泰国、南联盟、蒙古、斯里兰卡、土耳其、越南等10个国家的20位学员在福建接受农业技术培训。

2002年10月，来自汤加、埃及、南联盟、阿曼、巴基斯坦、朝鲜、吉尔吉斯斯坦、黎巴嫩、蒙古、沙特阿拉伯、斯里兰卡、泰国、乌兹别克斯坦、伊朗、越南等15个国家的28位学员在福建接受农业技术培训。

2003年10月，来自汤加、喀麦隆、肯尼亚、纳米比亚、尼日利亚、坦桑尼亚、巴基斯坦、菲律宾、孟加拉、缅甸、泰国、伊朗、印度、约旦、越南等15个国家的23位学员在福建接受农业技术培训。

2004年10月，来自斐济、埃及、加纳、喀麦隆、肯尼亚、苏丹、乌干达、爱沙尼亚、马其顿、阿曼、朝鲜、菲律宾、柬埔寨、马来西亚、蒙古、孟加拉、尼泊尔、斯里兰卡、伊朗、印度尼西亚、越南等21个国家的47位学员在福建接受农业技术培训。

2005年10月，来自喀麦隆、肯尼亚、苏丹、卢旺达、塞拉利昂、菲律宾、蒙古、伊朗等8个国家的17位学员在福建接受农业技术培训。

第五章　外国记者来访

1999—2005年，省外事系统及各相关部门，继续邀请外国记者到福建省采访。先后安排、接待了来自英国、美国、法国、意大利、俄罗斯、爱尔兰、立陶宛、乌克兰、比利时、挪威、德国、丹麦、芬兰、奥地利、瑞士、澳大利亚、巴布亚新几内亚、埃及、加拿大、厄瓜多尔、阿根廷、巴西、巴哈马、马来西亚、泰国、菲律宾、新加坡、缅甸、蒙古、尼泊尔、印度尼西亚、日本、韩国、加勒比地区11国等44个国家的200多批记者访问福建。通过他们，向外界介绍福建的社会发展和经济建设情况，介绍福建改革开放政策、投资环境、经济特区、利用外资及与外资合作等情况，介绍福建和台湾的五缘关系和两岸交流现状，介绍福建名胜古迹、风土人情、世界遗产、民风民俗、人民生活等。

第一节　省领导接受采访

一、省长贺国强接受德国记者来访

1999年2月24日，省长贺国强在福州接受了德国西南电视三台的采访，主要就如何进一步加强福建省与德国莱法州在石化、新材料、环保、科教、新闻、文化等领域的交流与合作谈了看法，并回答了记者提出的其他问题。

二、代省长习近平接受外国记者联合采访

1999年9月8日，代省长习近平在厦门接受了来自美国CNN、日本NHK、英国路透社、日本经济新闻社、英国《南华早报》记者的联合采访，就福建省吸引台商投资举措、海峡两岸小额贸易、两岸关系紧张对福建发展的影响等问题做了回答。

习近平还就“9·8”投洽会意义、成效，福建如何进一步加强与香港的经贸合作等问题回答了记者的提问。

三、省长习近平分别接受法新社、CNN驻京记者采访

2000年2月23日，省长习近平在福州就平衡省内需求与中央政府政策、吸引外资、加入世贸对地方的影响、扩大内需、国企改革、建立廉洁政府及发扬社会主义民主等方面的问题接受了法国新闻社驻北京记者江伟德的采访。

当天，习近平还就福建经济和社会发展情况、福建私营企业发展对福建经济发展的作用、中国加入世界贸易组织对福建的影响和拟采取的措施及台资对福建的作用等问题接受美国CNN驻京社长麦白柯的专访。

四、省委书记陈明义接受日本NHK记者采访

2000年5月28日，省委书记陈明义就福州国际招商月、福建与日本及冲绳的友好交流，以及闽台经贸交流、两岸关系等问题接受了日本NHK驻香港支局局长小须田秀幸的采访。陈明义特别强调，福建人民早就盼望两岸能实现直接“三通”，但是“三通”一定要在一个中国的原则下进行。陈水扁、吕秀莲、李登辉的祖籍都在福建，只有承认并接受一个中国原则，两岸关系才会有根本的好转。

五、省长习近平接受外国记者联合采访

2001年9月7日，省长习近平在厦门接受美国之音、英国《金融时报》、日本经济新闻社、新加坡《联合早报》记者联合采访，就记者提出的美国和日本在厦门的高新技术产业发展情况、台商在厦门的投资情况及“9·8”投洽会的目的、作用等做了回答。

六、省长习近平接受外国记者联合采访

2002年7月1日，省长习近平在福州出席中外记者招待会，介绍了福建发展现状和今后规划，并回答了由英国路透社北京分社、上海分社，日本共同社北京分社，日本NHK上海支局，日本朝日电视上海支局，日本电视网北京支局，新加坡联合早报广州支局等6家新闻机构的13名记者组成的外国记者联合采访团提出的问题。

七、副省长叶双瑜接受法国《观点》周刊记者采访

2005年5月24日，副省长叶双瑜在福州接受法国《观点》周刊资深记者奥利维埃·韦伯的采访，就福建经济发展迅速的原因、如何解决沿海内陆地区发展不平衡、吸引外资、闽台关系等问题回答了记者的提问。

谈到闽台关系时，叶双瑜详细介绍了海峡西岸经济区的构想，希望更多的西方读者了解福建。

第二节　外国记者采访

一、日本 NHK 摄制组采访东山县“寡妇村”

1999 年 9 月，日本 NHK 电视摄制组一行到福建省东山县铜砵村采访几位 80 多岁的寡妇、从台湾回乡定居和探亲的台湾退伍老兵及铜砵村寡妇村展览馆负责人。

10 月，NHK 记者制作的《寡妇村》新闻片在日本播出。

二、外国记者团采访妈祖文化节

2000 年 4 月，省外事办组织部分常驻北京、上海的德国、日本、澳大利亚、美国、英国等 8 家外国媒体到福建采访在莆田湄洲岛举办的妈祖文化节。

记者们就两岸关系问题直接采访香客，尤其是采访来自台湾的香客，在开幕式当天英国路透社等就发回了 4 篇文字稿。日本 NHK、TBS、德国电视一台等在 5 月初相继播出了以妈祖文化节为题材，着重介绍两岸关系的新闻专题片。

三、日本 NHK 记者拍摄提线木偶艺人李明卿专题片

2000 年 7 月，日本 NHK 上海支局局长松冈正顺一行 3 人到连城县拍摄提线木偶艺人李明卿专题片。

李明卿从事提线木偶艺术 20 多年，创造了用提线木偶写字的绝技，被新加坡、马来西亚、印度尼西亚的媒体誉为“世界首创，神州一笔”，并申报吉尼斯世界纪录。

四、新加坡电视摄制组到福建拍摄节目

2001 年 4 月，新加坡“点石工作室”电视摄制组一行 4 人，到福建采访新加坡华人祖居地的风俗习惯和文化景点，为新加坡报业控股的电视频道制作一部题为“你是哪里人?”的寻根节目。

摄制组一行在厦门拍摄退休老人的街头表演节目，采访厦门大学周长楫教授，拍摄集美学村、陈嘉庚故居、街景、风味小吃等。

摄制组在永定县拍摄土楼、采访胡文虎故居，在泉州采访港口、华侨历史博物馆、南音，在福州采访昙石山博物馆等。

五、日本记者到漳州采访山村摄影师李天炳

2001年4月，日本朝日新闻社记者竹端直树、外山俊树到漳州市华安县采访山村摄影师李天炳一家的工作、生活情况。

此前，山村摄影师李天炳的事迹已由中央电视台、《人民日报》和日本NHK等媒体在国内外分别做过报道。李天炳五十年如一日，跋山涉水，用一架老式照相机拍摄，用自制的简易设备冲印相片，长期在华安山乡为百姓服务，为此上了吉尼斯世界纪录。

六、日本记者采访漳浦长根大葱的种植、出口

2001年4月，日本朝日新闻社记者浅野真到漳州市漳浦县采访出口日本的长根大葱的种植、加工和营销情况。漳浦竹企农产有限公司是外商投资企业，长根大葱是其对日出口的主要产品，具有完善的生产营销体系。浅野真表示，采访这家企业有助于日本民众了解福建省出口日本商品实际情况。

七、西日本新闻社记者到莆田采访

2002年3月，西日本新闻社驻台北支局长上别府保庆到福州、莆田、厦门，分别采访省台办负责人、莆田市长、台湾香客、湄洲妈祖庙董事会董事长林金榜及在厦门的台商，了解闽台经贸与文化交往情况。

八、韩国教育电视台摄制组到永定拍摄客家文化

2002年4月，韩国教育电视台摄制组一行6人，到龙岩市永定县拍摄一部题为《中国的力量——中国的商人精神》的专题片，采访客家文化是其中的一个组成部分。摄制组一行先后在高头乡、湖坑镇、下洋镇等地拍摄了客家村落及日出的风景，拍摄了承启楼、侨福楼、振成楼、衍香楼、虎豹别墅等有代表性的土楼风景，采访了10余位对客家文化、客家土楼的历史、教育、风俗有一定研究的专家及客家籍事业有成的华侨家庭。

九、外国记者联合采访团到福建采访

2002年6月，为让外界对福建经济建设、社会发展现状有更多的了解，省外事办邀请由英国路透社北京分社、上海分社，日本共同社北京分社，日本NHK上海支局，日本朝日电视上海支局，日本电视网北京支局，新加坡《联合早报》广州支局等6家新闻机构的13名记者组成的外国记者联合采访团赴厦门、漳州、泉州、福州采访。

十、外国记者采访“四会”

2004年5月，日本共同社、《读卖新闻》、《日本经济新闻》、每日电视常驻上海记者及新加坡《联合早报》常驻广州记者一行8人，采访了在福州举办的第四届世界福建同乡恳亲大会、首届世界闽商大会、第六届中国（福州）海峡经贸交流会和首届福建商品交流会等四会。

记者们参加了省、市新闻发布会，采访了四会开幕式和台商、闽商代表、旅日侨领、省社科院学者及福耀玻璃、东南汽车等企业，发回10余篇报道。新加坡《联合早报》刊载了该报记者发自福州的《福建省提议建设海峡西岸经济区》《福建同乡恳亲大会反对“台独”呼吁统一》等报道。

十一、德国电视一台摄制组到永定拍摄土楼专题片

2004年10月，德国电视一台驻京记者齐雄伟一行4人到永定拍摄土楼专题片。摄制组一行先后在永定初溪、高头等地拍摄土楼外景及农家生活，了解土楼历史及客家人的日常生活情况，并详细了解永定县在土楼申报“世遗”方面所做的工作及土楼申报“世遗”成功后的影响等。

表5－1　**1999—2005年外国记者来访一览表**

年度	日期	外国媒体	访问地点
1999	1月1—3日	日本NHK驻上海记者松冈正顺一行3人拍摄《福州歌咏大赛》专题片	福州
	1月26—29日	日本《读卖新闻》中国总局记者藤野彰采访闽台经贸关系	福州
	1月28—30日	英国《金融时报》驻上海记者2人采访华福公司、龙岩劳模	福建
	1月29日至2月2日	日本《朝日新闻》记者堀江义人采访计划生育工作	闽侯、邵武
	2月2—17日	英国《龙的腾飞》摄制组一行7人拍摄《民众生活》专题片	泉州、龙岩
	2月5—6日	日本每日新闻社中国总局记者饭田和郎采访下岗职工再就业情况	福州
	2月7—10日	日本富士电视台驻香港记者陈叶玛丽一行3人采访闽台经贸交流情况	厦门、漳州
	2月23—24日	美国《费城问讯报》记者一行3人采访台商投资情况	厦门
	2月23日至3月2日	德国西南电视三台记者采访福建省发展现状	福州、泉州、厦门、武夷山

续表5－1

年份	日期	外国媒体	访问地点
1999	3月7—10日	日本7家驻上海新闻机构记者一行9人采访闽台经贸交流情况	泉州、厦门
	3月16—18日	日本《朝日新闻》驻上海记者古谷浩一采访巡回法庭办案	云霄、龙海
	4月12—20日	日本悉博电视公司记者采访茶农	武夷山
	5月3—8日	日本《每日》杂志记者采访茶农	武夷山
	5月17—21日	日本NHK香港支局记者采访两岸高科技博览会	厦门
	5月19—21日	荷兰、新加坡、越南记者一行4人采访招商月活动	福州
	6月6—12日	日本NHK北京、上海支局记者一行3人采访华福公司	福州
	6月14—15日	日本《读卖新闻》上海支局记者采访闽台经贸交流情况	厦门、泉州
	6月14—16日	日本朝日电视台上海支局记者一行3人拍摄《市民生活》专题片	福州
	6月20—27日	日本冲绳县摄制组拍摄儿童专题片	福州
	6月23—28日	法国电视三台记者拍摄土楼	永定
	8月4—7日	日本《朝日新闻》记者采访“中国建国50周年成就”	福建
	8月31日至9月3日	美国《领袖》杂志记者采访福建6家企业	福建
	9月5—13日	日本经济新闻社中国总局记者2人到长乐、福清采访反偷渡问题	福州
	9月7—10日	美国CNN北京分社记者、英国《南华早报》记者一行4人采访“9·8”投洽会	厦门
	9月8—12日	日本NHK香港支局记者一行4人采访“9·8”投洽会	福州、厦门
	9月15—18日	德国电视一台驻京记者一行4人拍摄土楼专题片	南靖
	9月15—20日	韩国KBS北京总局记者一行3人采访福建省发展现状	福州、莆田
	9月18—21日	日本共同社上海支局记者采访泉州市发展现状	泉州
	9月22—25日	日本NHK摄制组一行3人拍摄东山《寡妇村》专题片	东山
	10月17—19日	日本《朝日新闻》记者采访福建省发展现状	厦门、福州
	10月25—27日	日本《朝日新闻》上海支局记者采访宁德发展现状	宁德
	10月25—29日	德国电视一台记者采访南靖土楼	漳州
	10月30日至11月2日	日本《北海道新闻》北京分社记者采访福建省发展现状	福建
	11月29日至12月1日	日本关西电视台上海支局记者采访宁德连家船民	宁德
	12月6—9日	英国ITV第四频道驻港记者采访湄洲岛	莆田

续表 5—1

年份	日期	外国媒体	访问地点
2000	1 月 30 日至 2 月 3 日	英国《经济学家》杂志驻京记者徐道明采访福建省发展现状	福建
	2 月 21—26 日	美国 CNN 电视台北京分社社长麦白柯一行 3 人采访福建省发展现状	福建
	2 月 23—25 日	法国新闻社驻京记者鲁安娜采访福州市发展现状	福州
	2 月 23—25 日	日本共同社香港支局渡边和昭采访莆田市发展现状	莆田
	3 月 1 日—3 日	美国《洛杉矶时报》驻上海支局记者倪莲青采访东山县	东山
	3 月 8—9 日	美国国际广播电台驻京记者欧迪龙、美国《华盛顿邮报》记者潘文采访福州市发展现状	福州
	3 月 14—19 日	日本朝日电视台上海支局长野下洋一行 3 人拍摄《东山县》专题片	东山
	3 月 27—30 日	加拿大广播公司(CBC)驻京记者盛海盟采访福建省发展现状	福建
	4 月 16—24 日	日本悉博电视制作公司武滕新一行 4 人拍摄《乌龙茶之春》专题片	福建
	4 月 28 日至 5 月 2 日	德国、日本、澳大利亚、英国等 8 家新闻媒体一行 20 人采访湄洲妈祖旅游文化节	福建
	5 月 16—18 日	美国广播公司(ABC)驻京记者马克一行 5 人采访福州市发展现状	福州
	5 月 23—24 日	日本冲绳电视台记者山口茶健一行 5 人采访福建省发展现状	福建
	5 月 27—30 日	日本 NHK 驻香港支局小须田秀幸一行 4 人采访福州招商月活动	福州
	5 月 28 日至 6 月 1 日	日本悉博电视制作公司一行 10 人拍摄《武夷岩茶》专题片	南平
	6 月 22—25 日	日本经济新闻社中国总局记者藤康浩采访福州市发展现状	福州
	7 月 3—8 日	日本 NHK 上海支局长松岗正顺一行 3 人拍摄《漳州提线木偶艺人李明卿》专题片	漳州
	9 月 10—13 日	法国电视二台驻京记者罗寿一行 3 人采访福建省发展现状。	福建
	9 月 24—28 日	法国《人道报》记者区丽采访福建省发展现状	福建

续表 5－1

年份	日期	外国媒体	访问地点
2000	9 月 26 日至 10 月 2 日	比利时怀旧制片公司一行 6 人采访福建省发展现状	福州、武夷山
	10 月 9—11 日	日本 NHK 香港支局记者一行 2 人采访第三届中国泉州木偶节	泉州
	10 月 10—13 日	日本日中媒介中心记者工藤和彦一行 7 人采访福建省发展现状	福建
	12 月 11—13 日	日本《读卖新闻》上海专局记者高山仲康采访福建省发展现状	福建
	12 月 17—19 日	日本 NHK 上海支局记者松冈正顺一行 3 人采访泉州市发展现状	泉州
	12 月 22—25 日	日本关西电视台上海支局记者大道一郎一行 3 人采访福建省发展现状	福建
2001	1 月 7—9 日	蒙古记者一行 2 人采访漳州市发展现状	漳州
	1 月 12—25 日	日本 NHK 记者一行 2 人采访厦门市发展现状	厦门
	1 月 16—19 日	美国之音北京分社记者采访福建省发展现状	福州、厦门
	1 月 18—19 日	英国 BBC 电视台记者一行 2 人采访福建省发展现状	福建
	1 月 18—19 日	英国路透社记者一行 2 人采访福建省发展现状	福建
	2 月 15—16 日	《爱尔兰时报》驻京记者采访福建省发展现状	福建
	2 月 25 日至 3 月 4 日	挪威国家广播电视台记者一行 2 人采访福建省发展现状	厦门、龙岩
	2 月 27 日至 3 月 1 日	日本中日新闻上海支局记者采访福建省发展现状	漳州、龙岩
	3 月 15—21 日	日本悉博电视公司一行 3 人拍摄《武夷山风光》专题片	武夷山
	4 月 7—13 日	新加坡点石工作室摄制组一行 4 人拍摄专题片	福州、厦门 泉州、龙岩
	4 月 12—15 日	新加坡《联合早报》记者采访第五届“台交会”	厦门
	4 月 15—31 日	日本 NHK 冲绳支局记者一行 6 人采访福建省发展现状	福州、泉州
	4 月 17—19 日	日本《朝日新闻》记者一行 2 人拍摄《山村摄影师》专题片	华安
	4 月 22—23 日	日本《朝日新闻》记者浅野真采访农产品出口企业	漳浦
	5 月 19—22 日	日本 NHK 摄制组记者一行 4 人拍摄《空海和尚入唐之地》专题片	霞浦县
	5 月 23—25 日	巴布亚新几内亚记者团一行 3 人采访厦门市发展现状	厦门
	5 月 27—31 日	韩国大丘电视台摄制组一行 3 人拍摄武夷山专题片	武夷山
	6 月 6—7 日	《日本经济新闻》记者采访厦门市发展现状	厦门

续表 5—1

年份	日期	外国媒体	访问地点
2001	6 月 6—8 日	《日本经济新闻》产业部记者采访厦门市发展现状	厦门
	6 月 6—8 日	《日本经济新闻》广州支局局长采访厦门市发展现状	厦门
	6 月 19—26 日	《朝日新闻》上海支局长一行 2 人采访福建省发展现状	福建
	7 月 4—5 日	日本长崎 NBC 记者拍摄《长崎汤面起源》专题片	福州、福清
	7 月 6—7 日	美国《考克斯报》记者采访厦门戴尔公司	厦门
	7 月 6—7 日	日本《朝日电视》上海支局野下洋一行 3 人采访莆田鳗鱼养殖场	莆田
	8 月 12—14 日	德国电视一台驻京记者克里斯托夫一行 4 人拍摄《鼓浪屿—钢琴岛》专题片	厦门
	8 月 18 日—21 日	日本 CP 影视制作公司摄制组一行 16 人拍摄《佛跳墙及武夷山风光》专题片	福州、武夷山
	8 月 26—28 日	埃及《金字塔报》《消息报》记者一行 2 人采访厦门市发展现状	厦门
	8 月 30—31 日	韩国《中央日报》记者郑元英等 3 人采访厦门市领导	厦门
	8 月 31 日至 9 月 2 日	美联社驻京记者方克乐一行 3 人采访厦门远华“红楼”	厦门
	8 月 31 日至 9 月 3 日	日本 NHK 驻上海支局记者一行 3 人采访厦门远华红楼及惠安一家出口日本企业	厦门、惠安
	9 月 4—6 日	日本 NBC 记者一行 5 人采访福州市发展现状	福州
	9 月 6—12 日	“美国之音”记者田康麟采访“9・8”投洽会	厦门
	9 月 6—12 日	《日本经济新闻》驻广州支局局长北代望一行 2 人采访“9・8”投洽会	厦门
	9 月 6—12 日	新加坡《联合早报》驻广州记者孙传炜采访“9・8”投洽会	厦门
	9 月 6—12 日	英国《金融时报》驻台北记者穆尔・迪奇采访第五届“9・8”投洽会	厦门
	9 月 10—11 日	日本朝日放送驻上海支局记者大岛尚一行 2 人采访崇武镇石雕厂	泉州
	10 月 8—10 日	日本中国映像记者一行 4 人拍摄专题片	泉州
	10 月 11—15 日	日本 NHK 摄制组一行 4 人拍摄《空海大和尚在中国》专题片	霞浦
	11 月 2—3 日	立陶宛 11 家新闻媒体采访厦门市发展现状	厦门
	11 月 12 日	英国《泰晤士报》驻京记者采访厦门改革开放 20 年活动	厦门

续表 5－1

年份	日期	外国媒体	访问地点
2001	11 月 14—17 日	日本 JIC 株式会社摄制组一行 4 人拍摄《琉球与福建交流史迹》专题片	福州
	11 月 14—26 日	乌克兰国家电视台摄制组一行 4 人采访泉州、武夷山茶文化	福建
	11 月 24—27 日	外国驻京记者团一行 14 人采访厦门特区成立 20 周年纪念活动	厦门
	12 月 6 日	日本 APP 通讯社采访福清市反偷渡问题	福州
	12 月 6 日	日本 NHK 记者一行 4 人采访福州闽剧团	福州
	12 月 23—26 日	《日本经济新闻》记者町田敏光采访厦门戴尔、柯达公司	厦门
	12 月 29—31 日	日本 NHK 驻上海支局记者一行 3 人拍摄《海上法庭》专题片	宁德
2002	1 月 9 日—14 日	日本 TVMANVNTON,INC 制片公司摄制先遣组 2 人到惠安看拍摄点	泉州
	1 月 15—22 日	美国之音记者田康麟一行采访厦门市发展现状	厦门
	1 月 17—24 日	日本电视制片公司摄制组一行 8 人拍摄《惠安女》专题片	泉州
	1 月 31 日至 2 月 7 日	印尼巨港电视台记者一行 2 人采访福建省发展现状	福州、厦门 漳州
	2 月 2—6 日	日本共同社驻京记者加藤靖志采访福州市发展现状	福州
	2 月 28 日至 3 月 14 日	日本长崎市记者、独立摄影师大限考一行采访福建省发展现状	福州、厦门
	3 月 19—20 日	日本 NHK 摄制组一行 3 人拍摄《厦门风光》专题片	厦门
	3 月 24—30 日	西日本新闻社台北支局记者上别府保庆采访福建省发展现状	福州、莆田 厦门
	3 月 31 日至 4 月 4 日	日本 APP 通信记者小林昭一一行 2 人采访福州反偷渡问题	福州
	3 月 31 日至 4 月 6 日	韩国教育电台（EBS）一行 6 人拍摄《福建》专题片	厦门、泉州 漳州、永定
	4 月 4—7 日	日本《朝日新闻》记者古谷浩一一行 3 人采访厦门市发展现状	厦门
	4 月 10—12 日	日本关西电视台上海支局记者一行 2 人拍摄《武夷山风光》专题片	武夷山
	4 月 12—15 日	“美国之音”记者田康麟采访厦门市发展现状	厦门

续表 5－1

年份	日期	外国媒体	访问地点
2002	4 月 23—26 日	约旦电视台记者一行 4 人拍摄《伊斯兰文化在泉州》专题片	泉州
	4 月 25—27 日	日本《每日新闻》记者宫下正已一行 2 人采访福州市发展现状	福州
	5 月 5—10 日	菲律宾 ABS—CBX 电视台记者采访福建省发展现状	福建
	5 月 10—15 日	日本《朝日新闻》记者崛江义人采访福建省发展现状	福建
	5 月 17—20 日	印尼美都电视台记者一行 2 人采访国际招商月活动	福州
	5 月 17—20 日	泰国记者一行 5 人采访茶博会	福建
	5 月 25—27 日	德国不来梅电台一行 3 人采访厦门造船厂	厦门
	5 月 30 日至 6 月 2 日	日本 NHK 导演一行 4 人拍摄《公务员招聘》专题片	厦门
	6 月 7—13 日	日本 STV—JAPEN 摄制组一行 5 人拍摄《厦门》专题片	厦门
	6 月 24 日至 7 月 1 日	日本北海道新闻社记者小坂洋右采访泉州市发展现状	泉州
	6 月 28 日至 7 月 1 日	英国路透社记者(2 人)、日本共同社记者、日本朝日电视记者(3 人)、日本 NHK 记者(3 人)、日本电视网记者(3 人)、新加坡《联合早报》记者组成联合采访团一行 13 人采访福建省发展现状	福州、厦门 漳州、泉州
	7 月 1—4 日	日本铁木真公司摄制组一行 4 人拍摄《中国茶纪行》专题片	厦门
	7 月 1—4 日	法国电视二台记者一行 3 人采访水灾情况	建宁县
	7 月 8—14 日	联合国开发计划署派 2 名记者拍摄《厦门海岸带综合管理》专题片	厦门
	7 月 15—18 日	日本长崎记者团一行 12 人采访福建—长崎结好 20 周年庆祝活动	福建
	7 月 17—19 日	美联社环球电视驻京记者一行 3 人采访红楼拍卖会	厦门
	7 月 23—26 日	日本 NHK 摄制组一行 9 人拍摄《满汉全席——素斋》专题片	福州、厦门
	9 月 2—4 日	德国《焦点》周刊驻京记者马丁采访两岸“三通”情况	厦门
	9 月 4—7 日	美国美洲卫星记者一行 2 人采访“9・8”投洽会	厦门
	9 月 7—10 日	埃及《金字塔报》记者采访“9・8”投洽会	厦门
	9 月 7—12 日	“美国之音”记者田康麟采访“9・8”投洽会	厦门
	9 月 12—13 日	日本 NHK 驻沪记者关则夫一行 3 人采访中国国际茶博会	福州

续表 5－1

年份	日期	外国媒体	访问地点
2002	9 月 15—16 日	美联社环球电视记者采访红楼拍卖会	厦门
	9 月 15—16 日	英国 BBC 驻京分社记者普安德一行 3 人采访红楼拍卖会	厦门
	9 月 18 日至 10 月 3 日	比利时电视摄制组一行 3 人拍摄《永定土楼》专题片	龙岩
	9 月 26—30 日	日本阿兹马库斯制作公司一行 5 人拍摄《海带养殖及加工》专题片	福建
	10 月 27—31 日	日航《WIND》杂志记者一行 3 人采访福建发展现状	福建
	10 月 29—31 日	泰国 CH 电视台记者一行 2 人采访厦门市发展现状	厦门
	11 月 16—17 日	欧美、亚太地区新闻媒体记者采访厦门市发展现状	厦门
	11 月 21—22 日	新加坡《华南报》香港办事处主任记者采访厦门市发展现状	厦门
	11 月 24—26 日	韩国 MBC 电视台、《朝鲜日报》《东亚日报》《中央日报》等 10 家新闻媒体记者采访福建省发展现状	福州
	12 月 18—21 日	德国电视一台驻京记者一行 4 人拍摄《土楼》专题片	永定
2003	1 月 6—8 日	日本电视网广播公司中国总局记者万涓采访厦门市发展现状	厦门
	1 月 21—24 日	日本三得利中国绿茶摄制组一行 13 人拍摄《武夷岩茶》专题片	武夷山
	1 月 22—26 日	菲律宾 ABS 电视记者马赛罗采访福建省发展现状	厦门、泉州
	1 月 23—24 日	美国国家地理频道摄制组一行 2 人采访漳州斯伯丁篮球厂	漳州
	1 月 28—30 日	韩国文化广播公司记者郑敬洙一行 2 人拍摄《海峡两岸亲人团聚》专题片	东山
	2 月 12—19 日	韩国 MBC 电视台摄制组一行 3 人采访盲人音乐老师陈军恩	福州
	2 月 13—15 日	日本 NHK 上海支局记者一行 3 人采访中国民间（闽南）文化节暨第二届海上丝绸之路文化节	泉州
	2 月 19—22 日	法新社上海分社记者宋杰明一行 2 人采访福建省发展现状	福建
	2 月 19—28 日	日本外国记者中心、电视节目交流中心专务理事井上孝利采访福州、厦门主要媒体	福建
	2 月 20—21 日	日本《读卖新闻》中国总局佐伯聪士采访厦门产权交易中心	厦门

续表 5—1

年份	日期	外国媒体	访问地点
2003	3 月 18—25 日	马来西亚、印尼、菲律宾、新加坡、缅甸、泰国等 16 家华文媒体记者采访福建省发展现状	福建
	3 月 19—21 日	日本 TBS 摄制组记者一行 2 人采访厦门戴尔电脑公司	厦门
	3 月 19—30 日	日本 NHK 摄制组一行 3 人拍摄《宋代黑釉茶碗》专题片	福州、建阳武夷山
	3 月 29 日至 4 月 1 日	新加坡《联合早报》记者张从兴采访厦门市发展现状	厦门
	4 月 1—3 日	埃及尼罗河电视台摄制组一行 4 人拍摄《伊斯兰文化在泉州》专题片	泉州
	4 月 6—7 日	韩国《光州日报》记者宋基东一行 2 人采访厦门市发展现状	厦门
	5 月 19—21 日	日本《读卖新闻》驻上海支局记者伊藤彰浩采访厦门市发展现状	厦门
	7 月 18—22 日	泰国媒体记者一行 8 人采访厦门市发展现状	厦门
	7 月 23—31 日	《日本经济新闻》上海支局记者下原口辙一行 2 人采访厦门市发展现状	厦门
	8 月 6—10 日	日本《朝日新闻》记者掘江义人采访福建省发展现状	福建
	8 月 21—24 日	日本 TBS 公司摄制组一行 6 人拍摄《本田之路》专题片	福州
	9 月 7—10 日	加勒比地区 11 个国家联合新闻团一行 21 人采访“9·8”投洽会	厦门
	9 月 8—10 日	路透社驻上海记者采访“9·8”投洽会	厦门
	9 月 16—17 日	澳大利亚《悉尼先驱晨报》记者采访福建省发展现状	福州、莆田
	9 月 17—19 日	马来西亚副总理随行 12 家媒体 23 位记者采访福建省发展现状	泉州、厦门
	9 月 23—29 日	日本 NHK 记者一行 4 人拍摄《惠安女》专题片	泉州
	10 月 20—24 日	日本关西电视台上海支局记者一行 3 人拍摄《土楼》专题片	永定
	10 月 28 日至 11 月 1 日	英国帕拉丁影视公司摄制组一行 4 人拍摄《郑和》专题片	福州、莆田泉州
	10 月 31 日至 11 月 4 日	日本朝日电视台摄制组导演一行 3 人踩点土楼	永定
	11 月 3—10 日	日本电视人工会制作公司摄制组一行 6 人采访泉州市发展现状	泉州
	11 月 5—7 日	美国《华尔街日报》驻港记者采访厦门市发展现状	厦门

续表5—1

年份	日期	外国媒体	访问地点
2003	11月5—15日	澳大利亚ABC摄制组拍摄《厦门风光》专题片	厦门
	11月20—23日	美国《基督教科学箴言报》驻京记者罗伯特采访台资企业及海沧开发区	厦门
	11月23—26日	韩国、菲律宾、马来西亚、新加坡、尼泊尔、日本、澳大利亚等国27位记者采访旅游交易会	厦门、武夷山
	11月27—28日	英国广播公司驻上海记者马庆龙采访厦门大学台研所	厦门
	11月30日至12月4日	日本朝日电视台摄制组一行7人拍摄《土楼风光》专题片	永定
	12月6—10日	新加坡《联合早报》记者张从兴采访福建省发展现状	福州、龙岩
	12月16—19日	韩国LIVINGTV电视摄制组一行3人拍摄《厦门风光》专题片	厦门
	12月23—26日	韩国KBS电视摄制组一行6人采访福建省发展现状	福建
2004	1月14—15日	日本《朝日新闻》上海支局记者塚本和人采访农民摄影家李天炳	漳州
	2月10—12日	日本ISN摄制组一行4人拍摄《厦门风光和高尔夫球场》专题片	厦门
	2月16—18日	日本读卖电视台上海支局记者大泉纯子一行3人采访福建省发展现状	福建
	2月28—29日	《日本经济新闻》驻中国记者泉宣道采访厦门茶文化	厦门
	3月9—11日	法新社上海分社记者宋杰明采访台资企业	福州
	3月13—17日	芬兰《赫尔辛基新闻报》上海分社记者米坎恩采访厦门台商协会	厦门
	3月13—19日	英国自由制片人阿达姆采访厦门大学	厦门
	3月15—22日	荷兰国际新闻电视台驻京记者一行2人采访闽台经贸关系	福州、厦门
	3月25—27日	奥地利TREND杂志社记者采访厦门市发展现状	厦门
	3月29—31日	英国、德国、瑞士等3个欧洲国家媒体记者15人采访厦门ABB中、低压开关有限公司	厦门
	4月7—18日	日本富士电视台记者9人、TBS电视台记者6人采访日本国家女排与中国国家女排训练比赛	漳州
	4月10—14日	日本朝日电视台、体育杂志记者一行2人采访中日女排友谊赛	漳州

续表 5－1

年份	日期	外国媒体	访问地点
2004	4 月 11—16 日	韩国 MANSONMUNHWA 广播公司记者一行 3 人采访海岸线综合管理	厦门
	4 月 18—21 日	日本熊本县电视台记者一行 4 人拍摄有关百年老店"同利肉燕老铺"及福州特色小吃"太平燕"的专题片	福州
	4 月 21—29 日	美国《新闻周刊》驻京记者徐仁凤采访两岸直航	福建
	4 月 23—28 日	韩国《HERALDMEDIA 经济报》记者采访福建省发展现状	福州、莆田泉州、厦门
	5 月 14—16 日	日本冷冻食品报社、《水产时报》、食品产业新闻社、ONLY ONE JOURNAL、食品新闻社，日本食粮新闻社等 6 家记者 6 人采访厦门市发展现状	厦门
	5 月 15—22 日	印尼《国际日报》记者采访第四届福建同乡恳亲大会	福建
	5 月 17—23 日	日本《读卖新闻》《日本经济新闻》、共同社、每日电视驻上海记者、新加坡《联合早报》驻广州记者一行 8 人采访福州"四会"	福建
	5 月 18—22 日	《美国国家地理》杂志记者米切尔一行 2 人采访郑和下西洋 600 周年活动	福州、泉州厦门
	5 月 27—29 日	日本宝岛社出版局、NHK 出版社、每日新闻社、小学馆、产经新闻社、《富士商业视点》等 6 家出版社、报社记者一行 8 人采访厦门市发展现状	厦门
	6 月 17—18 日	德国 EIKON 媒体公司一行 4 人采访客家文化	永定
	6 月 26—27 日	《日本经济新闻》大阪本社记者采访福州榕东活动房有限公司	福州
	6 月 27—28 日	日本《读卖新闻》上海支局记者采访日本"味之素"在厦门的工厂及永定土楼申报世界文化遗产	厦门、龙岩
	6 月 27—29 日	日本富士电视台记者采访厦门市发展现状	厦门
	7 月 1—7 日	德国广播协会驻上海记者一行 2 人拍摄《土楼风光》专题片	龙岩
	7 月 7—20 日	法国巴黎北京电视制片公司一行 3 人拍摄《土楼风光》专题片	龙岩
	7 月 16—18 日	日本富士电视台摄制组森胜嗣一行 4 人拍摄《厦门风光》专题片	厦门
	8 月 17—19 日	巴哈马国总理佩里·克里斯蒂访华随行电视台记者一行 3 人	福州

续表5－1

年份	日期	外国媒体	访问地点
2004	8月21—31日	德国电视台摄制组一行3人拍摄《厦门风光》专题片	厦门
	8月28日至9月2日	日本NHK摄制组一行3人拍摄《泉州木偶剧团》专题片	泉州
	9月5—10日	英国广播电视公司记者采访“9·8”投洽会	厦门
	9月6—11日	澳大利亚第七电视台记者采访“9·8”投洽会	厦门
	9月6—11日	澳大利亚第七电视台马卢奇支台记者加洛斯一行2人采访“9·8”投洽会	厦门
	9月7—11日	《日本经济新闻》记者一行2人采访“9·8”投洽会	厦门
	9月7—11日	新加坡《联合早报》驻广州记者采访“9·8”投洽会	厦门
	9月7—11日	美国《华尔街日报》驻京分社记者韩村乐采访“9·8”投洽会	厦门
	9月7—11日	韩国的中国经济新闻社北京分社首席记者朴丁镐采访“9·8”投洽会	厦门
	9月7—11日	美国《美华商报》记者韩燕红一行2人采访“9·8”投洽会	厦门
	9月7—11日	英国BBC广播公司记者罗沃斯采访“9·8”投洽会	厦门
	9月27日至10月1日	德国莱法州记者一行11人采访福建省发展现状	福建
	10月8—20日	加拿大新时代电视台摄制组一行3人采访福建省发展现状	武夷山、厦门
	10月23—29日	日本《冲绳时报》记者采访国际友城大会	福建
	10月23—29日	日本琉球放送记者一行3人采访国际友城大会	福建
	10月24日至11月2日	英国PILOT制片公司摄制组一行5人拍摄永定土楼、安溪茶叶、德化瓷器、泉州木偶、莆田湄洲岛风光	福建
	10月25—29日	日本长崎映像社摄制组一行3人采访福建省发展现状	福建
	10月27—29日	厄瓜多尔《钟点报》记者采访厦门市发展现状	厦门
	11月7—11日	丹麦《商报》记者一行3人采访厦门市发展现状	厦门
	11月11—14日	芬兰国家电视一台记者一行2人采访厦门市发展现状	厦门
	11月20—24日	日本ISN记者一行2人为全日空制作宣传片	福建
	11月29日至12月4日	日本ISN株式会社记者3人拍摄宣传片	福州、厦门
	11月30日至12月3日	印度尼西亚新闻代表团一行7人采访厦门市发展现状	厦门
	12月10—11日	韩国KBS摄制组一行5人采访福建省发展现状	福州、莆田厦门
	12月12—21日	日本WALK节目制作组记者一行4人采访福建省发展现状	福州、泉州龙岩、厦门

续表 5—1

年份	日期	外国媒体	访问地点
2005	1 月 9—15 日	《日本经济新闻》摄影记者一行 3 人采访厦门市发展现状	厦门
	1 月 9—16 日	《日本经济新闻》驻上海支局记者一行 3 人采访厦门市发展现状	厦门
	1 月 15—18 日	加拿大摄影记者一行 3 人采访福建省发展现状	厦门、福州
	2 月 21—25 日	俄罗斯中央第一电视台北京分社记者一行 4 人采访第四届“海上丝绸之路”文化节暨第八届国际南音大会唱	泉州
	3 月 2—8 日	《巴西杂志》记者一行 2 人采访厦门市发展现状	厦门
	3 月 9—31 日	美国《亚洲华尔街日报》驻港记者采访福州捷联电子有限公司	福州
	3 月 14—15 日	日本 NHK 记者一行 3 人采访福建省发展现状	泉州、厦门
	3 月 17—19 日	马来西亚 VTV 等 7 家媒体 15 名记者、印度尼西亚 JAWAPOS 等 3 家媒体 3 名记者、泰国 I VATION TV 等 21 家媒体 32 名记者在厦门采访曼谷—厦门航线的宣传推介会	厦门
	3 月 28 日至 4 月 1 日	法国里昂八角制片公司拍摄绿谷集团的灵芝生产基地	武夷山
	4 月 7—27 日	加拿大 NFB 公司 4 名记者拍摄《博廷斯基》电视纪录片	厦门
	4 月 11—17 日	法国《空手道》杂志记者来拉尔·博纳福瓦一行采访传统武术	福建
	4 月 12—14 日	阿根廷《金融界报》主编胡里奥·拉莫斯一行 6 人采访福建省发展现状	福州、泉州
	4 月 16—18 日	非洲记者研修班一行 27 人采访厦门市发展现状	厦门
	4 月 28 日至 5 月 2 日	英国格林纳达广播公司、英国广播公司、美国公共电视台记者联合拍摄大型纪录片《中国》	厦门、莆田
	5 月 22—27 日	日本《空海入唐之道》摄制组一行 7 人	福州、厦门 泉州、莆田
	5 月 23—27 日	法国《观点》周刊记者一行 2 人采访福建省发展现状	福建
	5 月 30 日至 6 月 2 日	日本《朝日新闻》广州支局记者铃木晓彦一行 2 人采访福建省发展现状	福州
	6 月 16—18 日	《日本经济新闻》上海支局记者采访厦门市发展现状	厦门
	7 月 21—24 日	美国国家地理频道记者一行 6 人拍摄《郑和下西洋》和《漳州土楼风光》专题片	厦门、泉州 漳州
	7 月 22—27 日	日本《读卖新闻》记者一行 2 人采访厦门市发展现状	厦门
	8 月 8—10 日	美国《纽约时报》驻香港记者凯斯采访时装企业	厦门

续表 5－1

年份	日期	外国媒体	访问地点
2005	8 月 18—20 日	丹麦通讯社记者维斯采访企业	厦门
	9 月 3—4 日	泰王国 10 家媒体 15 名记者联合采访泰国水果展	厦门
	9 月 6—9 日	韩国 KBS 电视台摄制组一行 4 人拍摄《华侨——推动世界的龙》专题片	福州、泉州
	9 月 7—9 日	《日本经济新闻》上海支局记者一行 2 人采访“9·8”投洽会	厦门
	9 月 7—9 日	《日本经济新闻》广州支局记者一行 2 人采访“9·8”投洽会	厦门
	9 月 7—10 日	日本《朝日新闻》广州支局记者一行 2 人采访“9·8”投洽会	厦门
	9 月 7—10 日	意大利记者一行 8 人采访“9·8”投洽会	厦门
	9 月 17—22 日	新加坡 BANG 制片公司摄制组一行 6 人拍摄《郑和》纪录片	福州、莆田泉州
	10 月 10—13 日	日本 TBS 摄制组一行 4 人拍摄《厦门风光》专题片	厦门
	10 月 16—18 日	丹麦《贝林时报》记者汉森、《日德兰邮报》记者尼尔森、《西海岸报》记者桑德曼、《政治报》记者拉姆贝克采访厦门爱步公司	厦门
	10 月 23 日至 11 月 4 日	德国西部电视台摄制组一行 5 人拍摄《农民摄影家李天炳》专题片	华安
	11 月 9—11 日	日本 MEDIAONE 摄制组一行 5 人拍摄《德化陶瓷艺术及历史文化名胜》专题片	德化
	12 月 3—5 日	美国《西雅图时报》记者斯科特采访福州市发展现状	福州
	12 月 14—17 日	新加坡《入乡食团圆饭》中国拍摄队一行 10 人拍摄《土楼风光》	永定
	12 月 22—23 日	日本《朝日新闻》广州支局记者铃木晓彦等一行 3 人采访客家文化及土楼	漳州、龙岩，

第六章 处置领事保护事件和涉外案（事）件

1999—2005年，在外交部和省委、省政府的领导下，省外事部门妥善处理海外各类领事保护事件数百起，同时，指导、协调有关部门履行国际法和双边领事条约义务，妥善处理省内各类涉外案（事）件上百起。

省政府出台了《福建省涉外突发事件应急预案》《防止不法分子利用合法出国渠道非法移民或劳务的若干意见》等规范性文件，省外事办也制订了《省外事办涉外突发事件应急预案》，并协助相关部门建立了相关涉外应急机制。

第一节 处置重大领事保护事件

一、多佛惨案

2000年6月19日，英国多佛港海关在对一辆荷兰货车进行例行检查时，发现货柜内藏有60名华人偷渡客，其中58人已窒息死亡，仅2人幸存。经查，这60名偷渡者来自福清、长乐等地。他们以出国旅游的名义从北京出境，途经莫斯科、捷克、荷兰、比利时后，在“蛇头”的安排下，藏匿在冷冻货柜车中，经轮渡穿越英吉利海峡后抵达英国多佛港，但由于货柜通气孔被堵塞，车厢内缺氧，最终酿成惨剧。

“多佛惨案”披露后，6月23日，英国当局把部分遇难者基因样本送到中国公安部。同日，公安部派出专案组进驻福建。在省政府的配合下，专案组深入福清、长乐等地，逐户走访，确定58名遇难者的身份。同时，省公安厅也成立专案组，全力追捕涉案“蛇头”。26日，福建省派工作组赴英国协助辨认多佛惨案遇难者身份。2001年1月19日凌晨，运载58名遇难者遗体的包机抵达福州，40辆卡车随后将遗体从机场运往各乡镇，由死者亲属认领后就地安葬。2001年4月5日，英国肯特郡地方法院对该惨案涉案人员做出一审判决，荷兰籍货车司机以杀人罪被判处14年监禁，一名参与此案的翻译人员被判处6年监禁。5月11日，荷兰鹿特丹地方法院对涉案人口走私团伙的9名被告做出判决，其中2名主犯被判处9年监禁，其他5人被判处30个月至7年监禁，另外两名被告被判无罪释放。

二、中国渔工在菲被扣事件

2002年4月，一艘台湾渔轮在菲律宾海域捕鱼时被菲律宾军方查扣，受雇于台湾渔轮的12名福建省漳浦县渔工及台籍船长随船被关押在距离菲北部边远小镇2000米的海面上。菲律宾司法部门指控台渔轮非法入境捕鱼，要求台湾船主支付巨额罚款，但船主不同意，致使中国大陆渔工受牵连被困海上一年，生活条件恶劣，渔工备受折磨。

2003年4月，漳州市政府派工作小组赴菲处理，向菲有关部门交涉，要求改善渔工生活条件，尽快无罪释放渔工，并为渔工聘请律师，据理力争，争取渔工早日回国。8月，一次大台风使被困海面渔轮在与台风搏斗中脱离险境返航。

三、“福远渔225号”渔船在斯里兰卡遭不明武装袭击事件

2003年3月20日，福建省“福远渔225号”渔船在斯里兰卡东北部穆莱蒂武海域进行拖网作业时，遭不明身份的武装船只袭击，被炮火击沉。该事件共造成7名船员死亡，8名船员失踪（均为平潭县人），另有8名受伤船员被同在斯里兰卡捕鱼的“福远渔226号”渔船营救。

事件发生后，在中国驻斯使馆要求下，斯海军出动4艘军舰、2架直升机前往事发海域展开搜救，但未找到失踪人员。同时，省政府召开由省外事办、省海洋与渔业局、福州市政府、平潭县政府有关部门人员参加的会议，决定派工作组赴斯现场处置。3月27日，由上述单位有关人员组成的工作组抵斯后，安排国内家属赴斯与遇难者遗体见面，料理后事；探望受伤和获救船员，安排他们尽早回国，并与斯政府进行赔偿谈判。在中国大使馆主办的追悼会上，斯里兰卡政府总理送来花圈，并派外交部长参加，最后商妥由斯政府向每位遇难者家庭补偿1万美元。

四、平潭32名劳工在马来西亚被拘留事件

2003年3月，平潭县32名村民通过非法中介人介绍，以旅游名义到马来西亚务工。在马来西亚工作期间，因劳务公司无法兑现承诺，双方发生纠纷，中介人强行拿走劳工的护照。由于签证到期，32名劳工成为非法滞留者，被马来西亚警方拘留。

事件发生后，福州市委书记何立峰、市长练知轩均做出批示。6月24日上午，副市长陈奇召开会议，与市外事办、市外经贸局、平潭县政府共同研究应对措施，拟定处理方案。

7月2日，在省、市外事办和中国驻马使馆的努力下，终于和马来西亚政府商妥遣返方案，32名劳工顺利回国。

五、莫克姆湾惨案

2004 年 2 月 5 日，在英国打工的 20 名福建籍公民（其中福州市 18 人、莆田市 2 人）在英国兰开夏郡莫克姆湾拾贝时因组织者过失，涨潮时不幸遇溺身亡，另有一名福州籍人员失踪。莫克姆湾惨案发生后，省政府多次召集省外事办、公安厅、省委宣传部、福州市政府等部门对善后处理工作进行周密安排，针对 DNA 采集、遗体接回等各个阶段工作制定详细方案，分配任务，明确职责，及时上传下达，沟通信息。11 月 5 日，由英方出资包机将遗体直接运回福州，在相关乡镇政府负责人的护送下，将遗体分别运回各村下葬。

同年，英国福清同乡会受遇难者家属委托向法院起诉，追究英方雇主责任，要求赔偿。2006 年 3 月 28 日，组织非法移民拾贝者林良仁（中国籍）被一审判处 14 年有期徒刑。

六、7 名平潭居民在伊拉克被绑架事件

2004 年 4 月 11 日，7 名在伊拉克务工的平潭县居民在伊拉克中部城市费卢杰至北部城市摩苏尔的公路上被不明身份的武装分子绑架。

党和国家领导人指示外交部和有关驻外使领馆全力开展营救工作，中国驻伊拉克使馆复馆小组随即通过多种渠道，商请伊方采取必要措施，确定绑架者身份及人质去向，在确保人质安全的情况下紧急开展营救工作。同时，与当地伊拉克穆斯林长老会联系，请其施加影响，协助解救人质。省外事办会同福州市政府、平潭县政府密切关注事态进展，配合外交部开展工作。

4 月 12 日晚 9 时，劫持者将 7 名被劫持人员交给伊拉克穆斯林长老会，由长老会向中国驻伊拉克使馆复馆小组移交了被扣人员。

七、8 名平潭居民在伊拉克遭挟持事件

2005 年 1 月 18 日，一个自称“伊斯兰抵抗运动努曼旅”的伊拉克武装组织宣布挟持了 8 名中国公民，要求中国政府必须在 48 小时内澄清在伊拉克问题上的立场，以及这批中国工人在伊境内的目的，否则将 8 名人质砍头。经中国驻伊使馆确认，被挟持的 8 人均为福建省平潭县自行前往伊拉克的务工人员，他们在准备租车离开伊拉克前往约旦时遭劫持。

事发后，国家主席胡锦涛、国务院总理温家宝等领导人，当即指示外交部和驻伊使馆等有关方面迅速采取有力措施，全力解救被挟持人员。省委书记卢展工、代省长黄小晶立即指示省外事办等有关部门密切配合外交部和驻伊使馆，全力解救被劫持人员，安抚被挟持人员家属。

1 月 21 日，挟持中国公民的武装人员公布第二盘录像带称，如果中国政府下令禁止中

国公民进入伊拉克，他们将善待被关押的中国人。为此，中国驻伊使馆于当天发表声明：中国政府和中国驻伊拉克大使馆已多次要求中国公民目前不要来伊拉克。外交部亚非司司长翟隽3次接受阿拉伯电视台采访，强调8名被绑架者是普通中国公民，是自行来此谋生的。他们在纳杰夫一家服装厂工作，与许多伊拉克人一样只是为了养家糊口。同日，外交部派翟隽率特别工作小组赴巴格达，开展营救工作。22日，挟持者通过阿拉伯电视台发表了释放人质的声明，并称将8名中国公民移交给伊拉克一宗教团体。23日，外交部特别工作小组与驻伊使馆工作人员赴当地最危险地区，将获释人员安全接回中国驻伊使馆。

25日中午，在外交部特别工作组的护送下，8名获救同胞顺利抵达安曼国际机场，于当天下午3时登机离开安曼，于北京时间26日晚抵达福州机场，翟隽及特别工作小组人员一同返回，并将8名同胞送回平潭县。

第二节　处置重大涉外案（事）件

一、澳大利亚海员猝死事件

2002年1月，丹麦籍货轮抵达漳州港装货，其澳大利亚籍海员史蒂沃特（64岁）上岸到一发廊消费时猝死。公安机关迅速介入调查，但店主和目击证人已不知去向。从现场勘察和遗物判断，死因是死者年纪较大，且服用过量兴奋药。事发后，漳州市外事办牵头，与各有关部门配合，妥善处理各项善后工作。

二、制止外国人在福清非法传教

2002年7月11日，福清市有关部门在福清市港头镇高东村教堂内查获4名外国非法传教人员。

经调查，这4名外国人于7月5日从香港乘飞机抵达福州，由港头镇东高村教堂负责人将他们接到高东村教堂住下。8日晚，他们开始办班讲课，用英语讲解《圣经》等。授课对象是14～15岁的学生（共有48人，均在教堂内食宿）。根据中国相关法规，传教须经省宗教部门批准。经有关人员耐心教育，4名外国人表示接受，停止非法传教回国。

三、救助韩国失事货船船员

2002年9月7日，一艘韩国籍货船从香港前往日本鹿岛港途中遭遇16号台风，8日下午，船只受损后随波漂流至大沙岛海域附近，船上15名船员全部落水。

此时，出海作业的连江县苔录镇后湾村闽连渔0567号渔船正好途经此地，发现遇难韩国货船，立即实施营救，同时向有关部门报告。接到报告后，平潭县主要领导做出批示，分管领导赶赴现场，组织边防官兵出动快艇参与搜救。闽连渔0567号渔船船员放下救生艇，将落水的2名韩国人、5名缅甸人救起，而另外8名船员失踪。获救的7名船员被及时送往苔录卫生院接受全面检查、治疗，他们的衣食住行也得到妥善安排。福州市和连江县有关部门领导还到医院看望获救船员，表示政府将尽最大努力为他们提供帮助。事发后，省外事办和福州市外事办立即与韩国驻华使馆联系，安排获救船员回国。

四、韩国“中小企业振兴公团福州办事处”诈骗事件

2003年9月，据福建省相关报纸报道，韩国“中小企业振兴公团福州办事处”在福清一带招募赴韩劳务的劳工，招募活动持续了半个月，有近100人报名。其间，主管部门发现该办事处从事非业务范围的活动后，曾严令禁止，该办事处负责人韩国人宋明珪当面向主管部门递交保证书，保证今后不再从事类似活动。但宋明珪在收到第一笔70万元押金和10万元报名费后不知去向，只留下不明真相的中方雇员在应对，受骗劳工向公安机关报案。

案件发生后，省外事办立即照会韩国驻广州总领事馆，通报有关情况并请其协助调查是否有韩国中小企业振兴公团这一组织。韩国驻广州总领事馆十分重视，很快复函省外事办，告韩国确有中小企业振兴公团这一全国性组织，但是没有宋明珪这个人，该组织也未曾在福州设立办事处。公安部门迅速介入，立案侦查，但该人已离境。

五、恐吓敲诈新加坡、菲律宾驻厦门总领馆事件

2004年3月1日，新加坡驻厦门总领馆接到一封恐吓勒索信。写信人自称是中国“第二世界研究机构”负责人，从事搜集信息、监测各种疫病以及进行恐怖活动等，并已经获得多种致命病毒，在信内掺杂了部分白色粉末（后经检验为无毒的地瓜粉），要求新加坡驻厦门总领馆在3天内为其提供5万元人民币，以解决资金周转问题。3月2日，菲律宾驻厦门总领馆紧急约见厦门市外事办，向外事办提供一封署名为“菲律宾驻华研究机构”的恐吓信。写信人自称最近研究生命信息，发现菲律宾一个非法组织预谋一次炸弹爆炸事件，但因缺乏资金无法对该非法组织实施有效监控，要求菲律宾驻厦门总领馆提供1万元～2万元人民币，汇到该机构账户。

上述两起案件发生后，外交部、福建省及厦门市政府均予以高度重视。相关部门立即组织力量展开侦破工作。3月4日，犯罪嫌疑人被抓获归案。

六、日本企业老板死亡事件

2002年9月，日本人池田博到漳州市平和县九峰镇投资创办平和华瀛工艺饰品有限公司。2004年4月7日晚饭后，池田博在其厂区与员工交谈、聊天，看电视至晚上十点多，洗完澡觉得身体不适，员工们便扶他躺下，随后将他送至九峰医院，值班医师立即组织抢救，检查发现患者心脏已停止跳动，瞳孔扩大，确诊为心肌梗死死亡。

8日上午，县卫生局派两名医生前往九峰医院了解死者发病过程和抢救情况，确认九峰医院医师诊断无误。县外事办根据《外国人在华死亡后的处理程序》的有关规定，商请县公安局派警保护现场，派法医确认，要求华瀛公司负责通知死者家属及日本驻广州总领馆，并对遗体进行冷藏等善后处理。4月11日，他的两个儿子前来奔丧，兄弟俩决定遗体就地火化后将骨灰携带出境。县外事办还协助死者家属和华瀛工艺饰品有限公司相关负责人妥善解决了公司去留问题。

七、法国技术员遇害事件

2005年4月3日上午，应邀到厦门为太古飞机维修工程有限公司安装软件的法国技术员罗姆·普拉达里埃和同事一行3人乘渡轮赴鼓浪屿参观途中，被一江西人杨庆华持刀杀害，凶手当场跳海逃跑，但很快被抓获。经查，该嫌犯患有神经病，事后被收容在精神病院。

案发后，厦门市委、市政府领导高度重视，主要领导亲临现场指挥破案工作。厦门市外事办始终保持与法国驻广州总领馆的联系，主动反馈情况，及时沟通，取得法方理解。在被害者遗体运输出境等善后事宜中，厦门市外事办协调有关部门妥善处理。同时，《厦门日报》及时发布消息，介绍情况。来厦处理善后的法国驻广州总领事对厦门市长在事发后即亲自与其通电话交换意见表示感谢。

八、赤道几内亚留学生坠楼自杀事件

2005年5月15日上午，厦门大学保洁员发现赤道几内亚留学生希拉里仰卧在大楼外东侧水泥地面，急救人员赶到现场后发现其已经死亡。经厦门市公安局勘查，认定是高空坠楼自杀。

事件发生后，厦大领导立即在现场主持召开协调会，成立善后工作处理小组，第一时间向赤道几内亚驻华使馆通报此事。当天下午使馆派三秘莫尔和恩瑟两人赶到厦大。18日，厦大收到赤道几内亚驻华使馆照会，希望将死者遗体运回本国。经教育部门协调，中国平安保险公司同意支付运送费。根据有关规定，厦大与中国殡葬协会国际运尸网络服务中心的分支机构厦门殡仪馆联系有关事宜后，向赤驻华使馆通报事情进展情况并请赤方提供该国的风俗习惯和需要举行的仪式。19 日，赤驻华使馆回复厦大，提供了遗体接收人的姓名和地址，但未提及风俗习惯。21 日又来电，同意遗体启运时间，但不派人参加仪式及护送遗体。28 日上午，厦门市殡仪馆为死者穿上厦大购买的入殓用的衣服，并化了妆。告别仪式结束后，殡仪馆严格按照《外国人在华死亡后的处理程序》中的国际尸体运输包装要求，对遗体做了防腐处理，并用厚塑料包裹，放入金属箱内，箱内放置海绵吸湿物，连接处用锡焊密封。金属箱套装在夹板箱内，箱外另套帆布袋，整个过程都录了像。

6 月 3 日，厦大收到中国驻赤道几内亚使馆传真，告知遗体顺利抵赤，但赤外交部对遗体未穿衣服，只是装在塑料袋中简易包装，又未装入棺材运输，与当地文化、习俗极为冲突而表示强烈不满。为此，厦大立即向中国驻赤道几内亚使馆通报遗体处理和运送的详细经过，并指出，由于对其风俗不了解，已请赤驻华使馆告知，但赤驻华使馆没有答复，也未派人到入殓现场。殡仪馆也出具说明函，表示一切工作均按有关规定办理。经中国驻赤道几内亚使馆做工作，最后赤方承认其驻华使馆工作有疏忽，并对中方善后处理工作表示感谢。

第七章　涉外管理

1999—2005 年，省外事办作为全省外事工作的综合归口管理部门，进一步强化归口管理和统筹协调的职能，加大对涉外部门和单位的监督力度，规范对外交往秩序，不断健全涉外管理机制。

第一节　出入境管理

一、因公出国（境）团组审批

1999 年 1 月，根据外交部有关文件规定，省外事办结合本省股份制和股份合作制企业的实际，制定了实施细则，规定福建省股份有限公司的中方人员，国有企业或集体企业改制成立或参股的有限责任公司的中方人员，没有国有企业或集体企业参股的有限责任公司中参加省、市政府部门组团的中方人员，以及国有企业或集体企业改制成立的股份合作制企业的中方人员，出国（境）从事与本企业有关的经贸活动持用因公普通护照者，需履行有关审批手续，即享有因公出国（境）任务审批权的企业人员，须经该企业批准并由该企业出具因公出国（境）任务批件；没有因公出国（境）任务审批权的本省企业人员，省属处级以下（含处级）企业，应由该企业按隶属关系通过主管部门审核报省外经贸委审批并由省外经贸委出具因公出国（境）任务批件；地、市属企业，由该企业按隶属关系通过主管部门报地、市外事办审核，由地、市行署、政府审批并出具因公出国（境）任务批件；乡、镇、街道属企业和无归口管理或无主管企业的人员，由该企业通过注册地的乡、镇政府或街道办事处经区、县级外事办报地、市外事办审核后，由地、市行署、政府审批并出具因公出国（境）任务批件。

1999 年 11 月，根据中央有关文件精神，省委、省政府办公厅印发《关于加强党政机关县（处）级以上领导干部出国（境）管理工作的意见》。文件规定：各地（市）、省直各单位派驻国（境）外机构工作事项，统一由省外经贸委审核后报省政府审批。其中，派驻香港、澳门机构工作的，经省政府同意后由省外事办报国务院港澳办审批。各地（市）经贸项目因公临时出国（境）者由各地（市）外事办审核后报各地、市行署、政府审批；非经贸项目因公出国（境）者，除福州、厦门报市政府审批外，其余地（市）报省外事办审批。省直机关执行经贸类因公临时出国（境）任务的，报省外经贸委审批，执行非经贸类因公临时出国（境）任务的，报省外事办审批；其中省科委系统和参加自然科学类国际会议的，由省科委组团带队的，以及通过日本国际协办事业团渠道派出的研修生，报省科委审批。地厅级以上领导干部因公临时出国（境），需分别经地、市委或行署、政府、所在厅局单位同意，由省外事办审核后报省委或省政府领导审批。副省级以上领导干部因公临时出国（境）者，由省外事办报经省委或省政府同意后分别报中央外事工作领导小组办公室、外交部、国务院港澳办审核，中央外事工作领导小组或国务院审批。

2000 年 11 月，省纪委、外事办、监察厅下发《关于对跨地区跨部门团组加强管理、监督和检查坚决制止公款出国旅游的通知》。规定：有出国任务审批权的部门，可按规定的程序组织少量的双跨团组，但参团人员只限于与组团单位有直接领导或业务指导关系的部门和单位人员。其他任何单位包括各类学会、协会、基金会、中心、公司、院校、办事处等均不得组织双跨团组。有出国任务审批权的部门一律不得委托下属学会、协会、基金会等组织双跨团组。企业因实施具体经贸项目，确需组织双跨团组的，组团范围仅限于与该项目有直接关系的单位或人员，所有党政机关和享受国家财政补贴的事业单位人员不得参团。确需组织双跨团组出国招商、举办或参加展览及赴国外培训等活动的单位和部门，应严格按照有关文件规定执行。少数行业协会，因参加国际会议等重要活动，确需组织少量双跨团组的，须事先征求省外事办意见，并按规定组织本行业协会会员或会员单位人员参加，其他单位人员一律不得参加。福建省人员参加中央各有关部门和外省有关单位组织的双跨团组，组团单位和部门应事先向省外事办书面征求意见；若福建省所有参团人员均系福州市或厦门市人员，上述组团单位可直接向福州市或厦门市外事办书面征求意见。省有关单位组织双跨团组，组团单位应事先向参团人员所在的有出国任务审批权的中央各有关单位的外事主管部门或外省外事主管部门书面征求意见。福建省有关单位组织的双跨团组，一律由省外事办统一审核后，报省政府主管外事工作的省领导审批，其他任何单位和部门无权审批双跨团组。

2000 年 12 月，考虑到国有企业同党政机关脱钩后已无行政职能和级别，为尽可能简化出国审批手续，提高工作效率，便于企业对外交往，省政府办公厅下发通知，规定省管国有骨干企业主要领导人员〔指党委（党组）书记，企业法定代表人（董事长或总经理)〕因公临时出国，由有关企业迳报省外事办（同时抄报省委组织部和省纪律检查委员会)，由省外事办审核后呈省政府领导审批。企业领导班子其他成员（含担任过副厅级以上职务的领导人员）因公临时出国，由有关企业迳报省外事办审批，同时抄报省委组织部和省纪律检查委员会。

2002年3月，省外事办印发《关于简化因公临时出国（境）有关手续的通知》。其规定：福建省高校非现职正副厅局级专家学者、专业技术人员以专家、学者身份从事与本专业有关的学术活动，由各高校迳报省外事办审批；高校正副教授因公临时出国（境）事项，由各高校迳报省外事办审批；以上出国（境）事项中，属于参加自然科学类国际学术会议的出访事项，由各高校迳报省科技厅审核或审批，厅级人员由省外事办审批。中央在闽有关单位，按规定其因公临时出国（境）事项需由其中央主管部门审批的，若其出国（境）费用不使用福建省外汇，可直接凭其具有出国任务审批权的中央主管部门出具的任务批件，根据有关规定向福建省颁发证照机关申办护照和通行证，不再履行任务审批手续。

2002年5月，根据中央有关文件精神，省委、省政府出台《关于加强外事管理工作的意见》，进一步明确因公临时出国的审批权限如下。

（一）省委审核或审批事项

1.省委书记、副书记、常委，省人大、政协、法院、检察院和厦门市委、人大、政协等副省级以上人员出访，由省外事办具体承办，送省委审核后报中央外事工作领导小组审批。

2.省委、省人大、省政协非现职的副省级专家学者、专业技术人员，以及在省人大、政协担任副省级职务的专家学者，以专家学者身份出国从事与本人专业有关的学术活动，由省外事办具体承办，送省委审批，报中央外事工作领导小组办公室备案。

3.省委、省人大、省政协、省法院、省检察院等正、副厅级人员出访事项，由省外事办审核后，报省委审批。

4.各设区市党委、人大、政协、法院、检察院正、副厅级人员出访事项，厦门市委、人大、政协、法院、检察院正厅级人员出访事项，由省外事办审核后，报省委审批。

5.各民主党派、省总工会、团省委、省妇联、省科协、省社科联、省文联、省侨联、省台联、省工商联、省委党校、福建日报社等组织和单位的正、副厅级人员出访事项，由省外事办审核后，报省委审批。

以上事项由省外事办出具出国任务批件。

（二）省政府审核或审批事项

1.省长、副省长、厦门市市长等副省级以上人员出访事项，由省外事办具体承办，送省政府审核后，由省政府报国务院审批。

2.省政府非现职的副省级专家学者、专业技术人员以专家学者身份出国从事与本人专业有关的学术活动，由省外事办具体承办，送省政府审批，报外交部备案。

3. 省政府各部门、各直属机构、各办事机构、各直属事业单位、各高等院校和中央在闽机关单位及全省性团体的正、副厅级人员出访事项，省管国有骨干企业党委书记和法人代表的出访事项，由省外事办审核后，报省政府审批。

4. 各设区市的人民政府正、副厅级人员和厦门市政府正厅级人员的出访事项，由省外事办审核后，报省政府审批。

以上事项由省外事办出具出国任务批件。

（三）省外事办审批事项

1. 除福州、厦门市以外的全省县处级及其以下人员非经贸类的出访事项，由省外事办审批。

2. 省管国有骨干企业副职人员、省管国有非骨干企业领导人员及中央在闽有关企业领导人员的出访事项，由省外事办审批，抄送省纪委、省委组织部备案。

3. 非现职的正、副厅级专家学者、专业技术人员以专家、学者身份从事与本专业有关的学术活动，由省外事办审批，抄送省纪委、省委组织部备案。

（四）省外经贸厅审批事项

省直各单位县处级及其以下人员经济贸易类的出访事项。

（五）省科技厅审批事项

1. 参加自然科学类国际学术会议的县处级及其以下人员的出访事项。

2. 省（部）属科研机构（单位）县处级及其以下人员科技类的出访事项。

3. 省科技厅及其直属单位县处级及其以下人员的出访事项。

（六）设区市审批事项

1. 厦门市的副厅级人员出访，经市外事办审核后，报市主管领导审批；县处级及其以下人员出访，由市外事办审批。

2. 福州市的县处级及其以下人员出访事项，由市外事办具体承办，按规定程序审批。

3. 具有一定出国任务审批权的其他设区市的县处级及其以下人员经贸类和科技类（不包括参加国际会议）的出访事项，由市外事办具体承办，按规定程序审批。

（七）国有企业审批事项

文件还规定：具有出国任务审批权的企业人员出国，除正副职领导人员外，由本企业自行审批；没有出国任务审批权的企业人员和具有出国任务审批权的企业的正、副职领导人员出国，根据管理体制，分别报省、市有出国任务审批权的相应机关审批。部分国有企业根据对外业务需要，经上级有关部门核准，可确定具备条件的适量业务人员，实行一次审批，一年内多次出国有效的办法。

（八）其他审批事项

其他省、自治区、直辖市和中央各部门派驻福建省工作的人员出国，省、市具有出国任务审批权的相应机关要按规定权限，根据派遣单位的书面委托为其办理审批手续。应聘的外地人员（包括外省人员和省内其他地区人员）出国，由聘用单位按规定程序报批。

2003 年 2 月，省外事办印发《关于简化企事业单位人员因公出国（境）任务审批手续的通知》。文件规定：省管国有骨干企业副职人员、省管国有非骨干企业领导人员及中央在闽有关企业领导人员持港澳多次往返签注，在签注有效期内，其每次赴港、澳不再报省外办审批，改为报省外事办备案；各设区市的企业人员持港澳多次往返签注，在签注有效期内，其每次赴港、澳不再报市政府审批，改为报市政府备案。高校党委书记和法人代表（校长或院长）的因公出访事项，各高校在报批时，应抄报省教育厅备案，省教育厅对出访事项有异议的，应在高校报送之日起 4 个工作日内向省外事办提出意见。科研院所（单位）正、副厅局级人员以专家、学者身份出国（境）从事与本专业有关学术活动的，按规定程序报省外事办审批，其中，属于参加自然科学类国际学术会议的，应事先报省科技厅审核。

2004 年 7 月，省外事办印发《关于简化企业人员因公赴港澳多次往返签注审批手续的通知》，不再对各设区市企业人员一年期、半年期、三个月多次往返港澳签注事项进行审批，委托给各设区市审批。

2004 年 9 月，省政府办公厅印发《关于调整赴港澳事项的审批管理办法的通知》。规定：福建省派驻港澳中资企业人员的报批，由派遣单位提出申请，送省外经贸厅审核后，报省外事办审批；厦门市的中资企业由厦门市贸发局审核、厦门市外事办审批。港澳中资企业内派人员编制的核定由审批制改为报备制，即由派遣单位自行确定内派人员编制，报省外经贸厅和省外事办备案；厦门市的中资企业报市贸发局和市外事办备案。赴港澳从事雇佣、劳务工作及赴澳门任教、合作研究调整为由公安部门按照因私渠道办理。

2005 年 11 月，根据中央有关文件精神，省委、省政府办公厅下发《关于加强党政机关厅（局）级及其以下人员因公临时出国管理工作的通知》，对党政机关厅（局）级及其以下人员因公临时出国的审批权限做出如下规定。

1. 省委审批事项

（1）省委、人大常委会、政协、法院、检察院及省委各部门的正、副厅级人员出国事项，由省外事办审核，报省委审批。

（2）各设区市（不含厦门市）委、人大常委会、政协、法院、检察院的正、副厅级人员出国事项，厦门市委、人大常委会、政协、法院、检察院正厅级人员出国事项，由省外事办审核，报省委审批。

（3）各民主党派、省总工会、团省委、省妇联、省科协、社科联、文联、侨联、台联、工商联等组织和单位的正、副厅级人员出国事项，由省外事办审核，报省委审批。

以上事项经省委批准后由省外事办出具出国任务批件。

2. 省政府审批事项

（1）省政府各部门、直属特设机构、直属机构、办事机构、直属事业单位及政府序列群众团体的正、副厅级人员出国事项，省管国有骨干企业正职领导出国事项，由省外事办审核，报省政府审批。

（2）各设区市（不含厦门市）政府正、副厅级人员出国事项，厦门市政府正厅级人员出国事项，由省外事办审核，报省政府审批。

（3）有关中央在闽机关、事业单位正、副厅级人员出国事项，以及中央在闽企业正职领导出国事项，由省外事办审核，报省政府审批。

以上事项经省政府批准后由省外事办出具出国任务批件。

3. 省外事办审批并出具出国任务批件事项

（1）正、副厅级专家学者、专业技术人员以专家学者身份出国从事与本人专业有关的学术活动，由省外事办审批，报省委或省政府备案。

（2）省管国有骨干企业副职领导、省管国有非骨干企业正、副职领导及有关中央在闽企业副职领导出国事项，由省外事办审批，报省政府备案。

（3）除福州、厦门以外的县（处）级及其以下人员非经贸类出国事项。

4. 省外经贸厅审批并出具出国任务批件事项

省直各单位县（处）级及其以下人员经济贸易类出国事项。

5. 省科技厅审批并出具出国任务批件事项

（1）参加自然科学类国际学术会议的县（处）级及其以下人员出国事项。

（2）省（部）属科研机构（单位）县（处）级及其以下人员科技类出国事项。

（3）省科技厅及其直属单位县（处）级及其以下人员出国事项。

6. 设区市审批事项

（1）厦门市副厅级人员出国事项，由市外事办审核，报市主管领导审批；县（处）级及其以下人员出国事项，由市外事办审批。以上出国事项由厦门市外事办出具出国任务批件。

（2）福州市县（处）级及其以下人员出国事项，由市外事办审核，报市主管领导审批，由市政府出具出国任务批件。

（3）其他设区市县（处）级及其以下人员经贸和科技类（不包括参加国际会议）出国事项，由市外事办审核，报市主管领导审批，由市政府出具出国任务批件。

（4）具有出国任务审批权的企业按照授权自行审批本企业正、副职领导以外人员的出国事项并出具出国任务批件。

2005年12月，省科技厅和省外事办联合下发通知，决定从2006年1月1日起，全省（除厦门市外）县（处）级及其以下人员出国参加自然科学类国际学术会议事项，由厅级主管部门审核后，报省外事办审批；厅级人员参加自然科学类国际学术会议的报省外事办审核或审批。

二、护照管理

（一）护照颁发

1999年11月，执行外交部印发的《关于地方发照机关因公护照颁发和管理的暂行规定》。

1999年12月20日，澳门特别行政区成立。自该日起，福建因公前往香港、澳门两个特别行政区的人员统一持用“因公往来香港澳门特别行政区通行证”，不再签发“往来香港特别行政区通行证”。根据国务院港澳事务办公室授权，省外事办、福州市外事办和厦门市外事办为福建省“因公往来香港澳门特别行政区通行证”签发机关。

2000年6月，执行外交部印发的《关于进一步明确地方发照机关外交、公务护照颁发范围的通知》。

2001年9月，国务院批准取消“途经香港证明”和“途经澳门证明”。根据外交部通知要求，省外事办及福州市外事办、厦门市外事办自2001年12月1日起，停止签发“途经香港证明”和“途经澳门证明”。此前，根据中央有关文件规定，因公出国途经或顺访港澳人员须持有效“途经香港证明”和“途经澳门证明”，交边检站查验后方可出境。

2002年2月1日起，执行教育部、公安部、外交部通知，在校学生短期出国原则上持用普通护照（因私护照）。在校学生短期出国指各级各类学校的全日制学生出国参加政府间交流项目或者根据学校安排出国参加国际会议、合作研究、访问考察、培训，以及国际比赛、演出、夏（冬）令营等对外交流活动。

2002年4月1日起，执行外交部通知，劳务人员出国由原持因公普通护照全部改持普通护照（因私护照）。

2003年3月以来，省外事办受外交部领事司委托，先后开始为国家质检总局、中国工商银行、中国人保控股公司、国家烟草专卖局、中国工艺品进出口总公司、中国建设银行、中国移动通信集团公司、国家税务总局、中国东方资产管理公司、中国气象局、中国银行、中国农业银行、中国交通银行、中国证券监督管理委员会、中国电信集团公司、中国招商银行、华侨大学、国家邮政局、海关总署、华夏银行等在闽分支机构人员办理因公出国护照、签证手续。厦门市外事办也受托为上述部分单位在厦分支机构人员办理因公出国护照、签证手续。

2004年10月，外交部决定为北京大学等全国26所高校校级领导干部因公出国颁发公务护照，厦门大学名列其中。

2004年10月起，执行外交部规定，常驻国外人员在国外办理因公护照延期、换（补）发等手续，统一由当事人国内派遣单位向颁照机关提出申请，驻外使领馆据颁照机关的通知办理。

2005年4月，执行外交部有关文件规定，省外事办对因公出国及赴港澳手续进一步简化：将原来“护照申请卡”和“通行证申请卡”合并为“护照（通行证）申请卡”，并进一步简化“申请卡”和“事项表”内容；调整因公出国（境）人员政审批件核验程序，由各地、各单位外事部门负责核验相关人员的政审手续并将政审批件（或备案表）文号填写在“护照（通行证）申请卡”的相应栏目上，办理护照（通行证）时不再向具有发照权的外事办出示政审批件；对处以下人员临时赴港澳的审批与办证手续试行同步办理。

2005年4月1日起，执行外交部通知，凡因出国任务重叠等原因，确需颁发第二本同种类一年有效因公护照的，各地方颁照外事办可根据实际情况自行审发。

2005年11月1日，外交部决定启用新版公务护照。新版公务护照采用喷墨打印方式打印持照人照片和有关资料，资料页塑封，签发时不加盖发照机关印章和钢印，发照机关官员不签署。

（二）护照保管

因公护照实行统一管理、分级保管、层层负责的原则。省外事办负责全省因公出国人员的护照管理工作，设区市外事办负责本地区因公出国人员的护照保管工作。

2001年1月1日起，全省各市（不包括福州、厦门市）正副厅局级人员因公护照和通行证统一由省外事办保管，同时取消此前采取的护照押金的办法，将因公护照和通行证的缴交期限由原来的30天调整为15天。

（三）签证办理

福建省因公出国根据各国驻华使、领馆所辖领区划分，分别在外国驻北京、广州、上海及厦门使、领馆申办签证，具体划分如下。

广州：美国、英国、法国、意大利、德国、荷兰、丹麦、瑞典、芬兰、泰国、马来西亚、日本、韩国、印度尼西亚、柬埔寨、澳大利亚（葡萄牙签证可由德国驻广州总领馆代办，冰岛签证可由丹麦驻广州总领馆代办）。

上海：新西兰、墨西哥、秘鲁、乌克兰、波兰、挪威、希腊、斯洛伐克。

厦门：菲律宾、新加坡（停留30天以上）。

外交部统办国家：以色列、俄罗斯、乌兹别克斯坦、海地、巴拿马、吉尔吉斯斯坦、阿根廷、巴西、加拿大、摩洛哥。

其余国家签证由福建省外事办向外国驻北京大使馆申请。

1999年11月，前往未建交国家的申办签证工作，执行外交部出台的《关于因公前往未建交国家人员申办签证的暂行规定》。

表7—1　**1999—2005年福建省因公出国（境）人员办理护照（通行证）一览表**

单位：人次

年份	持护照总数				持通行证总数			
	福建省	福州市	厦门市	合计	福建省	福州市	厦门市	合计
1999	12724	4286	6624	23634	5549	593	2677	8819
2000	12664	1714	4783	19161	4786	579	2191	7556
2001	17009	1744	6556	25309	5063	635	3709	9407
2002	12211	1626	6290	20127	6256	723	4614	11593
2003	9604	1289	6009	16902	5499	475	4270	10244
2004	10607	1790	6818	19215	7180	509	3612	11301
2005	10873	1702	8564	21139	6801	321	3382	10504

三、入境审批

1999年，根据外交部针对签证通知办法的有关规定，将被授权单位分成两类，给予不同权限："一类被授权单位"具有一、二次签证、半年有效多次签证和一年有效多次签证的通知权；"二类被授权单位"具有一、二类签证的通知权和半年或一年有效多次签证的建议权。旅游部门仅限为旅游团组和个人发放L字旅游签证通知及为旅游系统人员发放F字签证通知。福建省共有被授权单位21家，其中一类被授权单位6家，分别为省政府、省外事办、省外经贸委、厦门市政府、市外事办、市经贸委；二类被授权单位15家，分别为省旅游局、福州市政府、市外事办、市外经贸委、泉州市政府、市外事办、莆田市政府、市外事办、漳州市政府、市人外事办、福建国际经济技术合作公司、福建投资企业公司、福建省对外贸易总公司、宁德地区行政公署、地区外事办。

2002年，福建省新增2家二类被授权单位，分别为南平市政府与龙岩市政府。

第二节　领事认证

1992年，省人民政府外事办公室受外交部委托（授权），开始受理福建省全省范围内的领事认证业务。1995年5月，省外事办委托下属机构（2000年10月以前为福建省对外交流服务中心，10 月以后为福建省外国机构服务中心）代办领事认证的具体事务。1999—2005 年，省外事办共办理领事认证 71583 份，代办送外国驻华领事馆认证 32771 份，代办送外交部领事司及外国驻华使馆认证 29273 份。

表 7—2 **1999—2005 年福建省办理领事认证及代办认证统计表**

单位：份

年份	领事认证		代办领事司及使馆认证	办证总数
	省外办认证(单认证)	省外办和领馆认证(双认证)		
1999	4817	3128	1187	9132
2000	8268	3549	1051	12868
2001	3259	4160	1237	8656
2002	7934	3273	1522	12729
2003	2857	3776	2610	9243
2004	5712	4414	12569	22695
2005	5965	10471	9097	25533

表 7—3 **福建省外事办领事认证办事指南**

项目名称	领事认证
项目类别	非行政许可项目
办理依据	(1)外交部领事司关于发送《领事司认证接案程序及有关规定》的通知 (2)外交部关于重新委托(授权)外国驻华总领事馆领区内的省、自治区、直辖市人民政府外事办公室领事认证的通知 (3)外交部领事司关于委托(授权)各省、自治区、直辖市等外事办代办领事认证 (4)领事认证手册公证认证分册
申报材料	(1)商业单据认证需开具单位行政介绍信。需注明单据文书编号、类别、使用国 (2)公证书认证要公证处公函。需注明公证书使用国、使用具体目的、认证件数、申办人姓名、公证书编号等内容 (3)内容完备、制作符合规定的公证文书。公证文书的签署、公证部门的红印和钢印必须清晰、声明人签名不能遗漏等
办事流程	(1)接案:接案人员收取相关文书及资料 (2)收款:接案人员核对材料中的申办人、单位名称、申办国家及份数无误后,开具收款单 (3)发件:根据当事人提供的信息发件 (4)邮寄:把经审查合格的申请认证文书材料寄往外交部领事司认证处 (5)取件:电话通知客户取件,核对后与客户交接认证文件

续表 7—3

项目名称	领事认证
办理期限	省外事办领事认证办事时限：自接件之日起五个工作日内办理完毕。如需提前取件，可由当事人提出申请，按加急件办理。代办外交部，使领馆认证时间以外交部、使领馆认证完毕寄回时间为准
数量限制	无数量限制
收费标准及依据	(1)省外事办认证费用： ①民事证书每证收取认证费 50 元，代办费每证收取 60 元 ②加急件收费标准：一个工作日取件每本加收认证费 50 元，代办加急费 60 元 ③代办领馆认证费每证 120 元 (2)外交部认证费用 外交部认证费（含邮寄费）平件每本收费 50 元，急件每本收费 100 元，代办费 120 元。如需送外国驻华使领馆认证，平件每本加收 60 元，急件加收 90 元 (3)外国驻华使领馆领事认证费用，根据各国使馆规定标准收取
受理部门	福建省外国机构服务中心认证代理部
受理地址	福州市鼓楼区华林路 97 号，邮编：350003

附　录

大事年表

1999 年

2 月 7—8 日　泰国副总理功·塔帕朗西一行 50 人访问福州。

3 月 17—19 日　副省长汪毅夫率团参加在德国莱法州举办的"福建省—莱法州结好 10 周年庆祝活动"。

3 月 23—26 日　乌克兰总检察长（副总理级）阿列克谢耶维奇一行 4 人访问福州、厦门。

4 月 9—22 日　新西兰第一位华裔女议员黄徐毓芳一行 4 人访问福建。

4 月 17—19 日　荷兰女王贝娅特丽克丝夫妇一行 15 人访问武夷山、厦门。

5 月 12—13 日　泰国下议院副议长颂萨·革素拉暖率代表团一行 15 人访问福州。

5 月 27—28 日　越南党政代表团（副总理级）一行 16 人访问厦门。

6 月 9—11 日　缅甸联邦国家和平与发展委员会第一秘书长钦纽中将一行 39 人访问厦门。

8 月 24—26 日　文莱苏丹哈吉·哈桑纳尔·博尔基亚一行 38 人访问厦门、泉州。

8 月 24—28 日　多米尼加参议院议长阿尔武凯克一行 9 人访问福州、厦门和武夷山。

9 月 7—10 日　联合国经合组织秘书长约翰斯顿一行访问厦门。

9 月 29 日　首届福建省"友谊奖"颁奖仪式在福州举行，15 位外国专家、国际友人获奖，曹德淦副省长为获奖者颁奖。

10 月 14—18 日　汤加国王陶法阿豪·图普四世访问福建。

11 月　省委、省政府办公厅印发《关于加强党政机关县（处）级以上领导干部出国（境）管理工作的意见》。

11 月　执行外交部下发的《关于地方发照机关因公护照颁发和管理的暂行规定》。

11 月 26—29 日　泰国上议院议长米猜·立初潘一行 18 人访问武夷山、厦门。

12 月 20 日　福建因公前往香港、澳门两个特别行政区的人员统一持用"因公往来香港澳门特别行政区通行证"。

2000 年

4 月 4—9 日 泰国下议院副议长颂萨·革素拉暖一行 20 人访问福建。

4 月 29 日至 5 月 1 日 新加坡前总统黄金辉一行 14 人访问厦门、漳州。

5 月 7—8 日 丹麦首相拉斯穆森一行访问厦门。

5 月 16 日 省长习近平与巴布亚新几内亚东高地省省长拉法纳马在福州正式签署缔结友好省关系协议书。

5 月 19—20 日 菲律宾总统埃斯特拉达一行 208 人访问厦门、泉州。

6 月 19 日 英国多佛惨案发生。

6 月 24—26 日 厄瓜多尔国民议会议长庞斯一行 19 人访问厦门。

6 月 执行外交部下发的《关于进一步明确地方发照机关外交、公务护照颁发范围的通知》。

7 月 6—8 日 罗马尼亚参议院议长沃克罗尤一行 15 人访问厦门。

7 月 6—11 日 布基纳法索布非洲独立党总书记菲力普·韦德拉奥果一行 2 人访问福建。

7 月 省政府实施机构改革，确定了省外事办的职能配置、内设机构和人员编制。

9 月 26—28 日 “2000 中国友好城市国际大会”在北京召开。副省长汪毅夫率领由省直有关部门和 8 个地、市组成的代表团与来自国内外 330 多个城市的 1500 名代表出席大会，福建省的友好城市日本长崎县、冲绳县及佐世保市也分别派代表团参加。

10 月 8—10 日 乌兹别克斯坦总检察长卡德罗夫·拉什中·哈米多维奇一行 5 人访问福建。

10 月 13—16 日 泰国总检察长苏哈·黛巴什一行 11 人访问福州、厦门。

10 月 16—18 日 塔吉克斯坦总检察长博博霍落夫一行 7 人访问厦门。

11 月 省纪委、外事办、监察厅下发《关于对跨地区跨部门团组加强管理、监督和检查坚决制止公款出国旅游的通知》。

12 月 28—29 日 越南国家主席陈德良一行 58 人访问福建。

2001 年

3 月 6 日 副省长汪毅夫率团访问巴西塞阿腊州，与副州长克莱顿·维拉斯正式签署缔结友好省州关系协议书。

5 月 31 日至 6 月 1 日 巴布亚新几内亚总理梅克雷·莫劳塔一行 23 人访问福建。

5 月 省委调整省委外事工作领导小组，由省委副书记、省长习近平任组长，省委副书记卢展工任副组长。

7月17—24日 韩国前总理李寿成一行9人访问福建。

9月7—12日 约旦王国副首相兼经济事务大臣穆罕默德·哈莱加一行12人访问厦门、泉州。

9月8—12日 首届福建省国际友城展在厦门举办，日本长崎县、冲绳县，德国莱法州，意大利那不勒斯省等14个国家的16对友好城市代表团参加。

9月13—14日 澳大利亚塔斯马尼亚州州长培根率团参加在福州举办的“福建省—塔斯马尼亚州结好20周年”庆祝活动。

9月17—18日 新加坡总统纳丹一行访问福建。

11月12日 第二届福建省“荣誉公民”授予仪式在福州举行，省长习近平为获得“荣誉公民”称号的3位外国友人颁发荣誉证书。

11月18—22日 老挝最高检察院检察长坎班·披拉冯（副总理级）一行6人访问福建。

11月21—22日 赤道几内亚总统奥比昂一行35人访问厦门。

12月13日 省委副书记、省长习近平在省外事办主持召开省委外事工作领导小组会议。

12月20日 第二届福建省“友谊奖”颁奖仪式在福州举行，10位外国专家、国际友人获奖，汪毅夫副省长向获奖者颁奖。

2002年

3月27—28日 印度尼西亚总统梅加瓦蒂率代表团一行119人访问福州。

3月 省外事办下发《关于简化因公临时出国（境）有关手续的通知》。

4月22—23日 菲律宾众议院议长何塞·德维尼西亚一行4人访问厦门。

5月18—19日 塔吉克斯坦总统埃莫马利·沙里波维奇·拉赫莫诺夫一行36人访问厦门。

5月 省委、省政府出台《关于加强外事管理工作的意见》。

6月7—11日 越南共产党中央书记处书记、中央内政部部长张永伸一行10人访问福州、厦门。

7月11日 省长习近平率团访问乌克兰敖德萨州，与敖德萨州州长谢尔盖·格里涅维茨基正式签署缔结友好省州关系协议书。

7月11日 外国人在福清非法传教案发生。

7月15—18日 日本长崎县知事金子原二郎、议长加藤宽治率长崎县友好代表团一行

265人访问福建，参加在福州举办的“福建省—长崎县结好20周年庆祝仪式”等活动。

8月6—7日 全省外事工作会议在福州召开。

8月12—14日 日本冲绳县知事稻岭惠一、议长伊良皆高吉率冲绳县友好代表团一行65人访问福建，参加在福州举办的“福建省—冲绳县结好5周年庆祝仪式”等活动。

9月7日 一艘韩国籍货船在福建海域失事事件发生。

9月8—12日 澳大利亚塔斯马尼亚州、马卢奇郡，日本长崎县、冲绳县，德国莱法州，意大利那不勒斯省等12个省、市友城代表团参加在厦门举办的“国际友城展”。

10月16—20日 泰国公主玛哈扎克里·诗琳通一行30人访问福建。

10月29—30日 菲律宾前总统拉莫斯一行6人访问厦门。

11月2—4日 哈萨克斯坦总检察长图苏普别科夫一行6人访问福州。

2003年

1月22—23日 菲律宾众议院议长何塞·德维尼西亚一行9人访问厦门、泉州。

2月 省外事办下发《关于简化企事业单位人员因公出国（境）任务审批手续的通知》。

3月20日 “福远渔225号”渔船在斯里兰卡遭不明武装袭击事件发生。

3月30日至4月1日 圭亚那合作共和国总统巴拉特·贾格迪奥一行13人访问福州。

7月6日 瓦努阿图总理纳塔佩一行4人过境厦门回国。

8月6—7日 澳大利亚前总理霍克一行访问厦门。

8月9—10日 斯里兰卡总理拉尼尔·维克拉马辛哈一行17人访问厦门。

8月13—16日 塞舌尔最高法院大法官阿利尔一行2人访问福州、厦门。

8月18—19日 “第九次中国－东盟高官磋商”在武夷山举行，外交部副部长王毅和东盟十国外交部高官及东盟秘书长率团出席。

9月7—12日 “中国国际友城投资合作论坛”在厦门国际会展中心举行，福建省的12对国际友城共31位代表出席。

9月17—18日 马来西亚副总理巴达维一行95人访问泉州、厦门。

9月29日 第三届福建省“友谊奖”颁奖仪式在福州举行，副省长王美香代表省政府向获得福建省“友谊奖”的8位外国友人颁奖。

10月11日 第三届“福建省荣誉公民”授予仪式在福州举行，副省长王美香代表省政府向获得福建省“荣誉公民”的3位外国友人颁发证书。

10月12—14日 越南共产党中央政治局委员、中央理论委员会主席阮富仲一行19人访问厦门。

10月29—30日　丹麦王子约阿希姆一行5人访问厦门。

11月1—3日　厄立特里亚人民民主与正义阵线总书记一行3人访问厦门。

11月21—22日　印尼前总统瓦希德一行16人访问厦门、泉州。

12月6日　王美香副省长率福建省政府代表团访问印尼，与中爪哇省省长马迪亚托正式签署两省缔结友好省关系协议书。

2004年

2月5日　英国莫克姆湾惨案发生。

3月1日　恐吓敲诈新加坡、菲律宾驻厦门总领馆事件发生。

4月6—9日　莱索托王国副首相兼教育大臣阿奇博尔德·莱绍·莱霍拉一行7人访问福建。

4月11日　7名平潭居民在伊拉克被绑架事件发生。

4月　省委调整省委外事工作领导小组，由代理省委书记、省长卢展工任组长，省委副书记王三运、副省长王美香任副组长。

6月8日　美国弗吉尼亚州州长马克·沃纳率弗州政府和企业家代表团一行45人访华，王美香副省长在北京与马克·沃纳正式签署两省州缔结友好省州关系协议书。

7月6—8日　吉布提国民议会议长伊德里斯·阿尔纳伍德·阿里率吉布提争取进步人民联盟代表团一行5人访问厦门。

7月13日　省委代书记卢展工主持召开省委外事工作领导小组会议。

7月　省外事办下发《关于简化企业人员因公赴港澳多次往返签注审批手续的通知》。

8月17—19日　巴哈马国总理佩里·克里斯蒂一行15人访问福州。

9月5—7日　菲律宾众议院议长、亚洲政党国际会议常委会主席何塞·德维尼西亚一行22人访问福州、宁德。

9月26—28日　塞内加尔复兴公民党总书记锡亚姆一行2人访问厦门。

9月29日至10月2日　德国莱法州州长贝克率团参加在福州举办的“福建省—莱法州结好15周年庆祝活动”。

9月　省政府办公厅下发《关于调整赴港澳事项的审批管理办法的通知》。

9月　省人事厅、外事办、公安厅、教育厅联合发出《关于转发国家外专局〈外国专家来华工作许可办理规定〉等文件的通知》。

10月24—28日　澳大利亚塔斯马尼亚州副州长、日本长崎县副知事、冲绳县副知事、乌克兰敖德萨州副州长、巴西塞阿腊州副州长、比利时列日省常务议员、巴布亚新几内亚东高地省副省长、印度尼西亚中爪哇省政府秘书长以及美国俄勒冈州众议院议员等14个国家29对城市（含3对拟结好的美国宾夕法尼亚州、瑞典赫尔辛堡、澳大利亚伦马克市）代表团292人出席“福建省国际友好城市大会”。

11月30日至12月2日 芬兰议长帕沃·利波宁率芬兰议会代表团一行17人访问厦门。

12月4—6日 莱索托国民议会议长莫查梅一行5人访问福州。

12月 省委调整省委外事工作领导小组，由省委副书记、省长黄小晶任省委外事工作领导小组组长。

12月30—31日 全省外办主任会议在福州召开，会议传达学习全国第10次驻外使节会议精神，回顾总结2004年外事工作情况，研究部署2005年的全省外事工作。

2005年

1月18日 8名平潭居民在伊拉克遭挟持事件发生。

1月29—30日 外交部部长李肇星一行到福建调研、考察。

1月29至2月1日 纳米比亚总检察长彭杜克尼·伊塔娜一行7人访问福建。

3月10—13日 新加坡副总理贾古玛一行3人出席厦门大学举办的“东海与南海法律问题”国际学术研讨会。

3月27—31日 国家审计署在武夷山举办“亚洲审计组织环境审计研讨会暨环境审计委员会工作会议”，来自阿塞拜疆、孟加拉、文莱、塞浦路斯、印度、印度尼西亚、日本、韩国、科威特、蒙古、巴基斯坦、巴布亚新几内亚、菲律宾、沙特阿拉伯、泰国、土耳其、阿联酋、越南等23个国家和地区的41名代表出席。

3月29—31日 安第斯议会议长乌尔基迪夫妇一行3人访问福州、武夷山。

3月—5月 “中国·福建—琉球交流500年展”在日本冲绳县浦添市举办。

4月3日 法国技术员在厦门遇害事件发生。

4月5—7日 泰国下议院第一副议长蔡百山一行2人到龙海寻根谒祖。

5月15日 赤道几内亚留学生坠楼自杀事件发生。

6月27—29日 新西兰前总理珍妮·希普利一行3人访问福州、宁德。

7月21—24日 泰国上议院议长素春·差里科率上议院代表团一行23人访问厦门、泉州。

7月23—27日 以谢克·穆哈马杜·巴西鲁·萨尔为团长的塞内加尔非洲争取民主和社会主义党代表团一行3人访问福州、厦门。

8月1—3日 菲律宾前总统拉莫斯一行2人访问厦门。

9月3—4日 泰国副总理披尼一行27人非正式访问厦门，出席“泰国水果展”。

9月7—9日　联合国贸发会议秘书长素帕猜·潘尼查帕蒂一行2人访问厦门，出席第九届“9·8”投洽会。

9月19日　泰国驻广州总领事馆厦门办公室正式设立。

9月29日　第四届福建省“友谊奖”颁奖仪式在福州举行，9位外国专家、国际友人获奖，王美香副省长为获奖者颁奖。

10月24—26日　密克罗尼西亚联邦议长克里斯琴率联邦议会代表团一行11人访问厦门。

11月14—18日　华东六省一市外事工作会议在福州召开，山东、江苏、上海、安徽、浙江、江西、福建等六省一市的外事办领导出席会议。特邀的陕西、湖南、广东、广西、海南等省（区）的外事办领导也列席了会议。

11月1日　执行外交部《启用新版公务护照通知》。

11月26—29日　新加坡副总理黄根成一行39人非正式访问厦门。

11月　省委、省政府办公厅下发《关于加强党政机关厅（局）级及其以下人员因公临时出国管理工作的通知》。

编后记

2009年1月，省外事办根据省委办公厅、省政府办公厅《转发省地方志编纂委员会关于开展第二届三级志书编纂工作意见的通知》的要求，成立《福建省志·外事志（1999—2005）》编纂委员会，省外事办主任宋克宁任主任、主编李达负责具体编纂工作。

同年3月，宋克宁主任召集会议，研究《福建省志·外事志（1999—2005）》框架及编辑人选，决定增加“重大对外交流活动”等内容。12月，宋克宁主任召开省外事办相关处室负责人参加的会议，布置该志编纂任务，成立编辑室，聘请张传炎为专职编辑。

2010年1月，编辑室给省内各设区市外（侨）办、省直有关厅局、各主要大学、本办各处室发出提供资料的通知，并着手搜集资料。5月，开始编纂工作，制定目录并报省方志委审批。9月完成初稿，经十多次修改、补充、核对后，12月第一次交省外事办《福建省志·外事志（1999—2005）》编纂委员会各位成员审核。2011年7月，编辑室根据相关意见修改并由主编一支笔总纂后，分别送外交部和编委会审核。2012年3月，主编根据外交部和编委会提出的意见，再次进行修改后，送省方志委专家审阅。8月，根据专家们提出的意见，主编再次全面修改并报编委会通过。2013年4月，交付二审。9月，交付验收。

在本志书编纂过程中，省直有关部门、大学及各设区市外（侨）办等单位及时提供相关资料，给予大力支持。1999—2005年出版的《福建外事》刊物编辑部为编纂工作提供丰富资料，省方志委专家吕秋心、刘祖陛悉心指导本志编纂，省方志委副主任俞杰、省外事办原副主任杨德魁及王孝磊同志参与审稿并提出宝贵意见，各相关处室同志为提供资料付出了辛勤劳动，在此谨向他们及《福建外事》刊物的作者表示衷心感谢。

《福建省志·外事志（1999—2005）》编辑室

2013年9月